实施更加积极的就业政策

（2008—2009）

人力资源和社会保障部　编

中国劳动社会保障出版社

图书在版编目(CIP)数据

实施更加积极的就业政策（2008—2009）/人力资源和社会保障部编. —北京：中国劳动社会保障出版社，2009
ISBN 978-7-5045-7741-2

Ⅰ. 实… Ⅱ. 人… Ⅲ. 就业政策-中国-文集 Ⅳ. F249. 20-53

中国版本图书馆 CIP 数据核字(2009)第 169248 号

中国劳动社会保障出版社出版发行

（北京市惠新东街 1 号 邮政编码：100029）

出 版 人：张梦欣

*

北京隆昌伟业印刷有限公司印刷装订 新华书店经销

880 毫米×1230 毫米 32 开本 13.25 印张 1 插页 347 千字

2009 年 9 月第 1 版 2009 年 9 月第 1 次印刷

定价：34.00 元

读者服务部电话：010－64929211

发行部电话：010－64927085

出版社网址：http://www.class.com.cn

序

影响全球的国际金融危机对就业工作提出新的挑战。党中央、国务院高度重视，果断决策。胡锦涛总书记、温家宝总理等中央领导同志多次作出重要指示。国务院及时采取了促进经济平稳较快发展的一揽子计划，实施更加积极的就业政策，全方位促进就业增长。去年以来，国务院及有关部门和单位就做好当前形势下的就业工作先后出台七个文件，包括扩大内需拉动就业、减轻企业负担稳定就业、政策扶持鼓励创业、加强职业培训提升就业能力等，并对促进高校毕业生、农民工和就业困难群体就业采取了专门的措施。这一系列政策措施的实施，有力地保障了就业局势的基本稳定，也进一步丰富和发展了我国积极就业政策的体系和内容。

为全面记录应对国际金融危机促进就业的工作实践，充分展现党中央、国务院高度关注民生，大力促进就业的决策部署，帮助大家更好地学习领会中央领导同志对就业工作的重要指示精神，掌握应对国际金融危机促进就业的政策内容和方法，我们编辑了《实施更加积极的就业政策（2008—2009)》一书，汇集了2008年以来中央关于就业工作的重要决定、中央领导同志的重要论述，以及稳定就业和扩大就业的一系列政策措施，供就业工作参考使用。

胡锦涛总书记指出，就业是民生之本，这关系到千家万户。温家宝总理指出，就业涉及民生，是天大的事。当前，国际金融危机尚未见底，我国经济发展的不确定和不稳定因素较多，经济企稳回升的基础尚不稳固，就业形势依然严峻。我们要坚决执行党中央、国务院的决策部署，认真实施更加积极的就业政策，努力为扩大就业，促进社会和谐作出新的更大贡献！

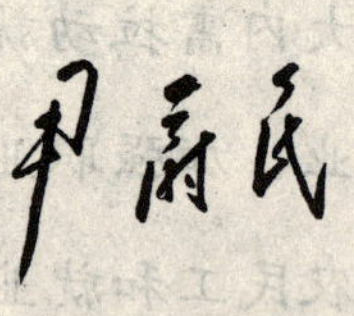

二〇〇九年九月

目　录

2008 年中央经济工作会议有关论述（摘要） ……………………（ 1 ）
2009 年政府工作报告有关论述（摘要） …………………………（ 3 ）

第一部分　领导讲话

中央领导讲话

胡锦涛：越是在经济困难时候　越要高度重视民生…………（ 9 ）
温家宝：支持汶川地震灾后恢复重建…………………………（ 11 ）
温家宝：政府把大学生就业放在首位…………………………（ 12 ）
温家宝：促进大学生和农民工就业……………………………（ 15 ）
温家宝：靠信心智慧和力量战胜困难…………………………（ 16 ）
温家宝：研究部署进一步加强就业工作的措施………………（ 18 ）
温家宝：坚忍不拔　战胜困难…………………………………（ 20 ）
温家宝：坚定实施应对金融危机的措施………………………（ 22 ）
温家宝：情系民生　温暖每一位劳动者………………………（ 24 ）
张德江：提高认识　加大力度　协调配合　用百倍的努力做好就业工作…………………………………………………（ 30 ）
张德江：深入贯彻落实科学发展观　努力开创就业和劳动关系工作新局面……………………………………………（ 35 ）

张德江：把灾区扩大就业工作摆在突出位置　全力以赴抓好落实……………………………………………………………（37）
张德江：以促进就业为重点　全面做好人力资源和社会保障工作……………………………………………………………（40）
张德江：全力以赴保工业　千方百计促就业　促进经济平稳较快发展……………………………………………………………（45）
张德江：扎扎实实做好高校毕业生就业工作……………………（47）

部门领导发言和文章

尹蔚民：就业再就业工作有关情况………………………………（51）
尹蔚民：用百倍努力促进就业……………………………………（56）
尹蔚民：举全国之力　集四方之能　切实办好民营企业招聘周……………………………………………………………（60）
尹蔚民：优化创业环境　推动以创业带动就业　促进更多的劳动者成为创业者……………………………………………（62）
尹蔚民：站在新起点　迎接新挑战　推动人力资源和社会保障事业科学发展……………………………………………（67）
尹蔚民：明确责任　狠抓落实　切实做好今年高校毕业生就业工作……………………………………………………………（71）
尹蔚民：创新形式　改善服务　认真办好民营企业招聘周……（74）
尹蔚民：促进就业增长　应对金融危机…………………………（76）
张小建：扎实开展创业型城市创建工作　全面推动促进以创业带动就业工作……………………………………………（78）
张小建：增强认识　狠抓落实　更好地发挥失业保险基金预防失业和稳定就业的作用…………………………………（85）
张小建：坚持扩大就业与稳定就业两手抓………………………（89）
张小建：进一步推进高校毕业生就业　认真开展迎国庆就业援助　精心部署就业工作督查工作…………………………（97）

第二部分　政策文件

应对金融危机促进就业政策

国务院文件

国务院关于做好当前经济形势下就业工作的通知
（国发［2009］4号）……………………………………（105）

促进以创业带动就业政策

国务院办公厅转发人力资源社会保障部等部门关于促进以创业带动就业工作指导意见的通知
（国办发［2008］111号）……………………………………（112）
人力资源社会保障部关于推动建立以创业带动就业的创业型城市的通知
（人社部发［2008］87号）……………………………………（119）
人力资源社会保障部办公厅关于公布首批国家级创建创业型城市名单的通知
（人社厅发［2009］14号）……………………………………（123）

高校毕业生就业政策

国务院办公厅关于加强普通高等学校毕业生就业工作的通知
（国办发［2009］3号）……………………………………（127）

面向基层就业政策

中组部　人力资源社会保障部　教育部　财政部　共青团中央

关于统筹实施引导高校毕业生到农村基层服务项目工作的通知
（人社部发〔2009〕42号） ………………………………（132）
财政部　教育部关于印发《高等学校毕业生学费和国家助学贷款代偿暂行办法》的通知
（财教〔2009〕15号） ………………………………（136）
人力资源社会保障部关于公布第一批基层社会管理和公共服务岗位目录的通知
（人社部函〔2009〕135号） ………………………………（141）
中组部　人力资源社会保障部　教育部　财政部　农业部　卫生部　国务院扶贫办　共青团中央关于做好2009年高校毕业生三支一扶计划实施工作的通知
（人社部发〔2009〕39号） ………………………………（144）
中组部　中宣部　教育部　公安部　民政部　财政部　人力资源社会保障部　农业部　国家林业局　国务院扶贫办　共青团中央　全国妇联关于印发《关于建立选聘高校毕业生到村任职工作长效机制的意见》的通知
（组通字〔2009〕21号） ………………………………（149）
教育部　财政部　人力资源社会保障部　中央编办关于继续组织实施“农村义务教育阶段学校教师特设岗位计划”的通知
（教师〔2009〕1号） ………………………………（157）
全国大学生志愿服务西部计划项目管理办公室关于印发《2009年大学生志愿服务西部计划实施方案》的通知
（全国项目办发〔2009〕7号） ………………………………（161）

就业见习政策

人力资源社会保障部　教育部　工业和信息化部　国务院国有资产监督管理委员会　国家工商总局　全国工商联　共青团

中央关于印发三年百万高校毕业生就业见习计划的通知
（人社部发〔2009〕38号） ……………………………… (176)
国家工商总局关于实施三年百万高校毕业生就业见习计划 做好毕业生就业创业工作的通知
（工商个字〔2009〕121号） ……………………………… (181)

科研项目吸纳政策

科技部 教育部 财政部 人力资源社会保障部 国家自然科学基金委员会关于鼓励科研项目单位吸纳和稳定高校毕业生就业的若干意见
（国科发财〔2009〕97号） ……………………………… (184)

入伍服兵役政策

财政部 教育部 总参谋部关于印发《应征入伍服义务兵役高等学校毕业生学费补偿和国家助学贷款代偿暂行办法》的通知
（财教〔2009〕35号） ……………………………… (187)
总参谋部 总政治部 教育部 财政部关于做好普通高等学校应届毕业生征集工作的通知
（参动〔2009〕6号） ……………………………… (193)
教育部办公厅 公安部办公厅关于普通高等学校毕业生应征入伍服义务兵役办理就业手续的通知
（教学厅〔2009〕5号） ……………………………… (196)
教育部办公厅关于做好普通高职（专科）毕业生服义务兵役退役和“下基层”服务期满后接受本科教育招生工作的通知
（教学厅〔2009〕6号） ……………………………… (198)

就业推进行动

人力资源社会保障部　教育部　财政部关于开展高校毕业生就业推进行动的通知
（人社部明电［2009］16号）……………………………………（202）
人力资源社会保障部　教育部　财政部　中国残联关于进一步做好高等学校残疾人毕业生就业工作的通知
（残联发［2009］8号）…………………………………………（206）
全国总工会　教育部关于开展“困难家庭高校毕业生阳光就业行动”的通知
（总工发［2009］20号）………………………………………（210）
教育部办公厅关于加强普通高等学校学生就业思想政治教育的通知
（教思政厅［2009］1号）……………………………………（213）
教育部办公厅关于当前做好高校困难毕业生就业帮扶工作的通知
（教学厅［2009］7号）………………………………………（216）

其他

教育部　商务部关于加强服务外包人才培养　促进高校毕业生就业工作的若干意见
（教高［2009］5号）…………………………………………（218）
教育部关于加快高等职业教育改革　促进高等职业院校毕业生就业的通知
（教高［2009］3号）…………………………………………（222）
工业和信息化部关于做好高校毕业生就业工作的通知
（工信部企业［2009］201号）……………………………（225）

农民工就业政策

国务院办公厅关于切实做好当前农民工工作的通知
（国办发［2008］130号） ………………………………（228）
人力资源社会保障部关于做好春节后农民工就业工作有关问题的通知
（人社部发［2009］21号） ………………………………（233）
人力资源社会保障部　财政部关于进一步规范农村劳动者转移就业技能培训工作的通知
（人社部发［2009］48号） ………………………………（237）
住房城乡建设部　人力资源社会保障部关于做好建筑业农民工技能培训示范工程工作的通知
（建人［2009］123号） ………………………………（243）
人力资源社会保障部办公厅　全国总工会办公厅关于支持工会开展千万农民工援助行动　共同做好稳定和促进就业工作的通知
（人社厅发［2009］40号） ………………………………（251）
人力资源社会保障部办公厅关于印发全国“百日百万”农民工培训行动计划的通知
（人社厅函［2009］29号） ………………………………（254）

减轻企业负担政策

人力资源社会保障部　财政部　税务总局关于采取积极措施减轻企业负担　稳定就业局势有关问题的通知
（人社部发［2008］117号） ………………………………（257）

就业服务系列活动

人力资源社会保障部　教育部　全国总工会　共青团中央

全国妇联　中国残联关于开展2009年就业服务系列活动的通知
（人社部发［2008］116号） ……………………………………(260)

特别职业培训计划

人力资源社会保障部　发展改革委　财政部关于实施特别职业培训计划的通知
（人社部发［2009］8号） ……………………………………(270)

其　他

财政部　税务总局关于延长下岗失业人员再就业有关税收政策的通知
（财税［2009］23号） ……………………………………(275)
人力资源社会保障部　财政部关于延长东部7省（市）扩大失业保险基金支出范围试点政策有关问题的通知
（人社部发［2009］97号） ……………………………………(277)
人力资源社会保障部　全国总工会　中国企业联合会/中国企业家协会关于应对当前经济形势　稳定劳动关系的指导意见
（人社部发［2009］18号） ……………………………………(279)

启动实施就业促进法政策及配套文件

国务院文件

国务院关于做好促进就业工作的通知
（国发［2008］5号） ……………………………………(283)

部 门 文 件

劳动保障部关于贯彻实施《国务院关于做好促进就业工作的通

知》的通知
（劳社部发［2008］8号） …………………………………………（291）
财政部　发展改革委关于对从事个体经营的有关人员实行收费优惠政策的通知
（财综［2008］47号）……………………………………………（295）
发展改革委　旅游局　人力资源社会保障部　商务部　财政部　人民银行关于印发《关于大力发展旅游业促进就业的指导意见》的通知
（发改就业［2008］2215号）……………………………………（297）
人民银行　财政部　人力资源社会保障部关于进一步改进小额担保贷款管理　积极推动创业促就业的通知
（银发［2008］238号） …………………………………………（303）
财政部关于积极发挥财政贴息资金支持作用　切实做好促进就业工作的通知
（财金［2008］77号） ……………………………………………（307）
财政部　人民银行　人力资源社会保障部关于印发《小额担保贷款财政贴息资金管理办法》的通知
（财金［2008］100号） …………………………………………（309）
财政部　人力资源社会保障部　人民银行　全国妇联关于完善小额担保贷款财政贴息政策　推动妇女创业就业工作的通知
（财金［2009］72号） ……………………………………………（316）
财政部　人力资源社会保障部关于就业专项资金使用管理及有关问题的通知
（财社［2008］269号） …………………………………………（319）

附　录

应对金融危机促进就业政策体系 ……………………………（见插页）
启动实施就业促进法政策体系…………………………………（327）

第三部分　研究报告

报告之一：金融危机对我国就业产生的冲击、重大挑战和新机遇……………………………………………………（332）
报告之二：应对金融危机就业政策的评估…………………………（351）
报告之三：财政、货币和产业政策与就业政策的协调…………（368）
附报告一：4万亿元投资能够拉动多少就业岗位？ ……………（387）
附报告二："中国就业应对国际金融危机的方略"高层研讨会专家观点…………………………………………………（395）

2008年中央经济工作会议有关论述

（摘要）

坚持保持增长速度和提高质量效益相统一，进一步提高经济发展质量和水平；坚持推进结构升级和扶持就业创业相协调，进一步增强经济竞争优势和吸纳就业能力。

要较大幅度增加公共支出，保障重点领域和重点建设支出，支持地震灾区灾后恢复重建，实行结构性减税，优化财政支出结构，继续加大对“三农”、就业、社会保障、教育、医疗、节能减排、自主创新、先进装备制造业、服务业、中小企业、重大改革等方面的支持力度，加大对低收入家庭的补贴和救助力度。

要支持能够扩大最终消费需求、带动中间需求的项目，支持在国际分工中具有长期竞争优势的先进生产能力建设，支持内部治理结构完善、就业容量大的劳动密集型企业，有效引导结构调整。

要高度重视农民工就业和促进农民增收出现的新情况，最大限度拓展农村劳动力就业渠道和农村内部增收空间。

着力解决涉及群众利益的难点热点问题，切实维护社会稳定。必须实施更加积极的就业政策，全方位促进就业增长，确保就业形势基本稳定。加快完善城乡社会保障体系，扩大城镇职工基本养老保险、基本医疗保险和城镇居民基本医疗保险覆盖面，研究和推出全国统一的社会保险关系转续办法，积极开展农村社会养老保险试点，制定农民工养老保险办法，切实保障农村贫困家庭、城镇困难家庭、离退休职工、在校贫困大学生基本生活水平不下降。加强各级各类教育和培训，大力发展职业教育特别是农村中等职业教育，全面推进素质教育。

2009年政府工作报告有关论述
（摘要）

社会事业加快发展，人民生活进一步改善。城镇新增就业1 113万人；城镇居民人均可支配收入15 781元，农村居民人均纯收入4 761元，实际增长8.4%和8%。

按照出手要快、出拳要重、措施要准、工作要实的要求，迅速推出进一步扩大内需、促进经济增长的十项措施，争分夺秒地加以落实；接连出台金融支持经济发展、促进轻纺工业健康发展、促进房地产市场健康发展、搞活流通扩大消费和保持对外贸易稳定增长、稳定就业等政策措施，加快制定重点产业调整振兴规划。这些措施对缓解经济运行中的突出矛盾、增强信心、稳定预期、保持经济平稳较快发展，发挥了至关重要的作用。

就业和社会保障工作进一步加强。完善促进就业、以创业带动就业的政策，落实最低工资制度。各项社会保险覆盖面继续扩大，城镇职工基本养老保险、基本医疗保险参保人数分别增加1 753万和2 028万，失业、工伤、生育保险参保人数继续增加。企业退休人员养老金人均每月新增110元。启动事业单位基本养老保险制度改革试点。积极探索建立新型农村社会养老保险制度，农民工、被征地农民社会保障工作稳步推进。

受国际金融危机影响，经济增速持续下滑，已成为影响全局的主要矛盾。一些行业产能过剩，部分企业经营困难，就业形势十分严峻，财政减收增支因素增多，农业稳定发展、农民持续增收难度加大。

今年国民经济和社会发展的主要预期目标是：国内生产总值增长8%左右，经济结构进一步优化；城镇新增就业900万人以上，城镇登记失业率4.6%以内；城乡居民收入稳定增长；居民消费价格总水平涨幅4%左右；国际收支状况继续改善。这里要着重说明，提出8%左右的国内生产总值增长目标，综合考虑了发展的需要和可能。在我们这样一个13亿人口的发展中国家，要扩大城乡就业，增加居民收入，维护社会稳定，就必须保持一定的经济增长速度。只要政策对头，措施得当，落实有力，就有可能实现这一目标。

做好今年政府工作，必须把握好以下原则：……四是重民生、促和谐。越是困难的时候，越要关注民生，越要促进社会和谐稳定。坚持把保障和改善民生作为经济工作的出发点和落脚点，实行更加积极的就业政策，把促进增长与扩大就业、改善民生紧密结合起来，让人民群众共享改革发展的成果。

今年的政府工作，要以应对国际金融危机、促进经济平稳较快发展为主线，统筹兼顾，突出重点，全面实施促进经济平稳较快发展的一揽子计划。大规模增加政府投资，实施总额4万亿元的两年投资计划，其中中央政府拟新增1.18万亿元，实行结构性减税，扩大国内需求；大范围实施调整振兴产业规划，提高国民经济整体竞争力；大力推进自主创新，加强科技支撑，增强发展后劲；大幅度提高社会保障水平，扩大城乡就业，促进社会事业发展。

加强和改善宏观调控，保持经济平稳较快发展。……要加强产业、贸易、土地、投资、就业政策与财政、货币政策的一致性和协调性，形成调控合力。

采取更加有力的措施扶持中小企业发展。抓紧落实金融支持政策，健全融资担保体系，简化贷款程序，增加贷款规模。中央财政中小企业发展资金从39亿元增加到96亿元。继续实行鼓励中小企业科技创新、技术改造、增加就业的税收优惠政策。健全中小企业社会化服务体系。

（六）大力发展社会事业，着力保障和改善民生

今年要集中力量办一些经济社会发展急需、关系人民群众切身利益的大事实事，让人民群众得到更多实惠。

千方百计促进就业。充分发挥服务业、劳动密集型产业、中小企业、非公有制经济在吸纳就业中的作用。实施更加积极的就业政策，中央财政拟投入420亿元资金。

一是把促进高校毕业生就业放在突出位置。高校毕业生到城乡基层社会管理和公共服务岗位就业，给予社会保险和岗位补贴；到农村基层服务和参军入伍，给予学费补偿和代偿助学贷款。鼓励承担重点科研项目的高校、科研院所和企业吸纳符合条件的毕业生从事科研工作。企业吸纳符合条件的高校毕业生就业，可按规定享受相关就业扶持政策。加快建设一批投资少、见效快的大学生创业园或创业孵化基地。

二是广开农民工就业门路和稳定现有就业岗位。要发挥政府投资和重大项目建设带动农民工就业的作用。鼓励和支持困难企业与员工协商薪酬，采取灵活用工、弹性工时、技能培训等办法，尽量不裁员。加强有组织的劳务输出，引导农民工有序流动。组织返乡农民工参与农村公共设施建设。

三是帮助城镇就业困难人员、零就业家庭和灾区劳动力就业。进一步开辟公益性就业岗位。

四是大力支持自主创业、自谋职业，促进以创业带动就业。在市

场准入、财税金融、经营用地等方面提供便利和优惠，鼓励更多劳动者成为创业者。对自主创业、农民工返乡创业要进一步降低门槛，给予更大支持。

五是进一步改善对就业的公共服务。加强就业信息发布、职业介绍和就业指导工作。大力开展职业培训。加大对就业困难人员和农民工职业技能培训的政策扶持。

第一部分　领导讲话

中央领导讲话

越是在经济困难时候　越要高度重视民生

——胡锦涛专程考察沈阳人力资源市场

（2008年12月13日）

中央经济工作会议刚刚结束，中共中央总书记、国家主席、中央军委主席胡锦涛就来到辽宁省这个我国东北老工业基地的重镇考察工作。2008年12月12日至14日，胡锦涛冒着严寒，在辽宁省委书记张文岳和省长陈政高等陪同下，深入到营口、沈阳等地的一些企业和科研院所、人力资源市场、居民小区实地了解情况，同基层干部群众共商如何更好地完成保持经济平稳较快发展这项明年经济工作的首要任务、如何着力在保增长上下工夫，勉励大家坚定信心、迎难而上，奋力夺取经济社会发展新胜利。

……

为了解就业和再就业工作情况，胡锦涛专程来到沈阳人力资源市场考察。

创业指导服务、就业政策咨询、招聘信息发布、进城务工人员服务……胡锦涛走到一个个服务窗口前，同工作人员和前来求职的群众亲切交谈，了解各项服务的具体内容、办理程序和群众满意度。在残疾人就业服务窗口，总书记通过手语向两位前来求职的聋人问好，还向几位残疾人了解找工作还有哪些困难、中央关于残疾人就业的优惠政策落实了没有，并鼓励他们自强不息，尽快实现就业。

三楼大厅里，一场大学生专场招聘洽谈会正在进行。总书记走到前来应聘的大学生中间，一一询问他们学什么专业、有哪些特长、对工作有什么要求，希望他们早日走上工作岗位，用学到的知识为现代化建设作贡献。胡锦涛还向用人单位了解用人需求的具体情况，希望他们积极创造条件，让更多的高校毕业生实现就业。

离开人力资源市场时，总书记指着墙上的标语对工作人员说："就像你们这里写的一样，就业是民生之本，这关系到千家万户。受国际金融危机的影响，明年我国就业形势将非常严峻。针对这个情况，最近召开的中央经济工作会议提出，要实施更加积极的就业政策，全方位促进就业增长。希望各类就业服务机构急求职人员所急，解求职人员所难，努力帮助更多的求职人员特别是就业困难人员实现就业，为促进社会和谐稳定作出应有的贡献。"

（以上摘自新华网《同心促发展　奋力渡难关》）

支持汶川地震灾后恢复重建

——温家宝主持召开国务院常务会议

（2008 年 6 月 18 日）

2008 年 6 月 18 日，国务院总理温家宝主持召开国务院常务会议，研究支持汶川地震灾后恢复重建的政策措施，审议并原则通过《关于推进海南农垦管理体制改革的意见》，部署在中央和国家机关开展节能活动。

会议指出，为支持灾区人民开展生产自救、重建家园，必须统筹各方力量，加大政策扶持力度。会议决定，主要从财政、金融、税收、土地、就业和粮食收购等方面采取措施，大力支持灾后恢复重建。……二是……实施鼓励社会各界支持抗震救灾和灾后恢复重建以及促进就业的税收政策。……四是大力开展就业援助，将因地震灾害造成就业困难的人员及时纳入就业援助范围，优先保证零就业家庭至少一人就业；大力开发公益性岗位，对失业人员创业和灵活就业人员等给予适当补贴和信贷支持。……会议强调，要注重发挥政策的引导作用，鼓励灾区人民自力更生、艰苦奋斗。

（以上摘自中国政府网《温家宝主持常务会议　研究支持地震灾后恢复重建政策》）

政府把大学生就业放在首位

——温家宝看望大学生

（2008年12月20日）

2008年12月20日下午，在出席于北京航空航天大学体育馆举行的“中日青少年友好交流年”闭幕式活动之后，温家宝总理出人意料地出现在该校的图书馆，与百余名大学生畅谈心声。

面对大学生，温家宝说，请同学们放心，我们把大学生就业放在首位。

面对一个马上毕业的研究生关于“现在大学生面临找工作难的问题，对即将面临工作的研究生有什么期望”的问题，温家宝首先向同学们详细阐述了国家目前遇到的困难。他说，我们确实处于一个比较困难的时期，这是由于美国次贷危机造成的国际金融危机而带来的，金融危机已经冲击到实体经济，对我们国家的影响，在今年下半年越来越明显，特别是十月份、十一月份，突出表现为外部需求减少，而我们国家的结构性矛盾就是出口比重大，现在国际市场订单少了、需求少了，许多工厂有设备原料却没市场，这是最重要的原因。现在金融危机还在扩散蔓延甚至还在加剧，对实体经济影响究竟有多大，还未见底。

温家宝说，应该说中央还是有预见，我们从六月就开始调整政策，当时提出的就是要促进经济增长，抑制通货膨胀，第二次大转折就是十月份，提出了积极的财政政策和适度宽松的货币政策，实际上就是用扩大内需促进经济增长。但这需要一个过程，所以我们提出了一个两年内投资四万亿元的扩大内需的十条重大措施规划，这包含着民生工程、农村建设、基础设施建设、增加低收入群体待遇、为企业特别是中小企业减税让利等一系列措施，为的就是使企业渡过这个难关。当然这些措施见效还要一段时间，在这段时间内，最大的困难就是部分工厂不能全部生产，特别是中小企业、劳动密集型产业和外向型企业。

温家宝说，我们不断采取措施，几乎每天都出台措施，甚至我们还在研究，如果现在支持力度不够还可以加大力度，但是我们最担心的还是两件事情，这两件事情都跟就业有关，其一是农民工返乡问题，其二是大学生就业问题。

……

温总理接着说，大概明年大学生毕业六百五十万，如果按照明年经济增长以百分之八的目标来计算，最多能解决九百万人的就业问题，大概一个百分点解决一百万人就业，我们尽最大努力解决九百万，其中就有六百五十万大学生，因此我们政府必须把大学生就业问题摆在首位。

温家宝说，我们要研究一整套措施：第一，一些重大的科研专项吸收研究生和优秀毕业生参加。第二，一些大型企业尽管有困难，一定还要吸收、留住大学生和研究生，留住有真才实学的技术干部。第三，学校的科研专项可以用于吸收学生参与研究，延长他们在学校学习和研究相结合的时间，这样既解决他们工作问题，还为今后的实践打下基础。第四，总还是有一部分同学，可能要从事与自己专业不完全相符的工作，但是这是暂时的现象，我们不希望这样做，因为岗位很紧，所以你们先找到工作，解决生活问题，然后，随着我们经济复苏再调整工作。温家宝说，公司裁员，对于大学生，对于技术人员，对于技术骨干，一定要留住。要记住一句话：留得青山在，不怕没柴烧。青山是什么，是有知识的人，当然也包括我们的重大装备。

温家宝说，同学们请放心，我们把大学生就业放在首位。我们会提出一系列措施，以让大家毕业有用武之地。面对同学们对温家宝总理道出的声声感谢，温家宝说：“不要谢我，其实你们的困难就是我的困难，如果说你们心里忧虑，我的心里比你们还忧虑。”

温家宝说，我为什么开始就讲要树立信心，我反复讲，到处讲，我说信心比货币和黄金还重要，一个民族、一个国家在困难的时候，如果失去信心，那就失去一切；有了信心，才有力量的源泉，才有勇气。我今天又讲，要有信心，不仅是针对当前应对金融危机困难的，而且要面向未来长远发展的。

温家宝说：“我相信，只要同学们好好学习，在我们这样一个国家，你们会有用武之地的。”

……

（以上摘自中国新闻网《温家宝看望大学生：我们把大学生就业放在首位》）

促进大学生和农民工就业

——温家宝在十一届全国人大二次会议记者会上答记者问

（2009 年 3 月 13 日）

国务院总理温家宝 13 日在北京表示，关于解决大学生就业和农民工就业的问题，我们都已经制定了具体的政策，要狠抓落实。

温家宝在十一届全国人大二次会议举行的记者会上回答日本记者提问时，作上述表示。

温家宝说，失业问题是我们面临的一个十分严重的问题。我们之所以采取一揽子计划，加大财政投入，是从根本上促进经济的发展。其实，解决失业问题最重要的是要大力扶持中小企业的发展，因为中小企业吸纳就业达 90％。

他说，去年下半年和今年头两个月，在失业人数增加的情况下，大批农民工返乡，我们社会总体还是安定的。

温家宝强调，将把扩大就业作为经济社会发展的一项重要任务，继续采取有力措施。“我讲过一句话，我说无论大学生还是农民工的就业，不仅关系他们的生计，还关系他们的尊严。”他说：“对这个问题，我们政府将百倍重视，不可掉以轻心。”

（以上摘自新华网《温家宝：已就大学生及农民工就业制定政策》）

靠信心智慧和力量战胜困难

——温家宝湖北考察纪实

（2009 年 3 月 29 日）

3 月 29 日至 31 日，中共中央政治局常委、国务院总理温家宝在湖北考察时指出，在应对国际金融危机中，要坚定不移地实施中部地区崛起战略，发挥优势，挖掘潜力，调整结构，提高效益，促进经济又好又快发展。

去年下半年以来，温家宝多次前往沿海地区考察，研究应对金融危机的政策措施。一周前，他前往东北地区调研，为企业鼓劲加油。这次，他又到位于中部地区的湖北省，深入乡村、企业和社区进行调研。

……

经济困难的时候，更要关注民生

在考察期间，温家宝强调，在经济困难的时候，更要关注民生。

湖北是劳务输出大省，受金融危机影响，返乡农民工增多。温家宝十分关注农民工就业问题，每到一个村庄，他都要了解返乡农民工情况，叮嘱各级干部要加强对返乡农民工的培训，为他们就业创造条件。

30 日下午，温家宝在武汉考察了“起点人力资源市场”。这里正在举办面向高校毕业生、返乡农民工和下岗失业人员的招聘会。温家宝来到一家企业的招聘台前，详细询问企业用工情况，当招聘人员告诉总理今年不但不减人反而要多招 400 多名员工时，温家宝十分高兴。

当地有关负责人告诉总理，这个市场去年下半年以来举办了近 40 场农民工招聘会，使近万名农民工上岗就业。温家宝说，人力资源市场为人们就业牵线搭桥，这件事情很有意义。无论是大学生还是农民工，就业不仅关系他们的生活，而且关系他们的社会地位和人的尊严，各级政府要千方百计促进就业，把这件事情办好。

在湖北思远信息技术培训学院，这里的负责人告诉总理，去年共培训 1.2 万名学生，今年计划培训 1.5 万名学生，受过培训的学生大部分找到了工作。温家宝说，职业教育就是就业教育，是面向人人、面向全社会的教育，要大力发展。他勉励学生们既要学知识，又要学技能；既要会动脑，又要会动手；既要学会生存，又要懂得做人，这样才能为自己创造美好生活，为国家作出贡献。

温家宝还来到武汉东亭社区看望居民。他走进 63 岁的郑祖志家，了解生活情况。温总理说，今年政府要大力发展社会事业，着力保障和改善民生，集中力量办一些经济社会发展急需、关系人民群众切身利益的大事实事。

（以上摘自中国政府网《温家宝湖北考察纪实：靠信心智慧和力量战胜困难》）

研究部署进一步加强就业工作的措施

——温家宝主持召开国务院常务会议

（2009 年 6 月 3 日）

国务院总理温家宝 3 日主持召开国务院常务会议，研究部署进一步加强就业工作的措施。

会议认为，稳定就业局势，促进就业增长，对于应对国际金融危机、保持经济平稳较快发展、维护社会稳定，具有重要意义。党中央、国务院高度重视就业工作。去年下半年以来，制定实施了一系列稳定和扩大就业的政策措施，包括扩大内需拉动就业、减轻企业负担稳定就业、政策扶持鼓励创业、加强职业培训提升就业能力等，还对高校毕业生、农民工和城镇困难群体等采取专门的促进就业措施。2009 年中央财政预算安排就业资金 420 亿元，比去年增长 66.7%。到 4 月底，全国城镇新增就业 365 万人，农民外出打工人数也有较大恢复，扭转了去年第四季度以来的下滑趋势。

会议指出，国际金融危机对我国的影响尚未见底，经济发展的不确定和不稳定因素较多，我国经济平稳回升的基础尚不稳固，这些问题与劳动力总量供大于求、结构性矛盾突出等交织在一起，就业形势依然严峻。新增就业与去年同比仍为减少，登记失业率继续上升，高校毕业生和农村劳动力就业困难较多。必须坚持积极的就业政策，进一步采取有力措施，尤其要狠抓各项政策措施落实，使之真正见到实效。（一）切实抓好各项政策措施的贯彻落实。强化督促检查，加大政策落实和工作推进力度。中央财政在预拨部分就业专项资金的基础上，尽快下拨第二批就业专项资金，并向受金融危机影响较大和其他需要加大扶持的地区适当倾斜。（二）坚持扩大就业和稳定就业“两手抓”。加快实施重点产业调整和振兴规划，通过稳定生产、稳定市场来稳定就业，开辟更多新的就业增长点。在经济结构调整中，鼓励和支持劳动密集型企业、中小企业、第三产业，特别是民营经济的发展。全面落实减轻企业负担的政策措施，切实解决中小企业融资难等问题，挖掘更多就业潜力。（三）继续抓好高校毕业生等重点群体就业。鼓励和支持各类企业和科研单位招用、聘用高校毕业生，引导和鼓励毕业生到基层就业、自主创业。多渠道转移农村劳动力就业，扶持农民工就近就地就业和返乡创业。大力开发公益性岗位，加强对困难人员和零就业家庭的就业援助。（四）加快实施特别职业培训计划。落实培训补贴政策，支持和鼓励企业开展上岗培训和技能提升培训。扩大技工院校招生规模，组织农村未升学的初、高中毕业生参加劳动预备制培训，组织各类准备创业人员特别是返乡农民工和高校毕业生参加创业培训，提高培训的针对性和有效性。（五）加强公共就业服务体系建设。建好乡镇、村和街道、社区的公共就业服务工作平台，建立健全公共就业服务信息网络，提高服务能力和水平。会议决定，对中西部地区高校毕业生就业见习基本生活补助，由中央财政就业专项资金给予适当补助。延长东部7省（市）扩大失业保险基金支出范围试点政策。中央财政继续安排资金扶持公共就业服务信息网络建设。

会议要求，各地、各有关部门要密切跟踪经济和就业形势变化，加强协调配合，扎实工作，全面完成今年就业工作各项目标任务，保持就业局势总体稳定。

（以上摘自中国政府网《国务院常务会议研究部署进一步加强就业工作措施》）

坚忍不拔 战胜困难

——温家宝西安考察记事

（2009 年 6 月 5 日至 7 日）

西安高校云集，科研力量雄厚，工农业比较发达，是西部地区重要经济中心城市。5 日至 7 日，中共中央政治局常委、国务院总理温家宝就大学毕业生就业、夏粮生产和企业自主创新等在西安调研。

努力使大学毕业生有用武之地

受国际金融危机影响，我国就业形势严峻，高校毕业生就业困难。5 日下午，温家宝乘机前往西安。一下飞机他就来到西安莲湖区人力资源服务中心。华润万家有限公司正在这里举办专场招聘会。这家企业今年要新开 17 家超市，需招聘 2 500 多人，来应聘的西安各高校大学生熙熙攘攘。

在人群拥挤的大厅里，总理仔细地向企业招聘人员和应聘大学生们了解情况。一位大学生说，随着经济逐步好转，最近找工作比前些时期容易些。温家宝说，就业涉及民生，是天大的事，不仅关系国家经济发展，也关系个人前途。去年下半年以来国家制定了促进就业的一系列政策措施。几天前召开的国务院常务会议又确定了五项措施和三项政策，其中一条，就是中央财政对中西部地区高校毕业生见习给予生活补助。国家培养一个大学生不容易，要尽量创造条件，让企业、科研单位扩大招收规模，同时鼓励大学生到基层去，使学到的知识有用武之地。

随后，温家宝走进创业培训室。20多名大学生、下岗失业人员和农民工正在这里接受政府免费培训。总理说，你们是我最关心的三类就业群体。他向学员们询问了下一步的打算。有的告诉总理准备开餐馆，有的要办商店，还有的要开干洗店。温家宝听后高兴地说，你们在困难面前不灰心、想创业，相信你们今天的梦想，明天会变成美好的现实。

离开服务中心，温家宝临时决定去西安交通大学看望大学生。正是下午五点钟，同学们在校园内进行着各种文体活动。总理突然到来的消息不胫而走，大家从四面八方汇聚到“钱学森图书馆”前的广场上，欢迎总理到来。温家宝向同学们挥手致意说：“国家的前途在于提高全民族文化素质，希望寄托在年青一代身上。你们要刻苦学习，立志成才，做于人民、于国家有用的人才。”热烈的掌声在广场上回响。

温家宝走进学校图书馆，与正在这里看书的一些应届毕业生座谈。在一个多小时里，同学们纷纷举手抢着向总理提问。大学生到基层去如何发挥作用，如何看待文科学生就业前景，如何处理择业与就业关系……总理与大家促膝而谈，帮助同学们正确认识当前形势。温家宝说，每个人可以选择不同的道路，但必须树立这样的信念，就是要以坚定的决心和坚忍不拔的毅力，迈出人生最重要的一步。不论做什么工作都要把它做好。总理亲切的话语滋润着同学们的心田。座谈会后，温家宝还来到学校食堂，与同学们共进晚餐。

……

（以上摘自新华网《坚忍不拔　战胜困难——温家宝总理西安考察记事》）

坚定实施应对金融危机的措施

——温家宝在湖南考察

（2009 年 6 月 12 日）

中共中央政治局常委、国务院总理温家宝近日在湖南考察时强调，我们要坚定不移地实施积极的财政政策和适度宽松的货币政策，全面贯彻落实应对国际金融危机的一揽子计划，并根据形势变化不断丰富和完善。

6 月 12 日至 14 日，温家宝先后来到浏阳、株洲、湘潭、长沙等地，深入田间地头、企业车间、人力资源市场和高等院校，就应对国际金融危机、促进就业和社会保障、实施中部地区崛起战略、保持经济平稳较快发展进行调查研究。

……

温家宝对就业等民生问题十分牵挂。12 日下午，他来到株洲市人力资源市场进行调研，详细了解就业和养老、医疗等社会保障情况。13 日下午，他又来到湖南大学，与应届毕业生座谈，了解他们的就业情况。温家宝说，今年 1 至 5 月，全国新增就业 470 万人，其中 5 月份超过 100 万人，这说明随着经济企稳回升，就业机会也在增加。我们应对国际金融危机的根本目的，就是要提高人民群众的物质文化生活水平，并使人们无后顾之忧。因此要把完善社会保障体系、解决民生问题放在更加突出的位置。虽然这些任务十分艰巨，但我们必须努力实现。

……

（以上摘自新华网《温家宝在湖南考察：要坚定实施应对金融危机的措施》）

情系民生　温暖每一位劳动者

——温家宝视察唐山市人力资源市场和医保服务大厅纪实

（2009 年 6 月 19 日）

6 月 19 日下午，中共中央政治局常委、国务院总理温家宝在河北省委书记张云川，人力资源和社会保障部副部长孙宝树，河北省委常委、常务副省长付志方，省委常委、唐山市委书记赵勇的陪同下，视察了唐山市人力资源市场和医保服务大厅。

14 时 33 分，温总理走进人力资源市场一楼大厅，立刻受到现场求职人员和招聘单位的热烈欢迎。温总理高兴地向大家挥手问好。

看到整个大厅人头攒动，温总理问："今天这里是不是有什么活动?"

讲解员："这是我们招聘会的现场，市场每周都要举办一、二场招聘会。"

温总理看见大唐国际陡电公司招聘台前围着一些求职者，就走了过去，向负责人询问公司招聘对象及方式。

大唐国际负责人："现在正是大学生毕业期间，在此之前我们已经通过学校和网络发布了招聘信息，与一些大学生达成了初步意向。今天是想在这里再挑选一些大学生。"

温总理详细地看了看大唐国际的招聘启事，满意地点点头。

温总理转身问身边一名女同志："你今天是来求职的吗?"

求职者："是。我在石家庄已工作了一年，我是唐山人，想回到家乡工作。”

温总理：“你是学什么的？都到哪里求职了？”

求职者：“计算机专业。我在大唐国际、美邦物业报名了，现在唐山的招聘岗位很多，但我所学的专业用的还不是很普遍。”

温总理向大唐国际负责人问：“她这个专业你们需要吗？”

大唐国际负责人：“我们目前不需要，但我们已经将其基本资料储备起来，下一步可能用到这样的人才。”

温总理转身向美邦物业负责人问：“你们用这样的人员吗？”

美邦物业负责人：“可以用。今天是第一轮面试，回头我们将与她详细面谈。”

温总理握住这名求职人员的手说：“希望你早日找到理想的工作岗位！”

这名求职者顿时热泪盈眶。周围响起了热烈的掌声。

温总理信步来到了就业失业登记证办理窗口，向市场工作人员询问：“《就业失业登记证》有什么作用？”

工作人员：“《就业失业登记证》是河北省境内唯一合法的就业证件，用于记载劳动者终身就业、失业等情况，劳动者凭此证在河北省境内享受公共就业服务。用人单位凭此证为劳动者缴纳社会保险，劳动者凭此证可以免费享受技能培训和申请小额贷款等优惠政策。”

温总理和蔼地问一名正在该窗口办证的下岗失业人员：“你原先是哪个单位的？”

失业人员：“华新纺织的。今天来办理《就业失业登记证》。”

温总理：“失业后能领到失业保险金吗？”

当得到“可以”的回答后，温总理欣慰地点了点头。

温总理又来到了职业介绍窗口前，和一名正在办理求职手续的人员交谈起来。

温总理：“你是学生吗？”

求职者：“我是刚毕业的大学生。”

温总理：“你觉得工作好找吗？”

求职者："目前还没有合适的。"

温总理："你是学什么专业的？"

求职者："物流管理专业。虽然现在我还没有合适的工作，但是我有信心找到自己满意的工作。因为我有自己的专业特长，如果给我一个机会，我一定会把工作做好。"

温总理笑了，身旁陪同人员也笑了。

温总理意味深长地说："很好，有一技之长，就有信心找到自己喜欢的工作。"

温总理又来到了一家标有"唐山建校"字样的招聘单位前，问："你们建校是个中专吗？"

招聘单位："对，我们是个技校。"

温总理又问："你们想招聘什么专业的？"

招聘单位："招对口专业以及管理方面的。"

温总理若有所思地说："你们这里有些专业所需要的教学人员不好找啊。看来人才培养还需要加强呀！"

温总理又来到了一名壮实的中年男子面前，关心地问："你家是哪儿的？"

中年男子："我是滦县的一名农民，想在市里找份工作。"

"今年找工作困难大吗？"温总理又问。

中年男子："还行吧。我们村里的劳动力基本上都出去打工了。"

唐山市劳动和社会保障局党委书记、局长徐建君补充道："唐山重视大力发展县域经济，实现就近就地转移就业。目前，我市农村富余劳动力实现就近就地转移就业 93.6 万人，占转移就业总量的 68%。"

温总理赞同地笑了笑，便向徐局长询问人力资源市场情况。徐局长向总理汇报："我们这个人力资源市场建筑面积 3 000 平方米，2006 年底改扩建而成，已经实现了业务信息'一点登录、多点查询'和就业帮扶的'一站式'服务。2007 年启用以来，已举办招聘洽谈会 170 场，达成就业意向近 4 万人。"温总理认真听取了介绍，并不时点头表示肯定。

结束一楼大厅视察后，温总理来到了人力资源二楼大厅。厅内立刻响起热烈的掌声和欢呼声，“总理您好”、“感谢总理关怀”、“总理辛苦了”的口号声此起彼伏。

温总理一边与大家亲切握手，一边向大家点头示意。

几名大学生挤到总理面前，激动地自我介绍：“总理，我们是四川的，毕业后想在唐山工作。”

徐局长向温总理介绍：“目前，唐山的经济发展很快，好多外地在唐山上学的学生，毕业后都想在唐山找工作，觉得唐山的发展空间比较大。”

温总理听后满意地点点头。

当走到小额担保贷款办理窗口前，温总理坐在便民椅上，与来办理业务的一名中年女子亲切交谈起来。

温总理关切地问：“你叫什么名字？是来办理贷款的吗？”

“我叫张玉娥，今天来办理小额贷款手续。”

温总理：“办理完了吗？手续简便吗？”

张女士：“就快办完了。很方便的。”

温总理：“你是下岗失业人员吗？”

张女士：“2003年就下岗了。”

温总理：“国家出台了一系列应对金融危机的政策，都了解吧？”

张女士：“是的。知道了政府的小额贷款政策就来办理。”

温总理：“利息是多少？”

张女士：“全部是政府贴息。”

温总理：“一次可以贷多少？”

张女士：“个人最多5万元。”

温总理随后又就其经营项目、资产多少、有无门市、家庭人口等问题进行详细询问。当得知张玉娥丈夫也是下岗工人，现在营业额六七十万元，并且想借助贷款扩大规模，帮助更多的下岗职工实现再就业后，温总理动情地说：“你家过去算是‘零就业’家庭，现在算是创业家庭！”

温总理侧身问另外一名申请人田女士："你也是来办理贷款的？"

田女士："我是来替同学咨询合伙办企业贷款政策的。"

温总理问："在唐山几个人算是合伙企业？"

田女士："我刚咨询过，7人以下。"

温总理又问："可以贷多少款？"

田女士满足地说："合伙企业最多可贷20万元呢。"

温总理笑了。站起身语重心长地对大家说："我们鼓励创业。目前经济有所好转，市场需求逐步扩大，创业的机会越来越多，当然得需要做一些艰苦的努力，得吃点苦，创业不容易。其实政府这个小额担保贷款政策非常重要，等于为你创业筹措了本金。就业太重要了，我们克服金融危机，克服经济困难，最重要的是解决人们就业问题，人人有工作、有收入才能消费，有了消费企业才能运转，这是一个良性循环。其实道理很简单，没有比它再简单的了，但是它又非常重要，没有比它再重要的了。衡量我们经济是不是真正好转，其实最重要的一个标准就是就业，如果我们没有大批待业的、失业的、零就业的，就可以判断经济肯定是好转了。所以就业不仅关系民生，也是经济发展的晴雨表。"

全场掌声经久不息。

来到了标有"洽谈室"字样的办公室门前，温总理问徐局长："这个洽谈室是做什么用的？"

徐局长："用来进行远程招聘用的，用人单位和求职者可以通过网络进行远程视频洽谈。"

温总理说："嗯，这个不错。"

结束二楼大厅视察，在下楼梯时，温总理向徐局长关切地问："金融危机对唐山影响严重吗？"

听到"金融危机以来，唐山先后出台一系列政策文件，采取'五缓四减三补'等多种有效措施，克服了经济危机影响，就业局势保持基本稳定"的回答后，温总理评价道："唐山的工作确实不错。"

再次回到一楼大厅时，求职者们立即将温总理围拢起来。面对招聘单位和求职者，温总理神采奕奕，面带微笑。他走到大厅中间，站在唐山市劳动和社会保障局“情系民生，温暖每一位劳动者”的标牌前面，发表了重要讲话。

温总理语重心长地对大家说：“正像大厅里写的——就业情系民生，可以说是民生之本。随着我们应对金融危机，经济运转产业链在延伸，就业也在逐步扩大。衡量经济好坏的一个重要标准就是人们是否能够就业，我们今年的目标是要实现城镇新增就业人数900万。即使这样，我们国家还有相当一批人不能够就业，或者说还需要一定时间等待就业。我想对大家讲的就是政府鼓励大家创业，既给大家创造有利条件，扩大就业门路，又制定了许多鼓励大家创业的政策，你们在求职的过程中不要怕困难，相信每一条道路都能够实现自己的愿望，都能够实现自己的理想，都能够发挥自己的力量。创业需要努力奋斗，所以我想给大家讲一句鼓励的话，有志者事竟成！”

温总理周围立刻响起雷鸣般、长时间的热烈掌声。

走出人力资源市场，温总理直接步入唐山医保服务大厅，向工作人员仔细询问了唐山城镇居民医保基本情况。

……

（以上摘自中国人事报网站《情系民生　温暖每一位劳动者》）

提高认识　加大力度　协调配合
用百倍的努力做好就业工作

——张德江在国务院就业工作部际联席会议全体会议上的讲话

（2008 年 4 月 24 日）

下面，我讲三点意见：

一、把就业作为保障和改善民生、维护社会和谐稳定的大事来抓

就业是民生之本，只有人人安居乐业，才能国泰民安。党中央、国务院历来高度重视就业再就业工作。胡锦涛总书记在党的十七大报告中提出，把“社会就业更加充分”作为全面建设小康社会的一项重要目标。温家宝总理在今年的《政府工作报告》中强调，“我们要用百倍的努力，把这项关系民生之本的大事做好”。党的十六大以来，在党中央、国务院正确领导下，在各地、各部门和社会各方面共同努力下，就业再就业工作取得了显著成绩。中国特色就业再就业体制机制和政策体系基本形成，五年累计实现新增就业 5 100 万人，帮助 2 500 多万下岗失业人员实现了再就业，城镇登记失业率稳中有降，保持了就业局势的基本稳定，有力地促进了经济发展和社会和谐稳定。在过去几年中，联席会议各成员单位认真履行职责，密切协调配合，做了大量工作，发挥了重要作用。

我国是世界上人口和劳动力最多的国家，劳动力供大于求的总量性矛盾长期存在，就业的结构性矛盾越来越突出，劳动者就业还存在一些体制机制障碍，解决就业问题是一项长期、艰巨而复杂的任务。

我们要从战略和全局的高度，充分认识做好就业再就业工作的极端重要性，既要看到做好就业工作有许多有利条件，也要看到面临的严峻的就业形势，把扩大就业摆在党和国家工作更加突出的位置，以更大的决心，下更大的力气，采取更加有力的措施，切实把这项事关民生和社会和谐稳定的大事抓好。

二、广开渠道，千方百计做好就业工作

做好今后的就业工作，总的要求是认真贯彻落实党的十七大精神和《政府工作报告》的部署，深入贯彻落实科学发展观，坚持实施扩大就业的发展战略，坚持实施积极的就业政策，一手抓扩大就业，一手抓失业调控，进一步加强组织领导，落实政策责任，努力把就业工作提高到新水平。

今年以来，国民经济保持平稳快速增长，经济总体形势比预想的要好，同时经济运行中面临的困难和风险也不可低估。美国次贷危机加深，美元持续贬值，美国经济明显放慢，国际金融市场动荡加剧。美国经济和世界经济增长放缓使我国外部需求减弱，一季度出口同比回落 6.4 个百分点。国际粮食、石油等初级产品价格持续上涨，世界性通货膨胀趋势明显，使我国物价上涨压力不断加大。国内经济运行中一些深层次矛盾没有根本解决，有的还在继续加剧。总之，当前影响经济发展和就业的不确定因素增多，完成今年城镇新增就业 1 000 万人、城镇登记失业率控制在 4.5%左右的目标压力加大。今年可能是近几年就业最困难、压力最大的一年。面对新形势新任务，我们要坚定信心。只要我们继续加强和改善宏观调控，根据经济形势变化及时采取应对措施，保持经济平稳较快发展，认真落实促进就业的各项政策措施，就一定能够实现年初中央确定的就业工作目标。

这里，我再强调以下几点：

（一）努力稳定就业形势，千方百计扩大就业。保持我国就业形势的持续稳定，一方面要大力发展经济，积极促进就业；另一方面要高度重视非正常的岗位流失问题，加大失业治理工作力度，预防和调控失业。如果企业有困难，我们要主动帮助企业尽量解决生产经营中的困难，渡过难关；如果是非正常减员，要查清原因，提出要求和改进措施。要探索建立鼓励企业稳定就业的激励机制，支持企业稳定就业，减少失业。要充分发挥服务业、中小企业、非公有制企业吸纳就业的作用，多渠道、多方面增加就业岗位。大力发展服务业等劳动密集型产业，努力实现经济发展和就业相互促进、良性互动；加大对中小企业发展的政策扶持力度，促进中小企业稳定发展；认真落实中央确定的各项政策，特别是解决好市场准入和融资支持问题，鼓励、支持和引导个体私营经济等非公有制经济发展。

（二）完善落实各项政策措施，积极促进创业带动就业。促进以创业带动就业，是党的十七大提出的解决我国就业问题的重要方针。要进一步完善扶持劳动者创业的财税、金融、工商、场地等政策体系，切实解决影响劳动者创业的税费减免、小额信贷等政策瓶颈问题，为劳动者创业创造好的政策环境。要加强和完善创业培训体系，提高创业成功率。特别要做好外出务工人员回乡创业工作。要建立健全创业服务支持体系，强化项目支持、开业指导、跟踪服务等措施。要通过落实扶持政策，改善创业环境，改进公共服务，使城乡有意愿、有能力的劳动者积极创业，并带动更多人实现就业。

（三）广开渠道，重点做好高校毕业生就业工作。这是今年工作的重中之重。今年高校毕业生559万人，比去年增加64万人，加上过去没有就业的毕业生，数量更大，成为当前就业的一个难点。要有针对性地组织开展各类招聘和专项服务活动，着力解决就业供求信息不对接、技能不适应岗位等问题。引导大学生转变就业观念，落实好各项政策，畅通大学生面向企业、面向基层就业和自主创业的渠道，确保高校毕业生初次就业率在70％以上。认真做好家庭困难和进行失业登记的高校毕业生就业援助工作，力争一对一援助到位。对家庭困难、靠借贷上学的农村高校毕业生，要比照零就业家庭就业援助政策帮助他们就业。

（四）加强培训和服务，统筹做好各类就业困难人员就业援助工作。要进一步完善职业培训体系，以劳动力市场需求为导向，统筹做好新增劳动力就业前培训、企业职工在职培训、失业人员再就业培训、城乡劳动者创业培训、农村富余劳动力转移就业培训等工作，提高劳动者就业能力。各级政府要切实履行公共就业服务职责，从加强体系、保障投入、完善功能、强化手段等方面强化公共就业服务，向下岗失业人员特别是就业困难人员、高校毕业生、农民工、复员退伍军人等各类群体提供优质高效的就业服务。要以解决零就业家庭就业为重点，有针对性地采取帮扶措施，统筹大龄下岗失业人员、残疾人等就业困难人员就业援助工作。要大力开发公益性岗位，进一步落实好岗位补贴和社保补贴政策，逐步形成援助困难群体就业的长效机制。

（五）协调劳动关系，维护劳动者合法权益。要认真贯彻实施劳动合同法和劳动争议调解仲裁法，构建和谐稳定的劳动关系。要抓紧制定劳动合同法实施条例，指导企业与职工签订劳动合同。加强劳动争议调处工作，加强监察执法，依法查处各种违法违规行为。完善劳动关系利益协调机制、纠纷调处机制和监督执行机制，切实维护劳动者合法权益。

三、充分发挥就业工作部际联席会议的作用

就业工作涉及经济社会方方面面，需要各部门、各方面协调配合。实践证明，就业工作部际联席会议制度是一个很好的机制。面对新形势新任务，要进一步完善联席会议制度，充分发挥这一协调机制的作用。

一是进一步明确职责分工。各成员单位都要按照分工，履行好各自职责。人力资源社会保障部门要做好组织协调、基础管理等工作；发展改革部门要研究完善有利于促进就业的宏观经济政策；财政部门要加大资金支持力度，确保资金到位；税务、工商、金融部门要落实好税费减免和小额贷款政策；编制、民政、教育、建设、监察、统计、法制等部门要从各自职能出发，继续做好工作；工会、共青团、妇联、残联也要发挥各自优势，为促进就业多办实事。

二是进一步加强协调配合。联席会议各成员单位既要分工负责，又要加强协作，相互支持，形成强大合力。要定期交流工作进展情况，共同研究解决就业工作面临的实际困难，协调解决政策落实中的问题，督促检查各部门政策落实情况，统一协调各部门行动。

三是要加强对地方工作的指导。要督促各地建立和完善促进就业的体制机制和政策措施。总结各地好的经验和做法，加以推广。对工作进展较慢、政策落实情况较差的地区，予以重点督促指导。对各地反映的问题，要及时研究，帮助解决。

我们要在以胡锦涛同志为总书记的党中央领导下，高举中国特色社会主义伟大旗帜，以邓小平理论和“三个代表”重要思想为指导，深入贯彻落实科学发展观，坚持以人为本、执政为民，齐心协力，扎实工作，把就业工作提高到新水平，为全面建设小康社会作出新的更大贡献！

（根据新华社通稿和会议资料整理）

深入贯彻落实科学发展观
努力开创就业和劳动关系工作新局面

——张德江在省部级领导干部“促进就业与建立和谐劳动关系”专题研讨班结业式上的讲话

（2008 年 6 月 26 日）

2008 年 6 月 26 日，中共中央政治局委员、国务院副总理张德江在中组部、人力资源社会保障部、国家行政学院共同举办的省部级领导干部“促进就业与建立和谐劳动关系”专题研讨班结业式上讲话时强调，要深入贯彻落实科学发展观，坚持以人为本，坚持实施扩大就业的发展战略，坚持依法维护劳动者合法权益，加强领导，明确责任，依法办事，落实政策，努力把就业和劳动关系工作提高到新水平。

张德江指出，党的十六大以来，就业和劳动关系工作取得了显著成绩，为促进改革发展、维护社会稳定发挥了重要作用。但是，我国的就业形势仍然十分严峻，维护劳动者合法权益的任务依然十分繁重。必须全面分析和认识形势，把就业和劳动关系工作摆在更加突出的位置，切实把这两项事关民生和社会和谐安定的大事抓紧抓好。

张德江强调，要全面贯彻落实党的十七大精神，深入贯彻落实科学发展观，坚持以人为本的施政理念，进一步加强就业和劳动关系工作。重点抓好以下方面：（一）努力保持经济平稳较快发展，充分发挥劳动密集型行业、中小企业、非公有制企业吸纳就业的作用，千方百计扩大就业，加强失业调控，探索建立鼓励企业稳定就业的激励机制，保持就业形势基本稳定。（二）积极促进以创业带动就业，进一步完善劳动者创业的政策体系，建立健全创业培训体系和创业服务体系，提高创业成功率。（三）重点做好高校毕业生就业工作，解决突出问题，落实各项政策，加强就业服务，提高初次就业率。（四）要提供优质高效的公共就业服务，完善职业培训体系，逐步建立长效机制，统筹做好各类就业困难人员就业援助工作。（五）要全面准确、坚定不移地贯彻实施劳动合同法等法律，抓紧制定劳动合同法实施条例及相关配套政策，完善劳动关系利益协调机制、纠纷调处机制和监督执行机制，做好劳动争议处理工作，加强监察执法，切实维护劳动者合法权益。

（以上摘自新华网《张德江强调努力开创就业和劳动关系工作新局面》）

把灾区扩大就业工作摆在突出位置全力以赴抓好落实

——张德江主持地震灾区恢复工业生产和扩大就业座谈会并讲话

（2008 年 6 月 30 日）

为贯彻 6 月 13 日中央召开的省区市和中央部门主要负责同志会议精神，落实胡锦涛总书记、温家宝总理重要指示，6 月 30 日，中共中央政治局委员、国务院副总理张德江出席国务院地震灾区恢复工业生产和扩大就业座谈会并作重要讲话。他强调，地震灾区恢复工业生产和扩大就业是灾后恢复重建的重要任务，要按照党中央、国务院的统一部署，深入贯彻落实科学发展观，高度重视、精心组织、扎实工作、注重实效，打好灾区恢复工业生产和扩大就业这场硬仗。

张德江指出，汶川大地震使灾区工业遭受巨大损失，群众就业受到严重影响。地震灾害发生后，在党中央、国务院领导下，灾区各级党委、政府组织企业和人民群众奋力开展生产自救，对口支援省市和社会各界大力支援，灾区恢复工业生产和就业工作正在积极推进。但是灾区恢复工业生产任务仍然十分繁重，就业形势依然十分严峻。我们要贯彻中央的决策部署，进一步增强紧迫感和责任感，继续发扬自力更生、团结互助精神，落实完善政策，加大工作力度，把灾区恢复工业生产和扩大就业工作做实做好。

张德江强调，扩大灾区就业，关系到灾民的生计，关系到灾区的稳定和发展。一定要按照胡锦涛总书记的重要指示和党中央、国务院的要求和部署，把灾区扩大就业工作摆在突出位置，全力以赴抓好。重点要抓好以下五个方面：

一是地震灾区要大力开展生产自救，稳定和扩大就业。要大力开发废墟清理、伤员看护、治安维护、卫生防疫、物资运输等公益性就业岗位，妥善安置一批就业困难人员就业。对暂时停产的企业，要鼓励以工代赈、生产自救，开展转业转岗培训和技能提升培训等措施，帮助职工渡过难关；对恢复无望的企业，要保证职工的基本生活，并及时提供就业服务，促进他们实现再就业。

二是有组织地开展劳务输出，鼓励灾区劳动力异地分散就业。要以北京、天津、上海、广东、江苏、浙江、山东、福建等8省市和其他有对口支援任务的省市为主要输入地，以灾区所在省及受灾的市、州为主要输出地，组织开展针对重灾区的劳务对接活动。输入地要收集筛选一批适合灾区劳动者就业的岗位信息，积极组织企业到灾区招工。灾区要摸清受灾劳动者的就业需求，收集发布用工信息，通过专场招聘会、巡回服务、上门服务等方式，及时将岗位送到劳动者身边。要积极落实职业培训补贴、职业介绍补贴、社保补贴等就业扶持政策，对接收灾区劳动者的企业给予扶持。

三是坚持主要通过市场调节劳动力供求，鼓励劳动者自谋职业、自主创业。要进一步加强创业培训，完善创业服务，落实创业培训补贴、税费减免、场地安排、小额担保贷款及贴息等扶持政策，鼓励灾区劳动者自谋职业、自主创业。帮助因灾中断营业的个体工商户恢复生产，重新开业。

四是认真开展就业援助，帮助重点灾区的重点人群实现就业再就业。帮助因灾失去工作的城镇职工实现再就业。这些职工失去工作后，影响了一个家庭。帮助他们实现再就业，就等于帮助了一个家庭。帮助零就业家庭实现就业。要通过开发公益性岗位，落实岗位补贴和社保补贴等政策措施，优先保证灾区零就业家庭至少一人就业。帮助失去收入来源的农民实现就业。既可以帮助他们在当地城镇实现就业，也可以通过对口支援制度，使他们实现异地分散就业。促进灾区高校毕业生就业。要把做好灾区毕业生就业工作纳入各地就业工作的总体规划，集中力量帮助一批灾区毕业生就业。各级机关考录公务员、事业单位招聘工作人员时，在同等条件下要优先录用灾区毕业生。要落实毕业生到基层和企业就业的政策，鼓励毕业生参与灾区恢复重建。对暂不能就业的，要组织进行就业见习和职业技能培训，提高他们的就业能力。

五是落实和完善灾区扩大就业的政策措施。要落实国家已经确定的扶持灾区就业的各项政策，如对接收灾区劳动力就业的本地企业和异地企业，要落实金融、财税、培训补贴和社保补贴等政策。同时要结合实际，研究采取新的政策措施，促进灾区就业。

（根据新华社通稿和会议材料整理）

以促进就业为重点
全面做好人力资源和社会保障工作

——张德江在全国人力资源和社会保障工作会议上的讲话（摘要）

（2009 年 2 月 19 日）

2009 年 2 月 19 日，中共中央政治局委员、国务院副总理张德江在全国人力资源和社会保障工作会议上强调，人力资源和社会保障系统要深入贯彻落实科学发展观，全面贯彻落实中央经济工作会议的决策部署，把促进就业作为今年工作重点，全力以赴稳定和扩大就业，加快完善社会保障体系，统筹做好人力资源和社会保障各项工作，为保增长、保民生、保稳定作出新的更大贡献。

一、2008 年人力资源和社会保障工作取得显著成绩

2008 年是人力资源和社会保障系统经受严峻考验、取得显著成绩的一年。一年来，全系统深入贯彻落实科学发展观，认真落实中央的各项决策部署，做了大量艰苦细致的工作，全面完成了就业再就业、社会保障、人事人才等各项工作任务。

一是就业再就业工作取得新进展。认真贯彻落实积极的就业政策，针对经济形势和就业形势变化，采取了一系列稳定和扩大就业的政策措施，实现了就业扩大和就业形势的基本稳定。2008 年城镇新增就业 1 113 万人，下岗失业人员再就业 500 万人，就业困难人员实现就业 143 万人，圆满完成了年初确定的目标任务。汶川特大地震发生后，人力资源和社会保障系统广大干部职工心系灾区群众，紧急行动起来，组织对口就业援助和技工培训援助，2008 年共帮助 105.6 万灾区劳动者实现本地就业，有组织劳务输出 25.7 万人，有力地促进了灾区恢复重建和社会稳定。面对国际金融危机对我国经济和就业造成的严重冲击，人力资源和社会保障系统加强就业和失业情况的动态监测，加强调查研究，及时研究制定了一系列减轻企业负担、稳定就业局势的政策措施，组织开展了高校毕业生、农民工等重点群体的就业服务系列活动。这些政策措施针对性强，出手快、力度大，争取了时间，赢得了主动，取得了很好的效果。

……

二、科学分析和正确把握人力资源和社会保障工作面临的新形势

胡锦涛总书记在 2008 年中央经济工作会议上强调指出，“2009 年可能是新世纪以来我国经济发展最为困难的一年，也是蕴含重大机遇的一年”。“我们必须树立世界眼光，从国情出发，综合分析，准确判断，积极应对。”温家宝总理在讲话中也指出，“纵观国际国内形势，明年实现经济社会又好又快发展的任务更加繁重。我们要有全球视野、战略眼光和大局观念，积极应对国际环境大变化，科学把握我国发展大趋势，牢牢把握经济工作主动权”。胡锦涛总书记、温家宝总理的重要讲话，为我们科学分析和准确把握国内外经济形势，做好各项工作指明了方向。

2008 年以来，由美国次贷危机引发的金融危机持续深化，对世界经济发展产生了重大影响，主要发达国家经济相继陷入衰退，发展中国家和新兴市场国家经济增速明显放缓。从国内来看，2008 年第三季度以来，金融危机对我国实体经济的影响日益显现，也给人力资源和社会保障工作带来严重困难。主要表现为：

一是就业工作面临新世纪以来最大的困难。由于国际金融危机影响，国内外市场需求大幅度减少，企业经营困难增多，劳动用工需求下降，失业下岗人员增多，城镇登记失业率有所上升，就业形势十分严峻。当前，高校毕业生、农民工就业尤其突出。今年高校毕业生规模达到 611 万人，比上年净增 52 万人，加上历年累积的未就业高校毕业生，今年要求就业的高校毕业生总数达700万人以上。近几个月，返乡农民工大量增加，春节后返乡农民工中有一部分回城后还没有找到工作岗位，还有一部分没有回城需要就地就近就业。能否在经济发展面临严重困难情况下，继续促进就业增加，保持就业形势基本稳定，是对我们的严峻考验。

……

三、围绕就业统筹做好人力资源和社会保障工作

今年是新中国成立60周年，也是实施“十一五”规划的关键一年。人力资源和社会保障工作关系人民群众的切身利益和改革发展稳定大局，做好人力资源和社会保障工作，意义十分重大，使命十分光荣。胡锦涛总书记强调，“越是困难时刻，越要高度关注民生”。温家宝总理指出，要“着力做好就业和社会保障工作”。人力资源和社会保障系统要深入贯彻落实科学发展观，全面贯彻落实中央经济工作会议的决策部署，要把促进就业作为今年工作重点，全力以赴稳定和扩大就业，加快完善社会保障体系，统筹做好人力资源和社会保障各项工作，为保增长、保民生、保稳定作出新的更大贡献。

（一）千方百计稳定和扩大就业。就业是民生之本。今年我国经济形势十分严峻，就业压力相当突出。确保就业形势基本稳定，是保增长、保民生、保稳定的关键。如果就业问题解决不好，大量劳动人口失业，基本生活保障困难，就会影响经济社会发展全局，影响社会稳定。我们要统一思想，提高认识，把稳定和扩大就业摆在党和政府工作更加突出的位置，作为人力资源和社会保障系统头等重要的任务，把保增长、调结构与促进就业结合起来，增加投入、落实政策、加大力度，全力以赴抓好这项关系民生、关系社会和谐稳定的大事，实施更加积极的就业政策，确保就业形势基本稳定。

党中央、国务院历来高度重视就业工作。最近一个时期，胡锦涛总书记、温家宝总理等中央领导同志深入各地，调查研究，对做好就业工作作出了一系列重要指示。国务院常务会议多次专题研究部署就业工作，国务院和国务院办公厅连续下发了做好当前经济形势下就业工作、做好当前农民工工作、加强普通高等学校毕业生就业工作等重要文件，出台了一系列稳定就业形势、促进扩大就业的政策措施。当前和今后一个时期，各地区、各部门要突出工作重点，狠抓落实，促进就业增长和就业形势基本稳定。重点抓好以下几项工作：

一要落实好扩内需调结构促就业的政策措施。要充分发挥好政策的支持和引导作用，统筹好财政、货币、产业政策和就业政策，充分发挥政府投资和重大建设项目对就业的带动作用。要正确处理结构调整与扩大就业的关系，实现产业升级与扩大就业相统一；要正确处理发展高新技术产业与扩大就业的关系，既形成新的经济增长点，也形成新的就业增长点。要鼓励支持劳动密集型产业和第三产业发展，鼓励支持非公有制经济和中小企业发展，帮助企业解决生产经营中的突出问题，稳定和创造更多就业机会。

二要落实好减轻企业负担稳定就业的政策措施。保企业就是保岗位，就是保就业。要减轻企业税费负担，帮助企业渡过难关，稳定就业岗位。要进一步细化缓缴社会保险费，阶段性降低城镇职工基本医疗保险、失业保险、工伤保险、生育保险费率，运用失业保险基金结余等政策措施，帮助企业克服困难，不裁员或少裁员。国有企业要肩负起应尽的社会责任，加快调整和发展，尽可能做到不裁员，甚至提供更多就业岗位。

三要落实好高校毕业生和农民工等重点群体的就业政策措施。高校毕业生是国家宝贵的人力资源财富，是我国现代化建设中一支高素质的生力军。要把大学生就业摆在当前就业工作的首位，改进和完善制度办法，提供有针对性的就业服务、就业指导和“一对一”就业援助；抓紧制定配套办法，落实各项扶持政策，让更多的高校毕业生到城乡基层、非公有制企业和中小企业就业，鼓励高校毕业生自主创业；骨干企业、承担国家和地方重大科研项目的单位要积极吸收、聘用符合条件的高校毕业生。要高度重视农民工就业问题，做好农民工就业指导和服务，及时公告就业供求信息，加强输出地与输入地信息沟通；强化对农民工培训，增强培训的针对性、实用性，促进一批农民工在城镇再就业；加强政策扶持和引导，鼓励农民工返乡创业和投身新农村建设。同时，要做好就业困难人员的就业援助和复员转业军人就业工作。

四要落实好职业培训政策。要大力实施特别职业培训计划，增加职业培训补贴，强化政府购买培训成果的机制。广泛发动各级各类职业培训机构和职业院校开展多层次、多形式的职业技能培训，提高劳动者就业再就业能力。

五要积极探索就业的新方式新途径。要大力促进以创业带动就业，提高创业服务水平，进一步改善创业环境和投资环境，在市场准入、场地安排、税费减免、小额担保贷款、免费就业服务和职业培训等方面给予扶持，鼓励劳动者自谋职业、自主创业。要突破传统的就业观念，抓紧制定和完善支持灵活就业的政策，加强公共服务，重点是要加快建立适合于灵活就业人员的社会保障制度，为灵活就业创造良好环境。

六要加强组织领导和协调配合。当前就业工作任务十分艰巨，各级党委、政府一定要站在全局和战略的高度，把就业工作作为重中之重。要及时跟踪掌握就业形势变化，针对新情况、新问题，研究制定应对措施。要切实加强组织领导，加大投入力度，落实工作责任，齐抓共管，形成合力，共同做好就业工作。要加强宣传引导，正确认清当前的就业形势，大力宣传党和政府促进就业的政策措施，大力宣传各地区、各部门扩大和稳定就业的好经验、好做法，大力宣传改变传统就业观念、自主创业等典型事迹，努力营造和谐就业氛围。

……

（根据新华社通稿和会议资料整理）

全力以赴保工业　千方百计促就业
促进经济平稳较快发展

——张德江在河南调研

（2009 年 2 月 25 日至 28 日）

中共中央政治局委员、国务院副总理张德江近日在河南调研时强调，要深入贯彻落实科学发展观，全面贯彻落实中央经济工作会议精神，全力以赴促进工业增长，努力提高工业整体素质和增长质量，千方百计稳定和扩大就业，加快社会保障体系建设，促进经济平稳较快发展和社会和谐稳定。

25 日至 28 日，张德江到河南就工业运行和就业工作进行调研，先后考察了郑州、新乡、洛阳的部分企业和劳动力市场，并召开座谈会。他指出，要把促进工业增长作为保持经济平稳较快发展的关键，认真落实扩内需、促增长的政策措施，加强对企业的分类指导和服务，支持和鼓励企业开拓国内外市场，大力调整优化产业结构，加快自主创新和技术改造步伐，切实加强和完善企业管理，培养、关心和爱护企业家，大力发展非公有制经济和县域经济，开拓创新，扎实工作，确保实现全年经济增长目标。

张德江强调，要全面加强就业工作，把稳定和扩大就业摆在更加突出的位置，落实政策，明确责任，广辟就业渠道，拓宽就业服务，切实抓好这项关系民生、关系社会和谐稳定的大事。要坚持把保增长扩内需与促进就业结合起来，把调整产业结构与促进就业结合起来，把企业发展与促进就业结合起来，突出创新就业带动就业，突出培训推动就业，突出帮助重点人群解决就业，突出转变观念实现就业，继续促进稳定就业和增加就业，保持就业形势基本稳定。

（以上摘自中国政府网《张德江在豫调研：全力以赴保工业　千方百计促就业》）

扎扎实实做好高校毕业生就业工作

——张德江在国务院全国普通高校毕业生就业工作电视电话会议上的讲话

（2009 年 4 月 2 日）

国务院 2 日召开全国普通高校毕业生就业工作电视电话会议。中共中央政治局委员、国务院副总理张德江在会上强调，面对当前高校毕业生就业形势，各地区、各有关部门要充分认识高校毕业生就业工作的重要性和紧迫性，深入贯彻落实科学发展观，狠抓政策落实，齐心协力，扎实工作，千方百计促进高校毕业生就业，千方百计保持高校毕业生就业形势的基本稳定，为改革发展稳定大局作出新的贡献。

中共中央政治局委员、国务委员刘延东主持会议。

张德江指出，高校毕业生是宝贵的人力资源，是现代化建设中高素质的生力军。为应对国际金融危机对我国就业工作的影响，党中央、国务院出台了一系列促进就业的政策措施，还专门制定了加强高校毕业生就业工作的通知。各地区、各有关部门认真贯彻落实，做了大量扎实细致工作，取得了积极效果。但也要看到，目前高校毕业生就业签约率普遍低于往年，高校毕业生就业形势仍然严峻。因此，必须全力以赴抓紧抓好促进高校毕业生就业工作。

张德江强调，现在距离 2009 年高校毕业生离校还有 3 个多月的时间，这既是毕业生求职择业的关键时期，也是就业工作的攻坚阶段。各地区、各有关部门要认真贯彻落实胡锦涛总书记、温家宝总理的指示精神，切实抓好高校毕业生就业政策的落实工作，着力在开拓渠道、落实政策和搞好服务等三方面上下工夫。

（一）全方位开拓就业渠道，广开高校毕业生就业门路。

一是国家机关、事业单位和国有企业要积极吸收高校毕业生就业。要发挥带头作用，今年力争做到招聘高校毕业生的人数不低于去年。各地区要引导企业更多地保留大学生技术骨干，对符合条件的困难企业给予社会保障补贴和岗位补贴。

二是鼓励重大科研项目单位聘用高校毕业生。这是今年实施的一项新政策，各地区、各有关部门要统筹安排，力争使聘用人数达到一定规模。

三是引导和鼓励更多的高校毕业生到基层岗位工作，特别是到中西部地区基层单位工作。要采取更加有力的措施，切实加大工作力度，使今年到基层就业的高校毕业生数量比去年有大幅度的增加。其中参加“选聘高校毕业生到村任职工作”、“农村教师特岗计划”、“三支一扶”计划、“大学生志愿服务西部计划”等面向基层就业的 4 个专门项目的高校毕业生人数要增加一倍以上。要逐步完善“下得去、留得住、干得好、流得动”的长效机制，做好高校毕业生基层就业的管理和服务工作，使他们愿意下去，发挥才干。

四是继续发挥中小企业、非公有制企业的就业主要渠道作用。积极鼓励和引导中小企业和非公有制企业促进高校毕业生就业，使已经在企业工作的高校毕业生能够稳定就业，有发展潜力的企业更多地吸收高校毕业生。进一步清理制度性的障碍和限制，畅通高校毕业生到中小企业、非公有制企业就业的渠道。

五是鼓励引导高校毕业生自主创业。自主创业是高校毕业生就业的重要方向。要着重在完善落实政策、提高创业能力、健全创业指导服务等三方面下工夫。各地区要按照国务院有关精神，落实税费减免、小额贷款等政策，并结合实际创新完善创业扶持政策。要积极开展创业培训，将有创业愿望的高校毕业生全部纳入创业培训范围，通过培训提高创业能力。要将高校毕业生创业纳入当地创业服务体系，提供政策咨询、项目开发创业培训、创业孵化、小额贷款、开业指导、跟踪辅导的“一条龙”服务。

六是积极鼓励高校毕业生应征入伍报效国家。鼓励高校毕业生应征入伍服义务兵役，是适应新时期国防和军队现代化建设需要。有关部门决定今年 5、6 月份将首次在高校开展预征工作，并制定了学费补偿、助学贷款代偿、入伍后优先选拔使用、退役后考学升学优惠等一系列政策。

（二）全面落实高校毕业生就业政策，确保促进就业政策取得实效。

做好高校毕业生就业工作，关键是抓好政策落实。当前要抓紧制订有关配套政策和实施办法。国务院就业联席会议各成员单位，要抓紧制订下发学费和助学贷款代偿、社区就业、就业见习、应征入伍以及统筹实施大学生下基层项目等配套文件，确保各项政策的可操作性，使高校毕业生在就业过程中能够真正享受到政策的实惠。各项政策措施和实施办法力争在 4 月份全部完成。

促进高校毕业生就业，当前特别要重视做好高校毕业生到基层就业政策措施的落实工作。各地区、各有关部门要进一步明确高校毕业生到城乡基层社会管理和公共服务岗位就业享受补贴、到中西部地区基层就业的学费补偿和助学贷款代偿等政策的程序、标准和具体办法，使补贴政策落实到每一个到基层就业的高校毕业生身上。

（三）全面开展就业指导和就业服务，为高校毕业生就业创造良好条件和环境。

一是高等院校要做好应届毕业生的就业指导和服务。要重视就业指导和心理辅导，稳定学生就业心态，引导他们增强信心。稳定就业渠道，对于以往吸纳毕业生较多的单位，要做好沟通与对接工作。加强与服务外包企业、城市社区、社会组织等的联系，积极开辟新的就业空间。

二是政府有关部门要不断完善公共就业服务。要按照岗位信息多、工作速度快、就业服务好、就业效果实的要求，加强各项高校毕业生就业服务工作。各级公共就业服务机构、人才交流服务机构要在服务场所设立专门窗口，为高校毕业生免费提供政策咨询、就业指导、职业介绍等日常服务。要积极举办适合高校毕业生的分专业、分行业专场招聘会，政府各类服务机构举办的招聘会要向高校毕业生免费开放。大中城市公共就业服务机构、人才交流机构要与高校密切配合，将公共就业服务向高校延伸，与高校合作开展就业指导和就业服务。地方教育、人事和劳动保障等部门在发挥各自就业信息网络优势的同时，要推动各网络之间的互联互通，逐步形成内容丰富、形式多样的就业信息网络体系。

三是要加强人力资源市场管理，严厉打击以职业介绍为名对高校毕业生进行欺诈、传销等各类违法违规行为。

四是加快实施“三年百万”毕业生见习计划。今年要完成30万高校毕业生见习任务，各地区要实行目标责任制，层层分解落实。

五是要重点做好困难高校毕业生的就业援助工作。高等学校要抓紧建立家庭经济困难的高校毕业生数据库，指定专人负责，有针对性地实施“一对一”帮扶，进行面对面的辅导和就业推荐。对符合当地就业困难人员条件的毕业生，政府部门开放的公益性岗位要优先给予安置，企业吸纳就业的要按规定落实税费减免政策。

张德江指出，各地区、各有关部门要加强组织领导，搞好协调配合，共同推进工作。要把高校毕业生就业摆在政府工作的重要议事日程，调动各方资源，挖掘岗位潜力，提供政策支持。要加强就业政策和工作落实情况的督促检查，加大就业政策、就业观念和促进就业的宣传力度，引导高校毕业生到国家经济和社会建设最需要的地方去建功立业。

刘延东强调，各地区、各有关部门、各高校要把思想和行动统一到国务院的部署上来，牢固树立政治意识、大局意识和责任意识，切实把高校毕业生就业摆在当前就业工作的首位，迎难而上，积极作为，抓紧、抓实、抓细，协同合作做好高校毕业生就业工作。

（以上摘自中国政府网和中国教育网《张德江：扎扎实实做好高校毕业生就业工作》）

部门领导发言和文章

就业再就业工作有关情况

——尹蔚民在国务院就业工作部际联席会议全体会议上的讲话

（2008 年 4 月 24 日）

一、就业再就业工作进展情况

2月3日，国务院下发了《关于做好促进就业工作的通知》（国发［2008］5号），对贯彻落实十七大精神，推动实施就业促进法，加强就业再就业工作作出了重要的部署和安排。按照国务院的要求，联席会议各成员单位积极行动，做了大量工作。

一是推进就业促进法的贯彻落实。法律出台后，联席会议各成员单位认真开展调查研究，细化法律规定，提出了现行就业政策与法律衔接的意见建议，为国务院5号文件的制订提供了较好的基础。围绕贯彻5号文件，人力资源社会保障部、发展改革委、财政部、人民银行等部门加强协调配合，认真研究拟订资金管理、小额信贷、收费减免等配套政策。国务院办公厅、中宣部对宣传工作给予了大力支持。中宣部专门下发通知，要求新华社、人民日报等新闻单位开辟宣传专栏，发表解读文章，加大宣传力度。国务院法制办将职业技能培训条例、人力资源市场条例两个配套法规列入了今年立法计划。

二是推动目标任务的分解实施。国务院确定今年就业工作的目标任务是“105145”，即城镇新增就业 1 000 万人，下岗失业人员再就业 500 万人，就业困难人员再就业 100 万人，城镇登记失业率控制在 4.5%左右。与去年相比，城镇新增就业增加了 100 万人，城镇登记失业率降低了 0.1 个百分点。围绕全年目标任务，年初，联席会议各成员单位共同拟订了 2008 年工作要点，明确了各部门的主要工作安排。各地也层层分解细化目标任务，进一步强化健全责任体系。

三是加大就业再就业资金扶持力度。今年，中央财政继续加大对就业再就业工作的投入力度，就业专项资金预算安排 260 亿元，比上年有所增加。为支持和推动地方工作开展，4 月中旬，财政部、人力资源社会保障部向各地预拨了第一批中央财政补助资金。

四是巩固零就业家庭援助成果，统筹做好各类群体就业工作。元旦、春节期间，开展了以零就业家庭和就业困难人员为重点的就业援助活动，帮助了一批就业困难人员实现再就业。春节前后，开展了以农民工为重点的“春风行动”，针对风雪冰冻灾害对农民工留城过年和返城求职带来的影响，推出了系列服务和保障措施。教育部会同人力资源社会保障部等部门，依托高校毕业生就业网络联盟，开展就业信息服务，部署高校毕业生“三支一扶”计划。其他成员单位也积极采取措施，开展扎实有效的工作，促进妇女、残疾人、军队复员转业人员等各类群体就业。

经过共同努力，第一季度就业再就业工作开局良好。1—3 月，城镇新增就业人员完成全年目标任务的 30%；下岗失业人员再就业完成 26%；就业困难人员再就业完成 36%。第一季度末，城镇登记失业率为 4%，与去年底持平。

二、当前的就业形势

从全年情况看，就业形势依然严峻，完成年度目标任务压力更大、责任更重。

一是就业再就业压力大。目前，劳动力供大于求的基本态势仍未改变。全国城镇每年需要安排就业 2 400 多万人，其中新增劳动力

1 300多万人、城镇登记失业人员800多万人、国有及集体企业遗留的下岗失业人员和关闭破产企业需要安置的职工近300万人。每年还要转移农业富余劳动力900万人。尤其是今年高校毕业生达到559万人，比去年又增加64万人。

二是影响就业的不确定因素增多。从2003年以来的经验数据看，GDP每增长1个百分点，平均可以拉动新增就业90万人。如果今年经济增长速度趋缓，将对就业岗位的增加产生不小影响。同时，出口下降、货币政策从紧、能源和石油价格上涨、贸易摩擦、人民币升值等因素，也都将对就业产生不利影响。

三是结构性矛盾突出。劳动者技能素质和技能结构不够合理，难以适应新就业岗位的需要，"就业难"和"招工难"同时并存。困难群体和资源枯竭城市、库区等困难地区的就业问题十分突出。此外，再就业成果需要进一步巩固。部分已就业人员的就业还不稳定，一些地区已再就业的下岗失业人员从事灵活就业的比例达40%。

四是落实法律和政策规定还需下更大工夫。由于国务院5号文件刚刚出台，地方和部门的配套法规和政策尚未到位，政策实施和全面见效还需要一段时间。从基础工作看，公共就业服务还不完善，对各类群体的就业服务和援助工作亟待加强；制约农村劳动力平等就业的体制性、政策性障碍还没有完全消除。

三、下一步工作安排

总体考虑是，全面落实国务院5号文件要求，实施扩大就业的发展战略，促进以创业带动就业，全力做好就业再就业工作。

一是全面实施就业促进法，完善落实积极的就业政策。针对当前经济对就业的影响，落实好鼓励、支持和引导非公有制经济发展，以及发展第三产业、服务业、中小企业扩大就业的政策措施。落实好各项就业扶持政策，促进以创业带动就业，建立健全政策扶持、创业培训与创业服务相结合的工作机制，充分发挥政策扶持劳动者就业、创业和鼓励企业吸纳就业的效力。为推动法律和政策的实施，计划在第四季度，由联席会议各成员单位联合组织开展监督检查。加强就业专项资金管理使用，指导各地加大对就业工作的投入力度，强化提高资金使用效益。抓紧协调出台配套政策，及时研究税收优惠政策年底到期的延续调整办法。加强调度指导，督促各地制订出台地方性促进就业的法规和政策。

二是健全公共就业服务体系，完善就业援助制度，强化职业培训。积极稳妥地整合人才市场与劳动力市场，推动城乡统一规范的人力资源市场建设。完善公共就业服务制度，健全公共就业服务体系，提高服务质量和服务效率，落实面向城乡劳动者的免费就业服务政策。健全就业援助措施，开展有针对性的就业帮扶，对零就业家庭实行“出现一户、帮扶一户、解决一户”的动态管理，逐步形成援助零就业家庭和困难人员就业的长效机制。充分发挥各级各类职业教育培训机构的作用，组织开展就业前培训、在职培训、再就业培训等各类培训，不断提高培训的针对性和有效性。落实高技能人才培养政策，健全人才培养与考核、使用和激励相结合的有效办法，通过高技能人才培养，带动中级和初级技能劳动者队伍梯次发展。

三是统筹做好高校毕业生、农业富余劳动力、军队复员转业退役人员、残疾人等各类群体的就业工作。密切关注高校毕业生就业的新情况、新问题，畅通高校毕业生面向基层、面向西部的就业渠道，落实并完善支持高校毕业生自主创业的优惠政策，加强对高校毕业生的就业服务和政策扶持。引导和促进农业富余劳动力多渠道转移就业，加强对农业富余劳动力的转移培训力度，推进统筹城乡就业试点工作深入开展。认真做好军队复员转业退役人员的就业和社会保障工作。全面落实促进残疾人就业的各项优惠政策和扶持保护措施。加强失业调控工作，建立失业预警制度，推进国有大中型企业通过主辅分离辅业改制分流安置富余人员，规范企业规模性裁员和关闭破产企业职工安置行为，避免引起失业率大幅攀升。

四是全面实施劳动合同法和劳动争议调解仲裁法，发展和谐稳定的劳动关系。进一步做好劳动合同法的宣传解释工作，抓紧制订实施条例，推动各类企业与劳动者普遍依法签订劳动合同。指导督促各地在考虑物价上涨等因素的基础上，按规定调整最低工资标准，及时发布本地区工资指导线，着力推进保障工资支付的制度建设。认真做好劳动争议调解仲裁法的贯彻实施工作，加强劳动争议仲裁队伍建设，提高仲裁工作的效能和专业化水平。完善执法监察体制机制，加强监察工作，切实维护劳动者合法权益。

用百倍努力促进就业

——尹蔚民在人民日报上的署名文章

（2008 年 5 月 8 日）

就业是民生之本，也是安国之策。扩大就业，实现社会就业更加充分，是经济社会和谐发展的重要目标，是政府的重要职责。近日，国务院下发了《关于做好促进就业工作的通知》（国发［2008］5 号，以下简称国务院 5 号文件），提出了贯彻落实十七大精神和就业促进法规定，做好就业工作的新要求。国务院 5 号文件的制订出台，对于改善和保障民生，进一步把就业工作推向前进具有重要意义。

一、我国就业再就业工作取得显著成绩，城镇新增就业和农村劳动力转移就业持续增加，下岗失业人员再就业问题基本解决

党和政府历来高度重视就业问题，始终坚持把扩大就业摆在经济社会发展的突出位置，把千方百计扩大就业作为宏观调控的四大目标之一，作出了一系列决策部署，出台了一系列政策措施，推动就业再就业工作取得显著成绩。2002 年至 2007 年间，积极的就业政策逐步完善，城乡公共就业服务体系逐步健全，职业技能培训制度逐步加强，劳动者权益保障机制逐步建立，劳动就业法制建设逐步成熟。全国城镇累计新增就业 5 188 万人，平均每年城镇新增就业 1 000 多万人、农村劳动力转移就业 800 万人。基本解决了国有企业下岗职工再就业问题，初步完成了下岗职工基本生活保障向失业保险制度的并轨。在劳动力总量增加较多、就业压力很大的情况下，保持了就业形势的基本稳定。

二、就业再就业形势依然严峻，促进就业工作任务极为艰巨

我国是世界上人口和劳动力最多的国家，就业总量大，劳动力供大于求的矛盾长期存在，是我们的基本国情。与此同时，随着产业结构调整与优化升级，劳动者技能水平低和技能结构不合理，困难群体、困难行业、困难地区就业难的问题十分突出。此外，城乡二元结构经济长期存在，大量的农业富余劳动力转移。

具体来讲，主要有以下四个方面的问题：一是劳动力供大于求的基本态势仍未改变。尽管历史遗留的下岗失业人员再就业问题得到基本解决，但新增劳动力就业，特别是高校毕业生和外出就业农民数量持续增加。二是影响就业的不确定因素增多。经济增长是扩大就业的重要推动力。如果经济增长速度趋缓，将对就业岗位的增加产生不小影响。同时，出口下降、能源和石油价格上涨、贸易摩擦、人民币升值等因素，也都将对就业产生不利影响。三是就业结构性矛盾更加突出。劳动者技能素质与用工需求不相适应的矛盾比较普遍，部分群体就业难与部分企业劳动力短缺同时并存。中西部地区和老工业基地企业重组改制、关闭破产涉及的职工安置任务仍相当繁重。困难地区、困难行业、困难群体，特别是资源枯竭型城市和库区移民的再就业问题还有待解决。四是再就业成果还不够巩固。部分灵活就业人员的就业还不稳定；部分已并轨人员的再就业、劳动关系处理和社保关系接续仍需妥善解决。

三、采取有力措施，用百倍的努力，促进劳动者就业

妥善解决 13 亿人口大国的就业问题，既是一项紧迫的现实任务，也是一项长期而艰巨的战略任务。我们必须从战略和全局的高度，充分认识做好就业再就业工作的极端重要性，采取切实有效的措施，全面贯彻《通知》精神。相比过去的就业扶持政策，国务院 5 号文件将工作重点从着力解决下岗失业人员的再就业问题拓展到统筹做好城乡各类群体的就业工作，在政策对象范围、内容和执行期限等方面，强调了政策的普惠性和长效性。要在深入落实原有政策的同时，做好政策与就业促进法的衔接，全面强化以下六项工作：

一是健全就业工作目标责任体系，强化政府促进就业的领导责任。促进就业和治理失业是政府的重要职责。县级以上人民政府要把扩大就业作为经济和社会发展的重要目标，纳入国民经济和社会发展规划，制定促进就业的中长期规划和年度计划，在发展经济和调整产业结构、规范人力资源市场、完善就业服务、加强职业教育和培训、提供就业援助等方面制订具体措施，努力实现社会就业更加充分的目标。同时，要把城镇新增就业、控制失业率、失业人员就业、就业困难人员就业及减少劳动能力长期失业人员、城市居民最低生活保障人员作为就业工作主要目标任务，逐级分解，建立目标责任体系，并作为政府政绩考核的重要指标。

二是促进经济增长与扩大就业的良性互动，多渠道增加就业岗位。经济增长是拉动就业的火车头。但只有保持国民经济持续快速协调健康发展，合理调整产业布局和经济结构，才能创造更多的就业机会。要贯彻实施鼓励、支持和引导个体、私营等非公有制经济发展以及加快发展服务业等一系列有利于促进就业的政策措施；要促进中小企业发展，鼓励发展劳动密集型产业，广开就业门路；要鼓励和规范灵活就业形式，拓宽就业渠道。

三是优化创业环境，促进以创业带动就业。创业是最积极、最主动的就业。它不仅能解决劳动者的自身就业，还能带来就业的倍增效应。要落实完善税费减免、小额担保贷款等鼓励支持劳动者自谋职业、自主创业的政策体系；建立健全政策扶持、创业服务、创业培训三位一体的工作机制；简化程序，规范操作，提高效率，增加融资渠道，放宽市场准入限制，加强信息服务；加强创业意识教育，转变就业观念，营造鼓励自主创业的社会环境，使更多的劳动者成为创业者。

四是实施就业援助，解决就业困难人员就业难题。对就业困难人员实施优先扶持和重点帮助，改善他们的生产生活状况，是构建社会主义和谐社会的重要内容。要将大龄、身有残疾、享受最低生活保障、连续失业1年以上，以及因失去土地等原因难以实现就业的人员作为就业困难人员，给予重点援助。政府投资开发的公益性岗位，要优先安排符合岗位要求的就业困难人员，并视其缴纳社会保险费的情况，在相应期限内给予基本养老保险、基本医疗保险和失业保险补贴以及适当的岗位补贴；对各类企业招用就业困难人员，签订劳动合同并缴纳社会保险费的，在相应期限内给予社会保险补贴；对就业困难人员灵活就业后申报就业并缴纳社会保险费的，给予一定数额的社会保险补贴。对距法定退休年龄不足五年的人员，社会保险补贴和岗位补贴期限可延长至退休。

五是完善公共就业服务体系，规范人力资源市场建设。公共就业服务是政府公共服务的重要内容，对促进劳动力市场供求平衡、搭建求职者与用人单位之间的桥梁具有重要作用。县级以上人民政府要建立健全公共就业服务体系，规范公共就业服务机构，加强公共就业服务能力建设，保障其向劳动者提供免费的就业服务；要加强信息网络及相关设施建设，建立健全人力资源市场信息服务体系，完善市场信息发布制度，建立统一开放、竞争有序的人力资源市场；要鼓励社会各方面依法开展就业服务活动，对为登记失业人员提供就业服务并实现就业的各类职业中介机构，按规定给予职业介绍补贴。

六是强化职业培训，提高劳动者素质。发展职业培训，是提高劳动者就业能力，提高就业质量的重要途径，是将人口压力转变为人力资源优势，提升企业乃至整个国民经济的竞争力的必由之路。要鼓励支持各类职业院校、职业技能培训机构和用人单位依法开展就业前培训、在职培训、再就业培训和创业培训。鼓励劳动者参加各种形式的培训。对失业人员、符合条件的进城务工农村劳动者参加职业培训的，给予职业培训补贴。对就业困难人员、进城务工农村劳动者通过初次职业技能鉴定，取得职业资格证书的，给予一次性的职业技能鉴定补贴。

做好就业与再就业工作，任务艰巨，使命光荣。我坚信，在党中央、国务院的正确领导下，在各地、各部门的高度重视以及社会各界的关心和大力支持下，通过百倍的努力，深入贯彻落实科学发展观，一定能够打开就业工作的新局面。

举全国之力　集四方之能
切实办好民营企业招聘周

——尹蔚民在“2008全国民营企业招聘周”活动启动仪式上的讲话

（2008年5月27日）

当前，抗震救灾工作正处于关键阶段。党中央、国务院要求我们一手抓抗震救灾工作，一手抓经济社会发展，大力支持抗震救灾工作，努力保持经济发展的良好势头，努力维护社会和谐稳定。今天，人力资源社会保障部、教育部、全国总工会、全国工商联在北京共同举行“2008全国民营企业招聘周”活动启动仪式，各省及100个大中城市同步启动民营企业招聘周活动。我们要举全国之力，集四方之能，把民营企业招聘周切实办好，同时，也把它作为支持抗震救灾的一项实际行动。在此，我代表人力资源社会保障部，对参加招聘周活动的广大民营企业和求职者，表示热烈欢迎！对长期关心和支持就业再就业工作的各级领导、各有关部门和单位，表示衷心感谢！

党中央、国务院高度重视就业再就业工作，充分肯定民营企业招聘周在促进就业中的积极作用。中央政治局委员、国务院副总理张德江同志作出重要批示，中央政治局委员、国务委员刘延东同志发出贺信。这对于我们进一步做好工作具有重要的指导意义。全国政协副主席黄孟复同志几次出席启动仪式，今天又亲临指导，更是对我们工作的极大鼓舞。

今年的民营企业招聘周已是第四届。前三届共有26.6万户民营企业参加了招聘活动，提供岗位信息536万条，有202万名求职者签订了就业意向协议。实践证明，开展民营企业招聘周活动，搭建民营企业用人和劳动者就业的供需交流平台，有利于拓宽劳动者就业的渠道，有利于发挥民营企业就业的主渠道作用，是促进民营经济发展和扩大劳动者就业双赢的好形式。

今年招聘周活动的重点对象是高校毕业生。各地要认真总结经验，实行集中招聘与分散招聘相结合、综合招聘与专场招聘相结合、异地招聘与校园招聘相结合，进一步提高招聘就业成功率；要努力改善服务，充分发挥招聘周的综合服务功能，将招聘活动与职业培训、政策咨询、法律宣传及权益保障结合起来，并重点宣传好就业促进法、劳动合同法和劳动争议调解仲裁法；要更加注重实效，通力合作。对于符合条件的用人单位和求职者，要及时落实就业扶持政策。对于一时难以在招聘周期间实现就业的，要帮助签订就业意向协议，通过强化培训和跟踪服务等措施，帮助其就业。对于其他困难家庭高校毕业生，要提供一对一的就业帮扶。同时，要积极组织好下岗失业人员、农民工等各类群体的求职应聘工作。为支持灾区生产恢复和重建工作，要尽最大努力帮助灾区和家在灾区的应届高校毕业生就业。要摸清受灾害影响高校毕业生的数量和求职意愿，在招聘周期间实行优先推荐和重点帮扶，在招聘周后继续跟踪服务，直至就业。要尽最大努力做好来自灾区农民工的安抚服务和就业稳定工作。同时，要指导和帮助灾区开展就业援助，努力做好生产自救和就业再就业工作。

各级人力资源社会保障部门的同志要积极响应中央号召，一方面，履行部门职能，全力支持灾区人民做好抗震救灾工作。另一方面，要采取更加切实有力的措施，确保全国就业局势平稳，确保全年就业工作目标任务顺利完成。我们要进一步加强与教育部、全国总工会、全国工商联的紧密合作，加强与联席会议各成员单位的协调配合，共同为促进民营经济发展和推进就业再就业工作作出新的贡献。

优化创业环境 推动以创业带动就业 促进更多的劳动者成为创业者

——尹蔚民在人民日报上的署名文章

（2008 年 10 月 30 日）

促进以创业带动就业，是落实党的十七大决策的重要部署，也是深入学习实践科学发展观的重要内容，具有十分重要的意义。

一、统一思想，提高认识，高度重视创业带动就业工作

今年以来，美国次贷危机引发的世界金融危机，使国际金融市场动荡加剧，全球经济增长速度明显放缓，经济环境中不确定因素增多，就业形势十分严峻。在这一背景下，广开就业门路，通过多种渠道、多种形式促进以创业带动就业，成为当前做好就业工作的重要任务。

一是促进以创业带动就业是扩大就业的重要途径。创业是劳动者通过自主创办生产服务项目、企业或从事个体经营实现市场就业的重要形式。劳动者做个小买卖，开个小餐馆、理发店，等等，一个人就业就可以养活一家人。据统计，我国 1 人创业平均可以带动 3 人就业。促进劳动者自谋职业、自主创业，不仅能够解决劳动者自身就业的问题，而且能够创造出新的就业岗位，带动更多的人实现就业，具有就业的“倍增效应”。个体和私营经济、中小企业、服务产业等具有劳动密集型的特点，是劳动者创业的重要领域，也是就业岗位增加的重要渠道，因此，促进经济增长与扩大就业的良性互动，使经济增长带来更多的就业岗位，应当鼓励劳动者自谋职业、自主创业。

二是促进以创业带动就业是实施积极就业政策的重要抓手。2002年以来，我国实施了积极的就业政策，其中一个重要内容就是鼓励和支持劳动者自谋职业、自主创业。比如，通过小额担保贷款和财政贴息政策，解决创业者的融资问题；通过税费减免政策，降低创业者的经营负担；通过提供减免费的创业培训，提升创业者的经营能力。此外，还要求各地在经营场地上予以支持，等等。这些政策都充分体现了对劳动者创业的重视、鼓励和大力支持。全面落实各项扶持政策，切实发挥政策促进创业的效力，应当推动以创业带动就业工作。

三是促进以创业带动就业是应对经济形势变化对就业不利影响的重要举措。经济增长趋缓对就业的影响正逐步显现，出口依存度较高的纺织服装、加工制造等劳动密集型产业和行业受到较大冲击，许多中小企业停产、关闭，劳动者面临失业风险。必须采取积极措施，应对经济形势变化可能对就业产生的不利影响。一方面，要继续鼓励劳动者自谋职业、自主创业，通过其自身努力，更多、更好地开发就业新领域，创造就业新机会；另一方面，要为中小企业特别是劳动密集型中小企业的生存和发展创造更加有利的环境，帮助他们克服难关，不断提高企业的生存能力，保持其就业的稳定。

二、科学分析，积极应对，努力破解劳动者创业面临的难题

经过多年的探索和实践，许多地方在促进以创业带动就业方面积累了好的经验，但劳动者在创业中仍然面临一些难题，特别是在当前经济形势不断变化的情况下，压力更大。

一是创业环境有待改善。一些行业性、地区性、经营性创业壁垒仍然存在，劳动者创业领域受到限制。一些地方行政监管不规范、不透明，多头收费、乱收费的现象仍有发生，造成当地中小企业和个体户负担较重。一些地方宏观经济形势发生变化，中小企业信息不足，应对不及时，生产经营面临困境。

二是创业政策有待完善。国家实施了小额担保贷款等一系列政策，鼓励金融机构向中小企业提供融资服务，但是资金紧张、融资困难仍然是创业者特别是劳动密集型产业和中小企业创业者面临的最大难题。不少创业企业还反映，企业纳税和缴费压力较大，用工成本不断攀升。

三是创业能力有待提高。一些创业者缺乏创业知识和技能，常常不知道如何创业，从哪里着手创业，怎么管理企业，等等，导致创办企业的成功率较低，存活期较短。同时，大多数高校和中学都没有创业教育和相关培训课程，创业教育体系很不健全。

四是创业服务有待加强。专业化中介组织发展滞后，会计、银行、法律、管理咨询、注册代理等社会化服务资源比较稀缺。政府的行政审批、创业咨询等方面的服务也相对缺乏，创业企业需要及时的指导和有效的支持。

五是创业意识有待培养。创业活动不仅需要创业意愿的推动，也需要敢为人先、勇于创业、不惧挫折的创业精神。在我国适龄劳动人口中，希望创业、愿意创业、敢于创业的人数比例偏低，城镇居民创业意愿不到5%。大学生毕业创业比例不到1%，而发达国家大学生创业比例已达到20%左右。

三、明确任务，优化环境，帮助更多的劳动者成为创业者

党的十七大提出："实施扩大就业的发展战略，促进以创业带动就业。"就业促进法规定："国家倡导劳动者树立正确的择业观念，提高就业能力和创业能力；鼓励劳动者自主创业、自谋职业。"今年的政府工作报告、《国务院关于做好促进就业工作的通知》（国发[2008] 5号）也都对此作出了部署和安排。近日，国务院办公厅又印发了《转发人力资源社会保障部等部门关于促进以创业带动就业工作指导意见的通知》（国办发[2008] 111号），针对促进创业工作中的突出问题，提出了新的部署和要求。我们要按照党中央、国务院的重要决策和部署，全力做好以创业带动就业工作。

一是把握工作重点，明确指导思想和目标任务。要按照构建社会主义和谐社会的总体要求，深入贯彻落实科学发展观，坚持政府促进、社会支持、市场导向、自主创业的基本原则，解放思想，改革创新，全面做好以创业带动就业工作。当前要重点指导和促进高校毕业生、失业人员和返乡农民工创业，同时积极促进军队复员转业人员、留学回国人员等创业。要通过各方面的共同努力，力争用3～5年的时间，基本形成促进以创业带动就业的制度和政策，实现劳动者创业人数和通过创业带动就业的人数大幅增加，使更多有创业意愿和创业能力的劳动者成功创业。

二是完善扶持政策，改善创业环境。要针对劳动者创业中面临的实际问题，着力抓好四方面政策的落实与完善：一是放宽市场准入。放宽对新办企业注册资金和经营场所的限制，制订促进小企业发展的政府采购优惠政策。二是改善行政管理。全面实行收费公示制度和企业交费登记卡制度，严格规范收费行为，简化审批、办证手续。三是强化政策扶持。全面落实鼓励创业的税收优惠、小额担保贷款、资金补贴、场地安排等扶持政策。四是拓宽融资渠道。积极推动金融产品和金融服务方式的创新，建立健全创业投资机制，支持推动以创业带动就业。

三是强化创业培训，提高创业能力。加大创业培训力度，健全创业培训体系，将有创业愿望和培训需求的人全部纳入创业培训的对象范围，并加强普通高校和职业学校的创业课程设置。着力提高创业培训质量。通过规范培训标准、提高师资水平、完善培训模式等措施，增强培训针对性，不断提高培训质量。建立创业孵化基地。在优先保障劳动者创业场地的同时，在土地利用总体规划确定的城镇建设用地范围内，或利用原有经批准的开发区建设创业孵化基地。

四是健全服务体系，提供优质服务。健全创业指导服务组织，建立由企业家、创业成功人士、专家学者及政府工作人员共同组成的创业服务专家队伍，逐步形成为创业服务的专家队伍。根据城乡创业者的需求，完善服务内容，搭建信息平台，组织开展项目推介、方案设计、风险评估、开业指导、融资服务、跟踪扶持等“一条龙”创业服务。还要采取措施，为创业者、新创办企业提供合适的人才，为创业者及其招聘的劳动者提供社会保障、人事管理、教育培训、职称评定等方面的便利。、五是加强组织领导，推动工作开展。促进以创业带动就业工作需要加强组织领导，形成多部门和社会各方共同参与的有效机制。一是强化政府责任。各级政府要将促进创业作为一项重要任务，摆上就业工作的重要议事日程，重点指导推动工作基础较好、条件相对成熟的城市创建创业型城市。二是完善工作机制。发挥促进就业工作协调机制的作用，建立有关部门共同参与、分工负责、协调配合的工作小组，建立健全指标考核体系。三是营造良好创业氛围。加强创业教育，提高创业意识，建设创业文化。加强舆论引导，弘扬创业精神，选树一批创业典型，营造崇尚创业、竞相创业、褒奖成功、宽容失败的和谐创业环境和良好舆论氛围。

各级政府和各有关部门应当进一步解放思想，深化改革，切实把创业带动就业作为一项重要任务，摆上党委政府促进就业工作的重要议事日程，不断优化创业环境，完善创业政策，整体提升城乡各类劳动者的创业能力，提高创业成功率和创业带动就业率，帮助更多的劳动者成为创业者。

站在新起点 迎接新挑战 推动人力资源和社会保障事业科学发展

——尹蔚民在全国人力资源和社会保障工作会议上的报告（摘要）

（2009 年 2 月 19 日）

这次会议是人力资源和社会保障部成立后召开的第一次工作会议。会议的主要任务是：全面贯彻党的十七大和十七届三中全会精神，认真落实中央经济工作会议和全国组织部长会议部署，总结 2008 年工作，研究分析今后一个时期的形势任务，安排部署今年工作。

一、攻艰克难，开拓创新，2008 年人力资源社会保障工作取得重大进展

……

二、解放思想，改革创新，把握新时期人力资源社会保障工作的形势和任务

……

（一）必须积极实施扩大就业的发展战略，努力实现社会就业更加充分的目标。就业是民生之本。实现社会就业更加充分是经济发展和社会进步的重要标准，是实现全面建设小康社会的重要目标。我国是世界上人口最多和劳动力资源最丰富的国家，在整个社会主义初级阶段面临的最大挑战就是解决 13 亿人的吃饭问题和 8 亿劳动者的就业问题，扩大就业既是我们面临的一项紧迫的现实任务，又是一项长期而艰巨的战略任务。在今后一个较长的时期，我国都将面临着转轨就业、青年就业和农村劳动力转移就业同时出现、相互交织的局面，就业问题之复杂、就业任务之艰巨是世界上任何国家都未有过的。按照党的十七大提出的要求，必须把扩大就业摆在经济社会发展更加突出的重要位置，作为经济社会发展和经济结构调整的重要内容，实现经济增长与扩大就业的良性互动；必须实施扩大就业的发展战略，深入贯彻就业促进法，坚持劳动者自主择业、市场调节就业、政府促进就业的方针，不断强化政府的职责，建立和完善更加积极的政策体系，坚持推进结构升级和扶持就业创业相协调，加强就业政策与货币、财政、产业政策的协调；必须注重发挥市场机制对人力资源配置的基础性作用，加快建设统一规范的人力资源市场，进一步打破城乡分割、身份分割和地区分割；必须加强公共就业服务，健全服务体系，完善服务职能、场所和手段，搞好城乡基层人力资源和社会保障平台建设，落实财政保障，切实提高为劳动者服务的质量和效率；必须加强人力资源开发，推动创业带动就业，实施统筹城乡就业，扩展有就业优势的领域，调控降低失业风险。通过我们的扎实工作，努力实现城乡劳动者就业机会更加均等、就业结构更加优化、就业环境更加宽松、就业保障更加健全、就业岗位更加稳定的目标。

……

三、坚定信心，狠抓落实，确保完成 2009 年人力资源社会保障工作的各项目标任务

今年是新世纪以来我国经济发展最为困难的一年，也是人力资源和社会保障工作面临严峻挑战的一年。由于国际金融危机对我国实体经济的严重冲击，部分企业经营困难，对我国就业、社保、劳动关系等工作产生重大影响，特别是就业面临十分严峻的形势，高校毕业生、农民工就业问题尤其突出。对此，我们一定要有清醒的认识和充分的估计，做好应对各种最困难最复杂局面的准备，把思想和行动统一到中央对经济形势的科学分析和正确判断上来，统一到中央的决策部署上来，变压力为动力，化挑战为机遇，以更加坚定的信心、更加强烈的责任感和更加扎实的工作，切实做好全年的各项工作，为保持我国经济平稳较快发展和维护社会稳定作出积极贡献。

2009年人力资源社会保障工作的总体要求是：认真贯彻党的十七大和十七届三中全会精神，以邓小平理论和“三个代表”重要思想为指导，深入贯彻落实科学发展观，按照党中央、国务院的决策部署，积极应对国际金融危机带来的严峻挑战，围绕保增长、保民生、保稳定的目标，以保持就业局势稳定为中心，把扩大就业摆在更加突出的重要位置，加快推进社会保障制度建设，深化人事制度改革，完善工资收入分配制度，大力加强人才队伍建设，切实维护劳动者合法权益，坚定信心，迎难而上，举全系统之力，打好攻坚战，坚决完成各项人力资源社会保障工作目标任务，以优异的成绩迎接新中国成立60周年。

（一）实施更加积极的就业政策，全力确保就业局势稳定。一是紧密结合扩大内需，更多拉动就业。结合落实中央扩大内需促进经济发展的重大举措，发挥政府投资和重大项目带动就业的作用。鼓励支持劳动密集型产业特别是中小企业和服务业的发展，更多拉动就业。通过税收优惠、社会保险补贴等政策，鼓励企业更多吸纳就业。二是帮扶企业克服困难，努力稳定就业。鼓励企业稳定职工队伍，不裁员或少裁员。通过落实五缓（缓缴五项社会保险费）、四减（降低四项社会保险费费率）、三补（社会保险补贴、岗位补贴、职业培训补贴）、两协商（企业与工会或者职工双方平等协商）等措施，减轻企业负担，通过保企业来保岗位，通过稳定劳动关系来稳定就业。三是加大政策扶持力度，鼓励自主创业。通过组织创业教育和创业培训提高劳动者创业能力，通过实行税费减免、场地安排、小额担保贷款及贴息等政策和提供创业咨询及开业服务，为劳动者自谋职业和自主创业创造良好环境。四是针对重点人群，统筹安排就业。切实把高校毕业生就业摆在当前就业工作的首位，开辟城乡基层、中小企业和非公有制企业、科研项目、自主创业四条渠道，强化对大学生的就业服务指导、就业见习及就业援助三项举措。注重从五方面做好农民工就业工作，结合春风行动搞好输出输入对接，引导农民工有序流动；结合实施减轻企业负担的措施，稳定农民工就业岗位；结合城乡基础设施建设和新农村建设项目，促进就近就地就业；结合当地优势产业和特色经济，鼓励农民工返乡创业；结合清理整顿人力资源市场，保障农民工合法权益。着力做好城镇失业人员特别是就业困难人员再就业工作，加大政策执行力度，强化就业援助，大力开发公益性岗位，提高岗位补贴和社会保险补贴标准，切实解决好零就业家庭的就业问题。五是实施特别职业培训计划，提高就业、创业能力。大力开展有针对性的职业技能培训，为困难企业职工提供技能提升培训和转岗转业培训，为农民工提供实用技能培训，为失业人员提供再就业培训，为新成长劳动力提供劳动预备制培训，为退役士兵提供免费职业培训。运用培训补贴政策，扩大培训规模，延长培训时间，提高培训针对性、有效性。六是加强公共就业服务，改善就业环境。针对城乡劳动者求职就业需要，及时收集、发布准确有效的岗位信息，提供免费的职业介绍、职业指导、信息服务、能力测评、政策咨询服务、就业失业登记等各项就业服务。组织开展好“高校毕业生就业服务系列活动”、“就业援助系列活动”、“春风行动系列活动”等公共就业服务专项活动，为各类群体提供及时有效的就业服务。七是建立统一规范的人力资源市场。研究起草人力资源市场条例，按照统一、开放、竞争、有序的要求，整合人才市场和劳动力市场，完善人力资源市场监管体系，加强职业中介机构管理和市场运行监测，制定人力资源市场发展规划，进一步推进人力资源服务业的发展和标准化、规范化建设。

……

四、提高素质，从严管理，切实加强人力资源社会保障系统自身建设

……

明确责任　狠抓落实
切实做好今年高校毕业生就业工作

——尹蔚民在国务院全国普通高校毕业生就业工作电视电话会议上的讲话

（2009 年 4 月 2 日）

今天，国务院召开全国普通高校毕业生就业工作电视电话会议，中共中央政治局委员、国务院副总理张德江和中共中央政治局委员、国务委员刘延东亲自出席并将作重要讲话。这充分体现了党中央、国务院对高校毕业生就业工作的高度重视，进一步增强了我们做好高校毕业生就业工作的信心和决心。我部将按照党中央、国务院的总体部署，切实履行职责，全力以赴做好今年高校毕业生就业工作。

一、进一步明确责任，落实高校毕业生就业工作目标任务

当前，绝大部分省（区、市）人力资源社会保障部门正在组建。新部门组建后，要在高校毕业生就业工作中担负起牵头的责任。要定期对高校毕业生就业政策落实情况和任务完成情况进行了解，加强工作指导和督促检查，及时研究解决工作中存在的问题，推动各地做好工作。原人事厅（局）和原劳动保障厅（局）已经合并的，要尽快明确负责高校毕业生就业的工作机构和人员，责任到人；尚未合并的，要建立工作机制，统一领导，统一部署，统筹安排，分工协作。在机构改革过程中，要确保高校毕业生就业工作不受影响。地市级及区县级人事部门和劳动保障部门要保持工作沟通，加强协商，密切配合。各级人才服务机构和公共就业服务机构要将高校毕业生就业服务作为中心任务，加强协作，共同为高校毕业生提供有效的就业服务。

二、进一步完善政策体系，开拓高校毕业生就业渠道

《国务院办公厅关于加强普通高等学校毕业生就业工作的通知》（国办发［2009］3号）印发后，我部立即会同有关部门着手研究制定配套文件。到目前为止，我部已会同科技部等五部门制定印发了《关于鼓励科研项目单位吸纳和稳定高校毕业生就业的意见》，正在会同教育部、财政部等部门和单位研究制定学费和助学贷款代偿、社区就业、就业见习等配套文件，同时研究进一步完善有关部门和单位实施的面向基层就业专门项目的办法。此外，我部收集整理的第一批基层社会管理和公共服务岗位目录，将于近日印发，供各地在工作中参照执行。各地人力资源社会保障部门要认真抓好中央各项政策措施的贯彻落实，结合实际，会同有关部门加紧研究制定或充实完善本地促进高校毕业生就业的具体措施办法，措施要实，办法要细，要具有可操作性。要根据城乡经济社会发展需要，进一步挖掘基层就业岗位；以有增长潜力的行业、企业为重点，拓展就业空间；积极主动与科研项目单位联系，最大限度开发科研助理岗位；落实创业扶持政策，提供创业服务，促进高校毕业生创业并带动更多就业。

三、进一步加强就业服务，为高校毕业生就业提供帮助

一是认真组织实施高校毕业生就业服务系列活动。我部将会同教育部、全国总工会、共青团中央、全国妇联、中国残联、全国工商联等单位开展2009年高校毕业生就业服务系列活动，为高校毕业生求职就业的不同阶段提供有针对性的就业服务，主要包括“高校毕业生就业网络联盟网络招聘周”、“民营企业招聘周”、“大中专毕业生就业服务月”、“高校毕业生就业服务周”等活动。各地要按照部里的统一部署，结合本地实际，精心组织，周密安排，会同有关部门做好本地就业服务系列活动，务求取得实效。

二是搞好高校毕业生就业见习工作。2009年是实施“高校毕业生三年百万就业见习计划”的第一年，全国计划组织30万名毕业生参加见习。当前，各地要尽快确定符合条件的企、事业单位建立一批高校毕业生就业见习基地，制定完善就业见习基地管理办法和就业见习工作实施办法，落实见习生活补贴和人身意外伤害保险的经费，为毕业生参加见习做好准备。

三是加强困难高校毕业生的就业援助工作。各地在继续做好对困难高校毕业生日常就业服务和就业援助工作基础上，要着力做好三件事。第一，完善高校毕业生失业登记办法，对回原籍的高校毕业生，依托基层劳动保障工作平台摸清底数，并由县级以上公共就业服务机构提供失业登记服务，建立专门台账，动态管理。第二，强化对登记失业毕业生的就业服务，提供职业指导、有针对性的岗位信息和职业培训或就业见习。第三，结合就业服务专项活动加强对困难毕业生帮扶，将困难毕业生作为重点对象，优先向用人单位推荐。

四、进一步加强部门协调配合，共同推动高校毕业生就业工作

我部将在国务院的统一领导下，进一步加强与各有关部门和单位的协调配合，共同推动有关配套政策文件的制定出台和贯彻落实、各项就业服务系列活动的有序开展。同时，配合中宣部做好高校毕业生下基层和自主创业典型宣传；联合教育部编写高校毕业生就业政策宣传手册；会同全国工商联编写企业就业政策宣传手册；配合全国妇联推进女大学生创业导师行动，等等。地方人力资源社会保障部门要在党委政府领导下，与当地有关部门密切联系，形成合力，共同推动工作。同时，要做好高校毕业生就业的基础工作，进一步完善人力资源市场信息分析发布制度，逐步建立健全高校毕业生就业统计分析制度，加强高校毕业生就业服务信息网络建设。

会后，各级人力资源社会保障部门要认真贯彻落实会议精神，按照张德江副总理、刘延东国务委员重要讲话要求，进一步统一认识，明确责任，振奋精神，扎实工作，不折不扣地完成今年高校毕业生就业工作的各项目标任务。

创新形式　改善服务
认真办好民营企业招聘周

——尹蔚民在全国民营企业招聘周启动仪式上的讲话

（2009 年 5 月 15 日）

今天，人力资源社会保障部、教育部、国务院扶贫办、全国总工会、全国工商联在北京主会场举行“2009 全国民营企业招聘周”活动启动仪式。在此，我代表人力资源社会保障部，对参加招聘周活动的广大民营企业和求职者，表示热烈的欢迎！对长期关心和支持就业工作的各有关部门和单位，表示衷心的感谢！

中共中央政治局委员、国务院副总理张德江同志对开展招聘周活动作出重要批示，充分肯定此项活动对应对金融危机和促进就业工作的重要意义，并对搞好招聘活动提出明确要求，希望我们精心组织，扎实工作，为推动民营企业发展提供人力资源服务，为促进高校毕业生和农民工就业创造有利条件，为确保就业形势基本稳定作出新的贡献。我们要认真学习、贯彻落实好德江同志批示精神，组织开展好民营企业招聘周活动，并以此为动力，促进就业工作的开展。

受国际金融危机的影响，我国就业形势十分严峻，特别是高校毕业生和农民工就业问题尤为突出。党中央、国务院对做好当前形势下就业工作高度重视，胡锦涛总书记、温家宝总理多次作出重要指示，要求实施更加积极的就业政策，努力做好高校毕业生和农民工就业工作，确保就业形势基本稳定。去年以来，中共中央、国务院和有关部门出台了一系列稳定就业、扩大就业的政策措施，各地也相继出台了就业扶持政策。目前，这些政策措施正在发挥着积极有效的作用。民营企业是我国国民经济发展的重要力量，也是吸纳社会就业的重要渠道，特别是在安置高校毕业生和农民工就业方面发挥着重要作用。开展民营企业招聘周活动，既是各级政府应对金融危机，落实就业政策的重要举措，也是政府部门与工会、工商联携手共建交流平台，为企业与求职者实现对接开辟绿色通道，提供帮助和服务，意义重大。

今年的全国民营企业招聘周已是第五届。前四届共有 40 多万户民营企业参加了招聘活动，提供岗位信息近 800 万条，有 260 万名求职者签订了就业意向协议，为促进就业发挥了积极作用。民营企业招聘周已成为空岗信息量大，求职成功率高，服务效果好，民营企业和求职者普遍欢迎的就业服务专项活动。与前四届招聘周相比，今年的招聘活动将高校毕业生和农民工作为主要对象，在活动的组织上体现了一些新的特点。我们希望通过这次活动给急需用人的民营企业牵线搭桥，使民营企业选到更多更好人才；为高校毕业生和农民工带来信心，带来希望，使更多的劳动者在政策支持下，尽快实现就业。

各级人力资源社会保障部门要充分认识做好当前形势下就业工作的重要意义。要加大政策宣传力度，落实更加积极的就业政策，扶持民营企业发展，增强其吸纳就业能力。要重点关注高校毕业生和农民工的就业问题，特别是要创造有利于高校毕业生到民营企业就业的社会环境，鼓励和支持他们到民营企业就业。各地公共就业服务机构要与其他各类服务机构加强合作，认真组织好这次招聘周活动，创新形式，改善服务，进一步提高招聘就业成功率，把今年的招聘周办得更好。

促进就业增长　应对金融危机

——尹蔚民在“应对金融危机就业峰会”上的讲话

（2009 年 6 月 17 日）

当前，国际金融危机仍在发展，对全球就业形势带来严峻挑战。作为人口最多的发展中国家，中国就业也面临着新世纪以来最严重的困难，保就业成为中国保增长、保民生、保稳定大局的重大任务。为此，中国政府及时果断地采取了促进经济平稳较快发展的一揽子计划，把就业工作摆在更加突出的重要位置，实施更加积极的就业政策，全方位促进就业增长。一是扩大国内需求促就业。将增加就业作为 4 万亿元人民币一揽子经济计划的重要目标，预计两年内可拉动 2 200 万个就业岗位。二是减轻企业负担保就业。允许困难企业在一定期限内缓缴和减缴社会保险费，对不裁员或少裁员的困难企业，给予社会保险和岗位补贴以及培训资助。预计可稳定 2 000 万个就业岗位。三是实施更加积极的就业政策。对企业吸纳失业人员给予税收优惠和社会保险补贴，通过税费减免、小额担保贷款、贴息等政策以及开展创业培训，支持自主创业、自谋职业，大力开发公益性岗位，鼓励多渠道、多形式就业。四是强化公共就业服务。提供免费职业介绍、职业指导等就业服务，重点帮助高校毕业生、农民工和城镇就业困难人员实现就业。五是实施特别职业培训计划。重点对困难企业职工、返乡农民工、失业人员和新成长劳动力开展有针对性的培训，政府提供补贴。六是积极推动政府、雇主和工会组织加强对话和协商，携手合作，共度难关。七是进一步完善社会保障制度，加大财政投入，扩大社会保险覆盖面，提高保障水平，使更多的人享有基本社会保障。

这些政策措施已经取得了初步效果。预计中国今年的城镇登记失业率将控制在4.6%以内，城镇新增就业900万人以上，实现下岗失业人员再就业500万人，就业困难人员就业100万人，转移农民工就业800万人，开展特别职业培训1 500万人。我们相信，中国就业局势的稳定，不仅有利于中国的经济增长和社会稳定，也将为世界经济复苏和减少全球失业作出重要贡献。

国际金融危机是一场全球性的挑战，战胜这场危机需要国际社会的共同努力，国际劳工组织应发挥更大的作用。我十分赞赏总干事先生提出的将促进就业作为各国应对危机政策的核心内容，通过体面劳动政策达到复苏的理念。为共同克服金融危机对就业造成的影响，我提出四点建议：

第一，将稳定和扩大就业放在经济和社会发展战略中更加突出的地位。就业是民生之本。国际社会应继续采取一切有效措施，恢复市场信心，促进经济增长，拉动扩大就业。应鼓励和尊重世界各国根据自己的国情，制定自己的经济复苏计划并确定优先工作重点。

第二，坚持开放合作，促进就业增长。为防止金融危机演变为全球就业危机，国际社会应加强各国之间在就业领域的合作、对话和经验共享，反对贸易保护主义，通过开放合作实现共赢，为各国劳动者创造更多的就业机会。

第三，促进政府、企业和工会组织三方协商与合作，共度时艰。我们应充分发挥国际劳工组织三方性的特点，积极倡导和推动政府、企业和工会组织三方加强合作对话，携手应对危机。

第四，切实保护发展中国家利益，促进共同发展。国际社会，特别是发达国家应承担更多的责任和义务，帮助发展中国家保持金融稳定、经济增长，特别是就业稳定。国际组织有必要通过经济援助、技术合作、咨询服务等措施，帮助发展中国家提高自我发展的能力。

扎实开展创业型城市创建工作 全面推动促进以创业带动就业工作

——张小建在全国创建创业型城市工作座谈会上的讲话

（2009 年 3 月 20 日）

今天，我们召开创建创业型城市工作座谈会，目的是贯彻落实“两会”和全国人力资源社会保障工作会议精神，部署做好创业型城市创建工作，进一步推动创业带动就业工作全面开展。张德江副总理高度重视这项工作，昨天专门作出批示，不仅强调了这项工作的重要性，并且以“三个着力”“三个充分”为我们指出了明确的工作方向和工作重点，这是代表党中央、国务院提出的工作要求，对我们搞好创建创业型城市是巨大的鼓舞和鞭策。我们一定要认真学习领会，切实抓好贯彻落实。下面，我讲四点意见。

一、在新形势下抓好促进以创业带动就业工作极为重要，十分紧要

去年以来，受国际金融危机影响，我国就业工作面临新世纪以来最大的困难。一方面，今年城镇需要就业人员达 2 400 万人，其中高校毕业生规模达到 611 万人，加上历年累积的未就业者总数达 700 万人以上。另一方面，返乡农民工春节后大部分回城，少部分留乡，但有 1 000 多万人工作仍无着落。因此，能否在经济发展面临严重困难、就业需求下降的情况下，保持就业局势的基本稳定，是对就业工作的严峻考验。

我国扩大就业的四条主要渠道：一是单位就业特别是企业吸纳，这在就业中具有重要作用，但当前受投资与市场紧缩影响，稳定现有岗位不易，扩大就业能力有限。二是政府开发公益岗位，这是解决困难群体就业主要途径，但不少地方在前一阶段大量开发后，要想实现新的规模性开发，难度不小。三是灵活就业，拓展了多形式多层次的就业空间，但其就业的不稳定性在当前情况下会更加突出。四是自主创业，是劳动者靠自找项目、自筹资金、自主经营、自负盈亏、自担风险，不仅不靠国家投资，并且具备多种多样的增长点。过去是在夹缝中生存发展，现在是可以在危机中分散突围，今后还能够带动更多就业。只要具备更好的政策环境和制度条件，就可以有更大发展，并能带动整个就业格局变化。因此，促进以创业带动就业，不仅对促进就业具有长远的战略意义，也是我们应对当前国际金融危机的一条重要举措。

为贯彻落实党的十七大提出的促进以创业带动就业的总体要求，去年 9 月底，国务院办公厅下发通知，转发了人力资源社会保障部等 11 个部门关于促进以创业带动就业工作的指导意见，这是高层次推动和多部门合力的体现。在去年 12 月召开的中央经济会议上，胡锦涛总书记明确提出：要坚持推进结构升级和扶持就业创业相协调。在今年 3 月的“两会”上，温家宝总理在《政府工作报告》中专门强调：要大力支持自主创业、自谋职业，促进以创业带动就业。在市场准入、财税金融、经营用地等方面提供便利和优惠，鼓励更多劳动者成为创业者。在前不久召开的全国人力资源社会保障工作会议上，张德江副总理提出了明确的要求，昨天，又为我们这次会议专门作了重要批示，特别强调，促进以创业带动就业，是实施积极就业政策的重要举措，是应对国际金融危机、稳定我国就业形势的有效途径。并再次对大力推动创业带动就业提出要求。所有这些，都是要求我们加大力度，加快进度，把这条渠道迅速打开，抓紧扩展，取得更好效果。

为应对金融危机带来的严峻挑战，国务院下发了做好当前就业工作的 26 项措施，促进高校毕业生就业的 8 项措施，做好农民工工作的6项措施，我部还会同有关部门制定了减轻企业负担、稳定就业局势的5项措施。在落实这些政策措施时，各地要把促进以创业带动就业工作摆在更加突出的位置上，使其成为应对危机最积极、最活跃的工作举措。

二、启动创建创业型城市工作，对推进全国创业促就业工作具有积极的先导作用

国务院办公厅通知提出："要重点指导推动工作基础较好、条件相对成熟的城市，实施以创业带动就业相关扶持政策，在组织领导、创业培训、创业服务和社会参与等方面积极探索，建立以创业带动就业的创业型城市。"为什么要先抓一批创业型城市，我们考虑，主要有两点：

一是城市创业机会较多，是促进以创业带动就业的主战场。开展创业型城市的创建工作，既有利于城市本身创业者队伍扩大，带动就业增加，开拓改善民生的新的增长点；又有利于促进城市生产力发展，拓展城市新的经济增长点；还有利于改善城市发展环境，树立全民创业名牌，这相当于增强磁场效应，磁场越强，给创业者提供的舞台越大，吸引招商投资的效果越明显。去年底以来，我部会同各省通过评选，确定了82个城市作为首批国家级创建城市，率先开展创业型城市的创建工作。这些城市共同的特点是经济发展环境比较好，公共就业服务体系比较健全，创业培训工作比较扎实，近年来落实积极就业政策取得较好工作成绩，特别是小额担保贷款政策和税费减免政策落实有成效。同时，城市领导有大的决心和强烈愿望，市政府及有关部门对创建工作积极性高，都愿意为促进创业带动就业作出更大贡献。经过与各地共同商量，确定首批创业型城市的创建工作时间为2年，即2009—2010年。我们今天紧接着"两会"之后召开这个会，就是落实国务院部署和要求，作为实施更加积极就业政策和把握就业工作主动权的第一步来启动，意义相当重大。

二是创建城市先行一步，率先建树，率先突破，率先取得成效，就能开辟促进以创业带动就业工作的新局面，同时，以典型带路，以点带面，使全国面上的工作切切实实迈上一个新台阶。对省里来讲，要想把创业促就业工作抓出成效，也必须选好领头雁，今天在座的城市，是经各省选拔的国家级创建城市第一梯队，也是全国的领头雁，具有重要的先行先试和示范带头作用，这些城市的工作上去了，就给其他地区树立了标杆，就能带动大家一起前进。前几年我们抓了一批城市作为小额担保贷款政策、创业培训、社区就业的重点联系城市，收效明显。这次抓创建创业型城市，就是在过去基础上向前再推进一步。

三、率先建树，率先突破，率先取得成效

（一）率先建立健全五个体系

按照我部《关于推动建立以创业带动就业的创业型城市的通知》要求，创建创业型城市的主要任务是建立“五个体系”。

1. 建立组织领导体系。德江副总理批示中强调，要充分发挥政府部门职能作用，充分调动社会各界力量。这是搞好创建工作的重要保证。重点有四个方面：一是政府领导靠前指挥，工作摆到重要位置。政府领导要切实负起责任来。二是部门形成合力，协调推动机制有效。在就业工作联席会议机制下，成立由人力资源社会保障部门牵头、有关方面参加的促进以创业带动就业工作领导小组。三是社会积极参与，作用得以充分发挥。充分发挥工商联、工会、共青团、妇联、残联以及行业协会、企业家协会的作用，探索建立创业带动就业的社会化运作机制。四是职责任务明确，目标责任层层落实。

2. 完善政策支持体系。德江副总理批示中强调，要着力完善创业政策措施，充分发挥政策引导效应。这是搞好创建工作的核心任务。重点有四个方面：一是真正放宽市场准入、注册条件和场所安排，实现未禁即放。二是切实改善行政管理和办证手续，构建绿色通道。三是大力强化政策扶持，健全和落实税费减免、小额担保贷款、场地安排等扶持政策。四是更多拓宽融资渠道，建立创业专项扶持资金和小额担保贷款长效机制。

3. 健全创业培训体系。德江副总理批示中强调，要着力加强创业培训服务。这是提高创业者创业能力的关键，也是搞好创建工作的关键所在。重点有三个方面：一是要扩大创业培训范围，对新一轮创业者全部纳入创业培训轮训，并大力提高创业培训质量。二是充分利用现有条件和闲置资源建立健全创业孵化基地，推进创业实训。三是落实培训补贴政策，并将创业培训与项目开发、小额贷款、开业指导等有机结合起来。

4. 构建创业服务体系。这是搞好创建工作的主要依托。重点有两个方面：一是要根据创建工作的需要，依托公共就业服务体系，建立健全创业指导服务组织，加强创业服务队伍建设，结合机构改革，可新建或改建创业指导服务中心。二是积极研究创业服务的形式和内容，建立创业服务公共平台，改善服务手段，建立创业信息服务网络和信息发布机制。

5. 健全工作考核体系。这是考量创建工作是否达到要求和完成任务的重要检测器。重点有两个方面：一是根据当地实际情况，建立完善创业带动就业统计指标体系和统计制度，形成考核体系。二是将创业带动就业的工作指标作为就业工作主要目标任务之一，强化责任和考核。

（二）率先在重点和难点上取得突破

1. 强化服务，完善政策，引导农民工返乡创业。各地要将农民工返乡创业作为应对金融危机、解决农民工就业的重要工作来抓，关键要做好两项工作。一是落实和完善扶持政策，为返乡农民工创造宽松的创业环境。要结合本地实际，将返乡农民工纳入创业政策扶持范围。二是强化创业服务工作。要加强创业培训，并积极做好项目推荐、开业指导、后续支持等创业服务。

2. 加强引导，落实政策，鼓励更多的高校毕业生自主创业。自主创业是大学生就业的重要增长点。据有关调查，目前应届毕业生中自主创业的比例较低，我国大学生自主创业的空间和潜力还很大。目前，关键是要落实好国务院关于做好高校毕业生就业工作的通知提出的相关政策和四项工作要求。一是鼓励高校积极开展创业教育和实践活动，使大学生在校期间，增强创业意识，提高创业能力，为毕业后实现自主创业奠定基础。二是对开业者切实落实税费减免和小额担保贷款政策。三是提供创业服务，落实职业培训补贴政策。四是鼓励支持高校毕业生灵活就业，落实好社会保险补贴政策。各地人力资源社会保障部门要会同教育部门、高等学校，积极做好今年应届高校毕业生自主创业意愿调查，及时提供适合高校毕业生的创业项目、创业专家服务，建立创业孵化基地和创业园区，加强创业培训，强化创业指导服务，提高创业能力和创业成功率。

3. 继续做好复转军人、下岗失业人员等各类群体创业者的扶持服务保障工作。各城市都要在解决劳动者创业过程中普遍存在的资金难、场地难、办事难和政策缺、服务缺、能力缺等难点问题上，选择重点，推进工作，实现新的突破，特别是在小额担保贷款上，建立起“放得出、用得好、收得回”的机制。

（三）率先取得新的成效

创建工作要注重质量，提高效果。具体来讲，可从以下四个方面考察一个城市创建工作的成效。一是城市内参加创业服务、创业培训和开展自主创业的劳动者数量有一个大的增加。二是新增创业人数及其带动就业人员数量有一个大的增加，在当地新增就业人数中的比例不断提高。这是创建工作在促进就业上最直接的体现，也是一个最根本的考核指标。三是创办新企业的数量不断增加且企业存活率不断提高。要看创业的企业增加了多少，企业存活期是否在不断延长。四是要使社会各界对当地创业环境和创业工作的满意程度不断提高。要看环境是不是宽松，工作是不是有效率，培训和服务质量是不是令人满意。今年，我部将会同有关部门和单位，研究制定创业型城市的具体标准及评选办法，在征求各地意见的基础上进一步完善，并用于指导创建工作实践。

我们这次会议，与会市长积极共同提出倡议，就是表达率先推进创业促进就业工作取得成效的共识和决心。

四、加强领导，协调配合

促进以创业带动就业工作涉及面广，必须加强统一领导和协调配合，周密部署，共同推进。

请各城市尽快制订完善并落实创建工作方案。要根据总的部署要求，结合本地实际，制订完善创建创业型城市的工作方案，确定目标、任务、措施和步骤。要确定各项任务的责任单位，涉及多个部门的，要明确牵头部门和配合单位，确保创建工作任务逐项分解落实。要根据创建工作总体目标和步骤合理设定阶段性目标，建立健全创建工作考核制度。要加强对所辖区县和有关部门落实、开展创建工作任务的动态管理，通过多种形式及时掌握和调度各项创建工作任务执行情况，确保进度。

各省、自治区、直辖市要加强对城市创建工作的指导。要高度重视创建工作，主动协调有关部门进一步完善有关政策，为创建城市创造宽松的政策环境。要加强调研和工作指导，注意跟踪掌握创建城市的工作进展，及时报告创建工作动态信息和宣传工作成效，善于发现并及时总结创建城市的创新经验，加强相互交流和大力推广。

我部已成立各司局负责同志参加的指导小组。直接指导各省及城市的创建工作。今天，中国就业促进会还要成立创业专委会，以此来加强与省及城市之间的交流。今年，我们将通过召开研讨会、现场观摩、市长论坛、干部培训等多种形式推进工作，及时交流推广典型经验。同时，我们还要按德江副总理批示要求着力营造有利于创业的社会氛围。加大宣传力度，在全社会形成尊重创业、支持创业的氛围，使创业精神大大发扬，使敢于创新的开拓精神、苦干实干的务实精神、不折不挠的进取精神、重诺守信的诚信精神、回报社会的奉献精神，在创建城市中率先树立起来。

做好促进以创业带动就业工作意义重大，使命光荣。我们要坚决贯彻党中央、国务院的重要决策部署，积极探索，开拓创新，密切配合，扎实工作，为做好新形势下的就业工作作出新的贡献！

增强认识　狠抓落实
更好地发挥失业保险基金
预防失业和稳定就业的作用

——张小建在“应对危机　稳定就业”研讨会上的讲话（摘要）

（2009年6月23日）

这次研讨会的主要任务是，进一步学习贯彻胡锦涛总书记和中央领导关于加快社会保障体系建设重要讲话精神，深入研究在当前应对危机中如何充分发挥失业保险基金预防失业和促进就业的作用。参加这次会议的代表，既有专门研究社会保险的专家学者，也有专门从事就业和社会保障工作的同志；既有中央有关部门的同志，也有行业协会和企业的同志；既要开展实际工作经验的交流，也要进行理论观点的探讨，可谓虚实结合、条块结合。希望通过会议的交流研讨，进一步为我们的工作开拓新的思路，提供新的动力。我先作个发言。

一、学习贯彻中央的一系列决策要求，进一步增强对做好失业保险工作重要性的认识

……

二、狠抓落实，切实把中央有关决策精神转化为稳定就业的工作实效

当前就业形势的严峻，突出表现为以下三个方面：

一是新增就业减少，人力资源市场供大于求的矛盾突出。去年第四季度，月均新增59万人，比上半年月均108万人减少近半。今年1—4月，全国城镇新增就业环比有所增加，但同比仍是下降。城镇新增就业在1—3月的连续回升后，4月份再度回落（比3月份减少9万人）。东部几省持续下降且减幅较大，上海、江苏、浙江、福建、山东、广东等地的减幅均超过10%，其中，上海减45%，福建减23%。中西部有16个省新增就业也有下滑。就业需求不足，导致劳动力供大于求的矛盾更加尖锐。据对全国90个城市人力资源市场供求情况的监测显示，今年第一季度，岗位需求与求职人数仍在86：100的低位。

二是部分行业停产半停产和企业岗位流失仍较严重，登记失业率继续上升。据对江苏、浙江、广东等5省15个城市513家企业的持续监测，去年10月到今年4月的7个月中，企业岗位数量增减相抵后有6个月为净减，累计减幅8.12%。我们在16个省的调查中看到，还有相当多的出口加工型企业、资源型企业以及中小企业未摆脱困境，岗位流失仍较严重。第一季度末，城镇登记失业人员915万人，比去年第四季度增加了29万人，主要是一批灵活就业者转为失业。21个省份登记失业率上升，全国城镇登记失业率达到4.3%，比去年底增加0.1个百分点，为2004年以来最高。

三是高校毕业生签约率不高，农村劳动力就业隐含新的矛盾，困难群体就业难度继续加大。据教育部统计，目前应届毕业生的签约率为45%；进校招聘的岗位数和应届毕业生的签约率两项指标低于去年同期。尽管大量的返城农民工已找到了工作，但已就业的农民工收入下降，工作不稳定的情况比较普遍；今年秋季还会有几百万农村新成长劳动力进入市场。在整体就业供求趋紧的情况下，城镇困难群体实现就业的难度加大。

就业形势表明，扩大就业和稳定就业同等重要，缺一不可。扩大就业主要解决的是就业增量问题，稳定就业主要解决的是就业存量问题，如果就业存量稳定不了，扩大就业的成效将被岗位流失所抵消。要充分认识到，在当前形势下，保住一个企业，就是保住一批岗位，就是保住一批劳动者的饭碗。因此，从稳定就业的目的出发，就是要加大对困难企业的支持力度，及时有效地帮助企业渡过难关。

为应对国际金融危机对我国就业的影响，党中央、国务院制定实施了一系列稳定和扩大就业的政策措施。从去年9月底到今年2月初，国务院和有关部门一共出台了7个文件，包括国务院发的1个综合性政策和措施的文件，国办发的农民工工作、大学生就业和创业带动就业的3个文件，还有多部门发的文件，包括特别培训计划、就业服务系列活动和减轻企业负担稳定就业的文件。政策文件之密集，力度之大，含金量之高，都是历史上少有的。所有文件都体现扩大就业与稳定就业两手抓的总体要求。其中，经国务院同意，去年12月，人力资源社会保障部、财政部、税务总局下发了《关于采取积极措施减轻企业负担稳定就业局势有关问题的通知》（人社部发［2008］117号）文件，明确了减轻企业负担稳定就业岗位的相关政策，概括为“五缓四减三补两协商”，涉及失业保险是“一缓一减两补贴”。目的就是鼓励支持企业通过轮班工作、在岗培训、调整工时、协商薪酬等方式稳定岗位，努力做到不裁员、少裁员。从半年来的情况看，政策出台深受地方政府、企业和职工的欢迎，政策效果逐步显现。目前，已兑现37亿元。其中，缓缴1.5亿元，减缴27亿元，补贴9.1亿元，共计稳定企业职工84万人。

当然，目前工作进展还与政策预期存在较大差距。从失业保险基金结余情况看，去年底，全国失业保险基金共结余1 310亿元。按照117号文件政策设计，2009年全年计划使用失业保险基金300亿～400亿元来支付困难企业稳定岗位补贴。而目前各地预算才有130多亿元。因此，下一步要在以下五个方面下工夫：一是认识一定要到位，要把帮助企业稳定就业工作摆在更加突出的位置；二是安排一定要科学，算好大账，用好结余基金；三是执行一定要坚决，一切从救企业之难、保职工饭碗出发，想企业之所想，急职工之所急，不能拖拖拉拉；四是操作一定要便捷，审批要简化，办法要快捷；五是管理一定要透明，该公示就公示，要在防止套取资金上有切实办法措施。

总之，继续抓好117号文件的贯彻落实，任务还十分艰巨，还必须付出更大的努力。

三、需要深入研究的几个问题

这次会议研讨的主题是，应对危机，如何更好地发挥失业保险基金预防失业和稳定就业的作用，要紧紧围绕主题，立足当前，着眼长远，进行交流研讨。

从当前看，主要是：（一）国家已经出台的稳定就业政策还有哪些需进一步完善充实；（二）政策规定的执行时间与企业实际需要是否相一致；（三）政策执行中还需解决哪些具体难题；（四）随着就业形势发展是否还需出台新的政策，新政策着重点应放在哪，等等。

……

最后，希望与会的各方面代表，广开言路，畅所欲言，从不同角度提出问题，共同研究解决问题的办法。通过研讨，集思广益，献计献策。也希望与会的新闻界朋友，更加关注失业保险工作，多介绍发挥失业保险基金预防失业、促进就业作用的成功做法和经验，为更好地推进我国失业保险工作，营造良好的舆论氛围。

坚持扩大就业与稳定就业两手抓

——张小建在人力资源和社会保障部务虚会上的发言

（2009 年 7 月 26 日）

一、上半年就业工作进展

百年一遇的金融危机所带来的就业危机在全球和我国都很突然，短时间内迅速蔓延，规模之大、影响之深，前所未有。按照中央和国务院的总体部署安排，从去年 9 月底到今年 2 月初，我们积极应对危机出台了 1+3+3 共 7 个政策文件（1 个国务院全面综合性文件，3 个国办专项政策文件，3 个多部门联合发工作文件），以稳定和扩大就业为主线开展工作，确实取得很大进展。7 月以来，我们在天津和黑龙江分别召开了东部地区和中部地区省、区、市就业工作座谈会，汇总各地情况后总的判断是，当前就业局势基本平稳，情况好于预期。主要体现在以下三个方面：

（一）新增就业走出最低谷时期，开始回升。1—6 月，全国城镇新增就业 569 万人，完成全年 900 万目标任务的 63%，月均新增就业 95 万人，扭转了去年第四季度快速下滑（月均 59 万人）的趋势；城镇登记失业率为 4.3%，虽然与一季度持平，但登记失业人数下降了 9 万人。这方面的进展主要来源于三个因素：一是服务业就业有较大增加，一方面这是实施积极就业政策引导的方向，另一方面是相对其他行业而言，服务业所受的冲击没有这么大。二是政府大规模投资启动实施新项目拉动就业开始见效，经济出现缓慢复苏态势，上半年

GDP 增长 7.1%，对拉动就业产生作用。三是最重要的，就是就业新政策在落实中对扩大就业发挥重要的引导、支持和推动作用。特别值得注意的是，在贯彻落实就业新政中，在东部省（市）全力挽回新增就业下降趋势的同时，中西部多数省（区）努力保持新增就业不减甚至增长，实现了东方不亮西方亮的区域互补新格局。

（二）企业岗位流失的速度减缓，并开始趋稳。去年 10 月至今年 6 月，增减相抵累计净减幅度由最高的 8.1%下降为 7.9%，且逐月趋稳，特别是 6 月份出现了微量净增（0.23%）。这方面的进展主要来源于三个因素：一是宏观经济政策对企业有支持，包括中央出台的减税和金融支持政策，以及各地出台的支持中小企业政策。二是为企业减负稳定就业的专项政策开始发挥效应。到 6 月底，全国通过缓缴、降低社会保险费率两项措施，当期直接减轻企业负担 166 亿元；已运用结余的失业保险基金 17.9 亿元（初步统计全年预算支出 130 亿元）补贴支持 6 000 多户困难企业，稳定职工 318 万人，得到被扶持企业的热烈欢迎。三是有一批企业强化了企业责任，眼光放远了，提出不裁员或少裁员。现在来看，实行为企业减负稳定就业的专项政策，在帮助企业渡过难关的同时，还具有很好的带动作用。一方面，带动了宏观经济政策对企业的保护和支持。另一方面，这项政策注入到企业后，带动了很多企业提升社会责任感，采取在岗培训、轮岗轮休等措施稳定就业岗位，不裁员或少裁员。

（三）几大群体就业有新进展，并保持基本稳定。一是农民工就业基本稳定。金融危机中，农民工群体在首当其冲受到冲击后，上千万人回乡，但由于这个群体本身的特性（流动的弹性大，风险的抗力大，二元结构容量大等），再加上政策措施及时得当，不仅为农民工继续进城打开了通道，并且为他们就地就近就业、返乡创业提供相应的扶助支持，这样，春节前后 3 个月，尽管有 7 000 万名农民工的大流动，但没出现大的问题。现在农民工 95%又回到城市并找到工作，还有 700 万人在乡，有的已经就业，有的处于准备就业状态。二是大学生就业基本稳定。当前大学生处于一个供给的高峰，同时企业需求减少。在这种情况下，我们采取的是政府出面，政策先导，门路开拓，服务强化，创造一个良好的就业环境，给大学生吃了定心丸。加上大学生就业观念有所变化，人心基本稳定。截至6月份，已有415万名高校毕业生落实去向，就业签约率为68%，与去年同期基本持平。三是困难群体就业基本稳定。1—6月帮助79万名就业困难人员实现再就业，完成全年100万目标任务的79%，高于去年同期2个百分点。因为有过去一段解决“4050”、零就业家庭等攻坚战的经验，以及就业援助在各地逐步制度化，具备有力的政策保障和服务支持，使帮助困难群体就业工作进度较好。一场危机来了，首先冲击的是社会上最弱势的群体，但是我们用就业援助制度保住他们的饭碗，整个社会的底层就稳定了，我们就有精力去解决其他的问题。

这些进展产生的宏观效果主要表现为：一是缓解了危机对中国就业最大规模、最突然的冲击，保持了就业局势的基本稳定；二是稳定了一批企业和职工，为下一步恢复发展奠定了基础，提升了信心；三是有力支持了保增长、保民生、保稳定的政治大局。

在工作中，我们实践了三个新结合，实现了三个新突破。

三个新结合：一是就业与经济发展更加紧密结合；二是扩大就业与稳定就业两手抓；三是当前应急举措与建立长效机制互相衔接。

三个新突破：一是控制岗位流失稳定就业工作有了新突破。稳定就业的政策填补了我国积极就业政策的空白，在稳定工作中我们启动社会保障，特别是失业保险支持企业稳定就业这样一项重大的举措。二是创业带动就业成为应对危机一个新的支撑点。扩大就业在依靠国家大项目拉动、政府投资拉动、企业发展拉动之外，又启动了创业带动就业这台引擎，发挥劳动者的积极性和创造性。不仅实现分散突围，并且用他们自主筹资、自担风险、自主经营、自找项目实现新的就业，继而带动其他劳动者就业。政府只要提供创业的好环境，就会涌现很多创业者，哪怕这些创业者到明年有一些失败了，但只要有了这种创业精神，就会激发他们再次去创业，这也将构成这次应对危机解决就业问题与十年前解决下岗失业人员问题的最大区别。三是特别职业培训计划，使得职业培训更深入人心。公共培训和公共服务是政府直接作用于就业的重要手段和工作的主阵地，新形势新任务既呼唤其发挥更大的作用，也为其改革发展带来新的机遇。

所有这些，是我们在遇到突如其来的巨大冲击时，坚决、迅速落实中央关于出手要快、出拳要重、措施要准、工作要实决策的结果，也是各地大力贯彻部党组关于将就业工作作为保增长、保民生、保稳定工作重中之重部署的结果，还是全国就业战线同志团结一心、同心同德、艰苦工作、努力奋斗的结果，不仅体现了为国分忧、为民解难的大局观念和高度责任感，并且体现了敢打硬仗、能打硬仗的顽强拼搏精神，成绩确实是来之不易。

二、对当前就业形势的分析

（一）当前就业局势好于预期，但不能盲目乐观。一是经济对就业的冲击尚未结束，负面影响还在继续。出口大幅下降，短期难以挽回，经济恢复主要靠投资和政策支撑，存在许多不确定、不可持续的因素，中西部的省份也反映，金融危机对中西部就业影响来得较晚，影响加深，走得更迟，部分地方、行业、企业仍然非常困难。二是一部分困难企业流失岗位不可挽回，特别是出口加工企业。去年 10 月至今年 6 月企业岗位流失幅度为 8%，试推一下，全国有 620 万岗位流失。而同期新增 750 万人就业，实际上 9 个月只新增了 130 万个岗位。

（二）工作有新的进展，但基础不稳固。一是新增就业中 30%～40%是灵活就业，一半人靠社保补贴支撑，另一半没有社保补贴就不稳固。二是大学生就业要考虑实际中的虚高因素。三是农民工虽然实现大部分进城就业和就地就近就业，但岗位不稳定、收入降低的问题已显现。

（三）旧的问题仍在解决中，新的难题又摆在面前。一是农民工返乡回城还有部分人员未解决，又有新增 500 万以上的“两后生”进入，他们的首选就是出外打工。二是大学生校园内就业实现了 70%，但出校园还有 30%未解决，加上过去历届没有就业的，还有 300 多万急需就业，要由社会来承接。其中，家庭困难毕业生以及少数民族毕业生的就业问题更为突出。三是各地国有、集体企业破产人员安置问题仍需要很好的解决。在整体就业供求趋紧的情况下，城镇困难群体实现就业和稳定就业的难度也会更大。

（四）政策落实刚上轨道，真正落实见效要花更大力气。到今年2月初我们出台了7个文件，绝大部分省今年4—5月出齐了配套政策，地市级今年5—6月出齐了配套政策。实际真正执行新政策最长3个月，应该说是刚上轨道。新政策真正落实见效，既要看新就业人数，也要看资金的支出。如果人数上去了，钱却没花出去，政策就很难说是落实到位，而如果没有政策保障，扩大就业和稳定就业的实效就要打折扣。

总的来讲，可以看到，就业工作走过了去年底最低谷时期，进入了一个艰难的相持阶段。

三、关于下一步工作

从现在开始，要打一场落实政策的攻坚战，确保全年就业任务全面完成。

（一）全力落实六大举措，务求取得实际效果。上半年，全国各地制定出台政策的工作已经完成，下一步宣传要更深入，执行更坚决，督查要跟上。要根据各类群体不同时段就业的特点开展工作。对有较好基础的工作，要大力扩展：比如促进创业带动就业，下半年要有新进展；扶助困难群体就业，要结合国庆到来再推进一步。同时要抓薄弱环节，下决心攻破难关：比如高校毕业生就业工作在机构改革中，已列为人社部门的牵头任务，而我们确实面临基础工作的短缺和准备工作的不足。因此，最近两三个月的大学生就业推进行动，一定要千方百计抓好6项措施的落实。首先是要摸清离校进入社会求职的毕业生底数，为他们开展针对性的就业服务、职业指导、就业见习、职业资格培训，落实去企业的渠道、去基层的项目及政策，搞好对困难大学生的援助，确保对离校毕业生真正做到接得下，推得动，稳得住。要做好各类引导高校毕业生到农村基层服务项目的统筹协调工作。各地要按照6部门通知的要求，建立健全统筹协调工作机制，加强“三支一扶”、“村官”、“教师特岗”、“西部志愿”等项目的协调，在组织招募、待遇落实、参加社保、日常管理、期满就业等方面完善相关政策，推动各项目顺利实施。

（二）坚持扩大就业与稳定就业两手抓。扩大就业的关键是抓好引导、抓好推动，注意结合当地新的经济和社会发展的增长点，来建立新的就业增长点。稳定就业的关键是抓好企业、落实操作，注意把政策送上门，希望各地在已经确定扩大就业指标的基础上，进一步确定本地稳定企业就业岗位的任务目标。特别是加强“五缓四减三补贴”的力度，真正把失业保险基金结余用到支持困难企业稳定岗位上。要针对稳定岗位政策与实际效果之间还存在的一些差距，深入分析不同地区、行业、企业政策执行中存在的问题和原因，提出解决问题的对策，加强分类指导，重点解决稳定岗位政策在中小企业和民营企业的落实问题。

（三）结合本地突出问题，拿出有效的解决办法。中西部地区目前都遗留了一批国有企业破产、大集体企业改制、困难企业解困的职工安置和再就业问题，在落实更加积极就业政策应对新的危机的同时，要统筹考虑这些历史遗留问题的解决办法，尽可能纳入新政策的轨道，力求一并得到解决。无论是当前新增就业，还是解决历史遗留问题，灵活就业都是一个重要方面，落实社保补贴、稳定灵活就业应作为一项重要内容。

（四）在推进当前工作中注重长效机制的建立和基础工作的加强。这样做，才能形成就业工作更持久的推动力和更坚实的基础。

一是完善失业保险。国务院常务会上对失业保险预防失业，扩大试点都作出了决定，我们要把这个工作做好，既解决当前稳定就业问题，又为建立一套稳定就业的政策体系和预防失业的长效机制奠定基础。首先推动东部7省市延长扩大失业保险基金支出范围试点工作。指导各地抓紧制定延长试点工作方案并报国务院备案。妥善处理执行117号文件与延长试点之间的关系，力求使东部7省市取得稳定就业和促进就业倍增效应。

二是抓好创业促就业。国务院办公厅已经下发了文件，各省也开始启动了相关行动，首先抓 82 个城市的突破。一方面将创业作为应对当前就业危机的重要支撑点，另一方面建立起创业政策体系、创业服务体系以及创业培训、孵化基地、小额担保贷款方面的长效机制。

三是加强职业培训。特别培训计划一定要突出“特”字，要进一步抓深入、出实效。今年下半年我们准备上报国务院通过职业培训和鉴定条例，来保障特别培训计划的大力推进。

四是推进人力资源市场统一规范和公共就业服务体系的发展完善。今年上半年，部里就统一规范人力资源市场建设和发展完善公共就业服务问题开展了专题研究，提出了总体目标、方法和步骤，并以情况通报形式下发，供各地研究落实。研究报告提出：人力资源市场是机制和实体的总和。实体分两类，一是公共就业服务（包括公共人才服务）；二是经营性服务，即民办职业中介。公共就业服务要按“四要素”原则（即：以促进就业为目的，以提供公益性服务来定性，以政府服务公益的职能来定位，由公共政策、公共财政予以保障），理清公益服务机构、项目的性质，以保证现行工作、现有阵地为基础，以解决公共财政政策支持为保障，以提高服务质量和效率为目的，稳步进行整合。经营性服务主要是引导和规范，将原两部门审批的民办机构统一管理、统一规范，加强监管、培育和引导。总的要求是各地在机构改革和整合过程中，统一认识、统一步调，不能各行其是，不搞五花八门。

加强公共就业服务机构、平台的建设及工作队伍的建设。国务院常务会上确定了中编办、财政部和我部要联合发文件，目前，3 部门正在积极协商，争取早日出台。另外还有我部与发改委共同指导推动的支持农村劳动力转移的县和乡镇平台建设的专门项目，以及加大财政投入的就业信息网络建设项目。

人力资源市场工作要围绕促进就业大局和实施人才强国战略，做好三方面的具体工作。一是加快人力资源市场立法进程，尽快将市场管理制度和法规统一起来。二是要强化市场监管，加强对人力资源市场服务机构和服务行为的监督和检查，严厉打击黑中介等侵害求职者利益的行为，进一步规范人力资源市场秩序。三是促进人力资源服务业的发展，加强人力资源服务行业基础建设。开展人才资源配置服务，为国家振兴计划等提供人才支撑。

五是继续加强对就业、失业动态的监测，加强统计和相关信息工作。部里已经做了相应的部署安排，各地相应地加强基础工作。加快推进动态监测扩面工作，争取年内在全国推开。

六是用好管好就业专项资金。中央就业专项资金于去年底和今年7月分两批下拨各地，请各地尽早下拨到地市县，落实好政策，用好钱。9月份我们将部署各地开展督查，10月份部领导和联席会的相关负责人都会带队下去进行监督，一方面检查政策落实的情况，另一方面检查资金使用和监管的情况，以此保证资金用好用足又不出问题。

进一步推进高校毕业生就业
认真开展迎国庆就业援助
精心部署就业工作督查工作

——张小建在就业工作视频会上的讲话

（2009 年 8 月 31 日）

今天我们召开就业工作视频会，主要目的是进一步推动高校毕业生就业推进行动的落实，部署开展迎国庆就业援助进家入户专项活动，并对近期开展的就业政策落实情况督查工作进行部署安排。我就做好当前工作再强调几点。

一、进一步抓好高校毕业生就业推进行动的落实，务求取得实效

根据国务院常务会议要求，我们会同教育部、财政部部署集中在 7、8、9 三个月，开展“高校毕业生就业推进行动”。各地高度重视，以离校未就业的毕业生为重点，推进工作有了新进展。各牵头部门指导各地大力推进高校毕业生基层就业项目，目前，四个项目实际招募规模超过 20 万人，超出年初计划 10 万人的规模；许多省特别是城市层层分解见习目标任务，落实工作责任，目前，31 个省区和 75 个重点城市都已公布了见习工作联系方式；许多地方积极举办招聘洽谈、供求对接等活动，开展网络招聘，为离校求职毕业生提供就业服务；不少城市加强离校未就业毕业生登记与统计工作，并依托基层社区工作平台，摸清底数。

但是，我们还要看到，这方面工作各地很不平衡。在一些地方，管理体制不顺，责任不清；学生毕业离开学校时衔接不到位，弄不清未就业毕业生情况，许多离校毕业生未回原籍“飘”在学校及其所在城市，增加了管理服务的难度。许多毕业生特别是少数民族地区毕业生、家庭困难毕业生，在求职就业中遇到许多困难，心理压力很大。

当前，抓好就业工作，事关保增长、保民生、保稳定的大局，高校毕业生已上升为就业中最重要的群体，抓好高校毕业生就业推进行动的落实，更是做好当前就业工作的关键之关键。9月份是帮助离校毕业生进行登记和提供公共就业服务的关键时期，要全力以赴加大推进行动六大措施的落实，将离校毕业生组织到积极就业的轨道中来，并与就业援助进家入户活动和就业政策督查活动有机结合，把困难高校毕业生纳入援助范围，把落实高校毕业生就业政策作为就业政策督查活动重点，相互促进，努力帮助一大批毕业生实现就业。为实现国务院领导提出的就业率年内达到80%的要求奠定坚实的基础。在这里，我想再强调五个方面，要抓好落实。

一是要尽快摸清底数。要健全统计基础，全面掌握和动态跟踪毕业生登记、求职和就业情况，以9月底和12月底为结点，汇总报送离校毕业生就业进展。

二是要进一步强化就业服务。要通过组织开展专门的就业服务活动，提供有针对性就业信息，促进一批毕业生就业。要结合他们的所学专业和就业意向，组织一批毕业生参加职业培训和创业培训。要通过落实政策，畅通毕业生到中小企业、民营企业、城乡基层就业的渠道，并扶持更多的毕业生自主创业。

三是要做实见习工作。实施“高校毕业生就业见习计划”，是毕业生增强实践经验、提高就业能力、顺利步入就业通道的重要措施，今年30万见习目标任务要全面完成。各地要进一步明确分解的目标任务，要进一步完善见习管理制度，加强见习各个环节的规范管理，确保见习工作质量，并在见习期满后鼓励企业招用见习人员。同时，要落实好就业见习补贴和基本生活补助政策。

四是要加大就业援助力度。要建立困难毕业生信息库，提供“一对一”的就业帮扶。通过多种方式力争使所有家庭困难毕业生在年底前实现就业。

五是要抓紧落实今年“三支一扶”工作计划。抓紧构建“下得去、待得住、干得好、流得动”的管理服务和政策保障体系。同时，要做好牵头协调各部门统筹四个基层就业项目的工作。

在做好上述工作的过程中，一定要注意加强部门协作。当前，机构改革正在进行，各地人力资源社会保障部门要切实发挥好牵头作用，要协调好教育部、财政部、总工会、共青团等部门、团体，以落实高校毕业生就业推进行动为工作的依托和牵头的抓手，与有关部门密切配合，创新机制，形成合力，共同推动工作，切实取得实效。在尚未进行机构改革的地方，人事部门要承担起高校毕业生就业首要责任，劳动保障部门要全力做好对困难毕业生就业援助，两部门要相互支持，积极配合，共同推进。

二、将迎国庆就业援助进家入户专项活动作为面向困难群众送温暖的重要举措，切实抓好做实

再有一个月就是共和国60周年大庆，是中华民族的大事和喜事。帮助困难人员实现就业，使他们享受经济发展成果，使他们与全国人民一道欢度国庆节，是政府人力资源社会保障部门的神圣职责。因此，我们在做好年初两节期间开展援助月活动和日常性援助工作的同时，又在国庆之前专门部署各地开展就业援助进家入户专项活动，目的就是充分发挥人力资源社会保障部门的职能职责和政策优势，为国分忧，为民解难，为就业困难人员送温暖、解难题，为全国人民的大庆添光彩、献厚礼。各地一定要高度重视，作为一项重要的政治任务，切实抓好做实。

一是要明确目标任务。要通过一个月的努力，力争实现四个目标：第一，零就业家庭中至少一人就业；第二，家庭困难毕业生全部上岗；第三，确保全部就业困难人员或是实现就业，或是组织到相关就业服务活动之中；第四，对已就业的援助对象，切实做到全面落实扶持政策实现稳定就业。

二是要采取有力措施。各地要结合新一轮就业政策的落实，将各项援助政策用好用足。通过政策导向，在鼓励企业更多吸纳就业困难人员，鼓励更多劳动者自主创业、灵活就业的同时，加大公益性岗位开发，特别是要在目前公布的基层管理和服务 9 大类 50 个岗位中，选择一批适合的岗位，主要用于安置符合条件的就业困难人员。要结合就业政策自查工作，对困难群体就业政策落实情况进行一次复查，保证相应的社保补贴和岗位补贴政策落实到位。

三是要抓好具体实施。此次专项活动的主题就是进家入户，必须做到援助进家，政策到人，服务到位。各地要依托街道、社区平台，开展入户家访活动，了解辖区内所有援助对象的情况和困难，有针对性地解决他们的实际问题。要对每一位就业援助对象至少进行一次入户调查，制定一份援助计划或方案，提供一个相对合适的就业岗位或相关岗位信息。这是起码的要求，必须落实。

做好此次就业援助专项活动，是对就业政策是否落实到位的重要检验。要切实加强组织领导，结合实际制定详细的工作方案，明确责任，落实到人，抓紧部署和安排。要加强与财政等有关部门的协调，将专项活动所需工作经费纳入财政预算，保证活动顺利开展。同时，也请各有关地方继续做好对灾区的就业援助，并将此作为迎国庆就业援助工作的一项重要内容。

三、把就业政策落实情况督查活动作为推进政策和工作落实的重大举措，部署安排好

组织开展就业政策落实情况督查活动，是国务院常务会议确定的今年下半年推动就业工作的重要措施。希望各地抓紧制定实施方案，认真做好组织实施工作，确保督查工作取得实效。

一是要切实提高认识。近几年，就业督查工作已组织多次，都取得了很好效果。此次督查是各地区、各部门贯彻落实国务院常务会议精神应对金融危机、稳定就业和扩大就业工作的共同行动，是保证完成全年就业工作各项任务的重要举措。搞好此次督查，一方面，有利于各地党政领导、各部门进一步重视、支持就业工作，从而大力推进政策和工作的落实；另一方面，有利于我们认真总结经验，深入查找问题，促进建立就业工作的长效机制。各地要统一思想，提高认识，切实加强组织领导。这次会后，各地要第一时间将督查要求向党委、政府领导报告，并向联席会议成员单位通报，抓紧制定督查方案，明确目标任务，落实工作责任。

二是要把握重点。此次督查重点有三个方面：第一，摸清应对金融危机7个就业政策文件的贯彻实施情况，重点是要对政策实施的效果和资金使用的情况有一个准确的评估；第二，摸清三类重点群体的就业情况，重点是了解新一轮政策措施和专项行动的实施情况及取得效果，对这些群体的实际就业状况有一个客观的判断；第三，摸清政策落实和工作推进中的难点问题，有针对性地提出解决问题的措施和办法，获得地方党政领导的重视和支持。各地要围绕督查重点，结合本地实际，细化充实督查内容。

三是要精心组织部署。此次督查活动分为两个阶段。第一阶段是9月份的自查。厅里主要领导要亲自挂帅，抽调专门人员，成立专门班子，认真搞好督查工作。近期已经开展过督查的地方，要结合全国部署的督查内容，查漏补缺，重点抓好督促整改工作。第二阶段是10月份的联席会议督查。这个阶段要注意配合国务院就业工作部际联席会议牵头部门和单位，做好相关准备工作和组织安排，保证督查取得实效。

四是要狠抓工作整改。督查的过程也是我们改进工作，推进政策落实，切实帮助群众解决实际问题的过程。各地在督查工作中，要注意实现“四个结合”：第一，与推动政策落实相结合，使督查工作成为落实新一轮就业政策的再宣传和再推动。第二，与高校毕业生就业推进行动、迎国庆就业援助进家入户活动相结合，与帮助重点群体就业相结合，使督查工作切实在解决高校毕业生、困难人员和农业富余劳动力就业问题上形成新的推力。第三，与总结推广先进典型相结合，总结各地好经验，表彰先进，推而广之。第四，与改进工作相结合，边督查、边研究、边整改，使发现的问题及时得到解决，并指导帮助工作后进地区分析原因，改进工作。

以上是对三项工作的要求。简化为三句话：一是继续加大高校毕业生就业推进行动的落实，务求取得新进展；二是认真开展迎国庆就业援助活动，务求取得实效；三是精心部署安排就业工作督查，搞好相关工作结合，务求形成工作新推力。

第二部分　政策文件

应对金融危机促进就业政策

国务院文件

国务院关于做好当前经济形势下就业工作的通知

（国发［2009］4号）

各省、自治区、直辖市人民政府，国务院各部委、各直属机构：

当前，国际金融危机的影响进一步蔓延，新增就业难度加大，劳动者失业风险增加。实施更加积极的就业政策，全方位促进就业增长，稳定就业局势，对维护社会稳定，保持经济平稳较快发展，具有十分重要的意义。现就做好当前经济形势下的就业工作通知如下：

一、紧密结合实施扩大内需促进经济增长的措施，千方百计扩大就业

（一）切实把就业工作摆在更加突出的重要位置，努力确保就业形势基本稳定。坚持劳动者自主择业、市场调节就业、政府促进就业的方针，实施更加积极的就业政策，调动企业、劳动者和社会各方面的力量促进就业再就业。加强财政政策、货币政策、产业政策与就业政策的协调配合，在实施宏观经济调控、经济结构调整以及安排主要产业布局和重大项目时，优先考虑对扩大就业的影响。将扩大内需促进经济发展与扩大就业相结合，将帮扶困难企业与稳定就业岗位相结合，着重做好企业职工稳定就业、高校毕业生就业、失业人员再就业、农民工流动就业和复员转业军人安置就业工作。

（二）发挥好政府投资和重大建设项目带动就业的作用。在落实中央扩大内需重大决策，安排政府投资和重大建设项目时，要把就业岗位增加和人力资源配置作为其重要内容。项目实施方案中，要明确扩大就业的具体安排，积极吸纳高校毕业生、失业人员和农民工等群体就业，并按规定落实相关就业扶持政策。项目开工建设时，同步启动对从业人员的职业技能培训。在国家公共基础设施建设中，尽可能吸纳农村劳动者就地就近就业。鼓励农林水利、国土整治、生态环保等工程建设实行以工代赈。

（三）推进产业结构升级与扶持就业创业相协调。在制订发展战略和产业政策时，既要注重发展资本技术和知识密集型产业，又要积极支持发展劳动密集型产业，大力发展第三产业，构建多元化多层次的产业结构体系。完善鼓励发展轻工、纺织、建筑等劳动密集型产业的财税、金融等扶持政策，在加快发展方式转变和结构调整中形成新的经济增长点和竞争优势，创造更多就业机会。

（四）大力发展中小企业，保护和提高中小企业吸纳就业的能力。落实鼓励中小企业发展的各项扶持政策，加强融资和担保服务，建立健全中小企业服务体系，为企业发展提供政策、信息、技术咨询等专项服务，着力帮助企业解决生产经营中的突出问题，切实发挥中小企业吸纳就业的主体作用。

（五）充分发挥服务业吸纳就业的优势。大力发展具有增长潜力的社会管理、公共服务、生产服务、生活服务、救助服务等服务业新领域和新门路，重点开发养老服务、医护服务、残疾人居家服务、物业服务、廉租房配套服务等社区服务岗位，引导和支持动漫、创意、租赁、家政和农业技术推广、农用生产资料连锁经营等服务业发展。充分利用新建产业开发区、工业园区、产业集群等的配套服务扩大就业。着力突破制约服务业发展的体制障碍，放宽服务业准入，加大政策支持力度，使服务业在扩大就业中发挥更大作用。

（六）最大限度拓展农村劳动力就业渠道。结合社会主义新农村建设，加大农村基础设施建设、农房建设和危房改造力度，大力发展县域经济，调整农业产业结构，扶持农产品精深加工和销售，支持农村中小企业发展，鼓励农民联合创办经济实体，拓展农村劳动力就地就近就业空间。

二、采取积极措施减轻企业负担，鼓励企业稳定就业岗位

（七）各地要根据实际情况制定减轻企业负担稳定就业局势的措施办法，通过缓缴社会保险费，阶段性降低城镇职工基本医疗保险、失业保险、工伤保险、生育保险费率，运用失业保险基金结余引导困难企业不裁员或少裁员等措施，稳定就业岗位。

（八）引导国有企业稳定并增加就业。进一步深化国有企业改革，推动国有企业做强做大，承担相应的社会责任，通过企业发展提供更多就业机会，尽可能不裁员或少裁员。做好已批准企业的主辅分离辅业改制实施工作，落实相关扶持政策。鼓励国有企业通过多种稳妥方式分流安置富余人员。

（九）规范企业裁员行为，切实保障劳动者合法权益。企业需要裁减人员 20 人以上，或者裁减不足 20 人但占企业职工总数 10%以上，需提前 30 日向工会或者全体职工说明情况，听取工会或者职工意见后，向当地人力资源社会保障行政部门报告裁减人员方案。加大劳动监察工作力度，加强对企业的监管，积极防范和严肃查处少数企业主欠薪、拖欠社会保险费后转移资金、关厂逃匿等行为，妥善处理因此类问题引发的职工群体性事件，努力保护劳动者合法权益。

三、进一步加大政策扶持力度，鼓励劳动者多渠道就业

（十）鼓励劳动者自谋职业、自主创业。认真落实《国务院办公厅转发人力资源社会保障等部门关于促进以创业带动就业工作指导意见的通知》（国办发［2008］111 号），进一步宽松创业和投资环境，完善落实市场准入、场地安排、税费减免、小额担保贷款、免费就业服务和职业培训补贴等扶持政策。延续鼓励下岗失业人员创业的税收扶持政策，对持《再就业优惠证》人员从事个体经营的，按规定在限额内依次减免营业税、城市维护建设税、教育费附加和个人所得税，审批期限延长至2009年底。

（十一）鼓励企业吸纳就业。切实落实鼓励企业吸纳就业困难人员的社会保险补贴政策。延续鼓励企业吸纳下岗失业人员的税收扶持政策，对符合条件的企业在新增加的岗位中，当年新招用持《再就业优惠证》人员，与其签订1年以上期限劳动合同并缴纳社会保险费的，按规定在相应期限内定额依次减免营业税、城市维护建设税、教育费附加和企业所得税，审批期限延长至2009年底。

（十二）帮扶就业困难人员再就业，促进零就业家庭至少一人就业。采取有效手段，进一步开发公益性岗位，落实社会保险补贴政策，并适当提高岗位补贴标准。

（十三）提高灵活就业的稳定性。对2009年享受社会保险补贴政策期满、仍未能实现稳定就业的灵活就业人员，可根据实际情况将其享受社会保险补贴的期限一次性延长，期限最长不超过1年。

四、切实做好重点人群的就业工作，强化公共就业服务

（十四）把大学生就业放在就业工作的首位。认真落实《国务院办公厅关于加强普通高等学校毕业生就业工作的通知》（国办发[2009] 3号），积极拓宽就业渠道，完善落实各项扶持政策，鼓励高校毕业生到城乡基层、中西部地区、非公有制企业和中小企业就业，鼓励自主创业，鼓励骨干企业吸纳和稳定高校毕业生就业，鼓励承担国家和地方重大科研项目的单位积极聘用优秀高校毕业生参与研究，延长其学习与科研相结合的时间。组织开展高校毕业生就业服务系列活动，以未就业特别是家庭困难的高校毕业生为重点，强化就业指导，提供就业信息，加强就业服务的针对性、有效性，增加见习机会，维护就业权益。落实对登记失业高校毕业生的相关就业扶持政策。

（十五）强化对就业困难人员的就业援助。采取更有力的措施，特别是组织开展就业援助系列活动，强化对就业困难人员、零就业家庭以及关停企业失业人员的就业援助，集中开展上门服务和“一对一”的援助服务，开发更多的公益性岗位，并把各项扶持政策落到实处。进一步加大对灾区劳动者的就业援助。

（十六）切实做好农民工就业工作。认真落实《国务院办公厅关于切实做好当前农民工工作的通知》（国办发［2008］130号），采取多种措施，促进农民工就业。落实企业减负稳岗措施，稳定一批农民工就业。加强就业服务和职业培训，促进一批农民工在城镇再就业。强化政策扶持和引导，支持一批农民工返乡创业和投身新农村建设。做好农民工社会保障和公共服务工作，切实保障返乡农民工土地承包权益。组织开展“春风行动”系列活动，重点做好对新失去工作的农民工和被征地农民的就业服务和职业培训。加强农村劳动力转移就业服务信息网络建设，做好城市和县乡公共就业服务机构间的信息对接，建立全国联网的用工信息发布制度，及时提供有效岗位信息。大力发展劳务经济，加强劳务协作，引导农民工流动就业。

（十七）积极推进复员转业军人安置就业工作。采取有力措施，拓宽安置渠道，落实自主择业政策，积极鼓励自主创业。加强就业服务和职业培训，鼓励复员转业军人到基层一线和经济社会发展最需要的地方工作。

（十八）健全公共就业服务体系，培育和完善统一开放、竞争有序的人力资源市场。不断提高县、乡镇（街道）、社区基层公共就业服务能力，发挥公共就业服务的示范、指导作用。鼓励社会资本投资人力资源服务领域，建立人力资源市场监管体系，加强市场监管，维护市场各类主体合法权益。加强区域合作。

五、实施特别职业培训计划，帮助更多的劳动者提高职业技能

（十九）组织实施特别职业培训计划。指导生产经营困难企业组织待岗人员开展技能提升或转业转岗培训，为企业生产发展做准备；支持失去工作的农民工参加实用技能培训和创业培训，帮助其寻找新的就业机会；帮助失业人员参加再就业培训，提升其再就业能力；组织引导退役士兵免费参加相关职业技能培训，培养技能型人才；组织农村应届初高中毕业生参加劳动预备制培训，加强技能劳动者储备。加强农村职业教育和农村劳动力就业能力培训，培育一批掌握一定技能的村镇建筑工匠、基层技术人员和农村基础设施管理、养护、维修人员等专业人才。

（二十）加快技能人才培养。把提高劳动者素质和适应市场竞争能力作为解决推进结构升级与扶持就业创业矛盾的关键环节，通过提升人力资源质量推进产业结构优化。通过校企合作、订单式培训等多种模式，加快培养重大项目实施及企业发展和产业升级中急需的技术工人。

（二十一）落实职业培训补贴政策，强化政府购买培训成果的机制，广泛发动各级各类职业培训机构和职业院校开展多层次、多形式的职业技能培训，引导他们根据就业市场的需求，充实培训内容，采取长短班、送教上门等多种形式和手段，突出培训的针对性、实用性和有效性，提高培训质量和培训后的就业率。采取技工院校等中等职业院校扩招措施，推进特别职业培训计划的实施。

六、强化政府促进就业责任，广泛动员全社会共同做好就业工作

（二十二）强化目标责任制度。各地要在制定国民经济和社会发展规划中，把扩大就业和稳定就业作为重要目标，把新增就业人数和控制失业率作为政府政绩考核的重要内容，完善落实目标责任制度。优化财政支出结构，根据就业工作的需要，继续加大就业资金投入，努力提高就业资金使用效益。认真做好就业与失业调查统计等基础工作，实行就业数据快速调查和报告制度，跟踪掌握就业形势变化，及时制定实施应对措施。

（二十三）统一领导、分工协作。强化就业工作联席会议统筹协调机制，充分发挥部门职能，完善落实政策，及时解决工作中存在的问题，确保工作进展。进一步发挥工会、共青团、妇联、残联以及其他社会组织的积极性，共同做好就业促进工作。支持和动员社会团体开办的就业服务和职业培训机构积极为劳动者提供就业服务，按规定落实好职业介绍补贴、职业培训补贴政策。

（二十四）各地要积极落实就业促进法。实施更加积极的就业政策，提高政策的针对性和扶持力度，运用好现行政策妥善应对金融危机对就业的影响。进一步加强对法律实施和政策落实情况的监督检查，确保取得实效。

（二十五）加强失业调控和失业预警。建立失业动态监测制度。对重点行业、重点企业岗位流失情况实施动态监测，及时制定应对规模失业的工作预案。建立健全企业空岗信息报告制度。加强失业保险金发放工作，对符合条件的失业人员及时足额发放失业保险金，切实保障其基本生活。

（二十六）发挥市场机制对促进就业的积极作用。引导劳动者树立正确的就业观，鼓励支持劳动者不等不靠，通过自身努力，实现就业再就业。坚持正确的舆论导向，及时做好就业形势和就业政策宣传工作，增强信心，团结互助，共同克服暂时的就业困难。

各地区、各有关部门要按照本通知精神，在不涉及税收政策、不影响中央非税收入的前提下，制定完善应对金融危机扩大就业的政策措施和具体实施办法，切实抓好贯彻落实。

二〇〇九年二月三日

促进以创业带动就业政策

国务院办公厅转发
人力资源社会保障部等部门
关于促进以创业带动就业工作
指导意见的通知

（国办发［2008］111号）

各省、自治区、直辖市人民政府，国务院各部委、各直属机构：

人力资源社会保障部、发展改革委、教育部、工业和信息化部、财政部、国土资源部、住房城乡建设部、商务部、人民银行、税务总局、工商总局《关于促进以创业带动就业工作的指导意见》已经国务院同意，现转发给你们，请认真贯彻执行。

二〇〇八年九月二十六日

人力资源社会保障部　发展改革委　教育部　工业和信息化部　财政部　国土资源部　住房城乡建设部　商务部　人民银行　税务总局　国家工商总局关于促进以创业带动就业工作的指导意见

为贯彻落实党的十七大提出的“实施扩大就业的发展战略，促进以创业带动就业”的总体部署，全面实施《中华人民共和国就业促进法》的有关规定，现就促进以创业带动就业工作提出以下指导意见：

一、统一思想认识，明确目标任务

（一）统一思想认识。创业是劳动者通过自主创办生产服务项目、企业或从事个体经营实现市场就业的重要形式。劳动者通过创业，在实现自身就业的同时，吸纳带动更多劳动者就业，促进了社会就业的增加。当前及今后一个时期，我国就业形势依然严峻，促进以创业带动就业，有利于发挥创业的就业倍增效应，对缓解就业压力具有重要的现实意义。以创业带动就业工作是实施扩大就业发展战略的重要内容，是新时期实施积极就业政策的重要任务。各地区、各有关部门要高度重视，通过政策支持和服务保障，优化创业环境，鼓励和扶持更多劳动者成为创业者。

（二）明确指导思想。各地区、各有关部门要深入贯彻落实科学发展观，按照构建社会主义和谐社会的总体要求，解放思想，改革创新，着眼于经济社会发展全局，从创业意识、创业能力和创业环境着手，逐步形成以创业带动就业的工作新格局。坚持政府促进、社会支持、市场导向、自主创业的基本原则，强化创业服务和创业培训，改善创业环境，加快形成政策扶持、创业培训、创业服务“三位一体”的工作机制，不断激发劳动者的创业激情，增强创业意识，鼓励更多的城乡劳动者通过自主创业实现就业。

（三）突出工作重点。各地区、各有关部门要紧密结合地方的优势产业、特色经济，确定鼓励创业的产业指导目录，制定扶持政策，鼓励创业者进入国家和地方优先和重点发展的科技型、资源综合利用型、劳动密集型、农副产品加工型、贸易促进型、社区服务型、建筑劳务型和信息服务型等产业或行业。鼓励和支持个体私营等非公有制经济和中小企业发展，扩大创业领域。重点指导和促进高校毕业生、失业人员和返乡农民工创业。积极采取措施促进军队复员转业人员、留学回国人员等创业。力争用3～5年的时间，实现劳动者创业人数和通过创业带动就业人数的大幅增加，基本形成促进以创业带动就业的政策体系，使更多有创业意愿和创业能力的劳动者成功创业。

二、完善扶持政策，改善创业环境

（四）放宽市场准入。加快清理和消除阻碍创业的各种行业性、地区性、经营性壁垒。法律、法规未禁止的行业和领域向各类创业主体开放，国家有限制条件和标准的行业和领域平等对待各类创业主体。在法律、法规规定许可的范围内，对初创企业，可按照行业特点，合理设置资金、人员等准入条件，并允许注册资金分期到位。按照法律、法规规定的条件、程序和合同约定允许创业者将家庭住所、租借房、临时商业用房等作为创业经营场所。扩大政府采购范围，制定促进小企业发展的政府采购优惠政策。各地区、各有关部门可根据实际情况，适当放宽高校毕业生、失业人员以及返乡农民工创业的市场准入条件。

（五）改善行政管理。全面实行收费公示制度和企业交费登记卡制度，禁止任何部门、单位和个人干预创业企业的正常经营，严格制止乱收费、乱摊派、乱罚款、乱检查、乱培训行为。进一步清理和规范涉及创业的行政审批事项，简化立项、审批和办证手续，公布各项行政审批、核准、备案事项和办事指南，推行联合审批、一站式服务、限时办结和承诺服务等，开辟创业“绿色通道”。依法保护创业者的合法私有财产，对严重侵犯创业者或其所创办实体合法权益的违法行为，有关部门要依法查处。对创业者提出的行政复议申请，政府部门要及时受理，公平对待，限时答复。登记失业人员、残疾人、退役士兵，以及毕业 2 年以内的普通高校毕业生从事个体经营的，要按有关规定，自其在工商部门首次注册登记之日起 3 年内，免收管理类、登记类和证照类等有关行政事业性收费。

（六）强化政策扶持。全面落实有利于劳动者创业的税收优惠、小额担保贷款、资金补贴、场地安排等扶持政策，促进中小企业和个体私营等非公有制经济发展，扶持劳动者创业。从实际出发，建立健全促进以创业带动就业的政策措施，细化操作办法。多渠道筹集安排资金，支持以创业带动就业工作的展开。要针对经营成本上升以及政策和市场环境变化的情况，兼顾行业稳定发展和结构调整升级，积极采取有效措施，扶持、保护创业企业的生存和发展，鼓励创业企业扩大就业规模。对农民工返乡创业的，劳务输出地区要积极探索完善相关扶持政策。

（七）拓宽融资渠道。积极推动金融产品和金融服务创新，支持推动以创业带动就业。积极探索抵押担保方式创新，对于符合国家政策规定、有利于促进创业带动就业的项目，鼓励金融机构积极提供融资支持。全面落实小额担保贷款政策，创新管理模式，提高贷款服务的质量和效率，并进一步加大对符合条件的劳动密集型小企业的支持力度。鼓励和支持发展适合农村需求特点的多种所有制金融组织，创新农村贷款担保模式，积极做好对农民工返乡创业的金融服务。建立健全创业投资机制，鼓励利用外资和国内社会资本投资创业企业，有条件的地区可设立各种形式的创业投资引导基金，引导和促进创业投资企业的设立与发展。

三、强化创业培训，提高创业能力

（八）加大培训力度。建立满足城乡各类劳动者创业的创业培训体系，扩大创业培训范围，逐步将所有有创业愿望和培训需求的劳动者纳入创业培训。加强普通高校和职业学校的创业课程设置和师资配备，开展创业培训和创业实训。落实职业培训补贴政策，对参加创业培训的创业者，按有关政策规定，给予职业培训补贴。对领取失业保险金人员参加创业培训的，其按规定享受的职业培训补贴由失业保险基金开支。

（九）提高培训质量。从规范培训标准、提高师资水平、完善培训模式等方面入手，不断提高创业培训的质量。定期组织开展教师培训进修、研讨交流活动，加强师资力量的培养和配备，提高教育水平。采用案例剖析、知识讲座、企业家现身说法等多种方式，增强创业培训的针对性和实用性。根据不同群体的不同需求，开发推广创业培训技术，不断提高创业成功率。

（十）建立孵化基地。地方各级人民政府要统筹安排劳动者创业所需的生产经营场地，搞好基础设施及配套建设，优先保障创业场地。可在土地利用总体规划确定的城镇建设用地范围内，或利用原有经批准的经济技术开发区、工业园区、高新技术园区、大学科技园区、小企业孵化园等建设创业孵化基地，为进入基地的小企业提供有效的培训指导服务和一定期限的政策扶持，增强创业企业的经营管理和市场竞争能力，提高创业稳定率。

四、健全服务体系，提供优质服务

（十一）健全服务组织。依托公共就业服务体系，健全创业指导服务组织，开发创业指导技术，完善创业服务功能，提高创业服务效率，承担创业带动就业工作的组织、服务和实施责任。充分发挥中小企业服务机构、高校毕业生就业指导机构和各类创业咨询服务机构的作用，共同做好创业带动就业工作。推动创业咨询服务工作的开展，建立由企业家、创业成功人士、专家学者及政府工作人员共同组成的创业服务专家队伍，逐步形成创业服务指导专兼职队伍。

（十二）完善服务内容。根据城乡创业者的需求，组织开展项目开发、方案设计、风险评估、开业指导、融资服务、跟踪扶持等“一条龙”创业服务，建立创业信息、政策发布平台，搭建创业者交流互助的有效渠道。建立政府支持并监管、企业与个人开发、市场运作的创业项目评估和推介制度，建立创业项目资源库，形成有效采集和定期发布制度。通过上门服务、集中服务、电话服务等多种形式，为创业者提供个性化、专业化的开业指导和咨询服务。建立创业者信息管理服务系统，设立创业服务热线，接受创业者的咨询和投诉，提供及时有效的后续服务和跟踪指导，注重对创业失败者的指导和服务，帮助他们重树信心，再创新业。

（十三）提供用工服务。为创业者、新创办企业及其所吸纳的员工提供公共就业服务。指导创业企业结合生产经营需要，落实职工教育经费，做好职工的岗前培训和在职培训。组织各类培训机构按照用工需求开展定向、订单培训，为创业企业提供合适人才。对参加职业技能培训的符合条件人员，按规定给予相应的职业培训补贴和职业技能鉴定补贴。推进社会保障制度和户籍制度改革，加强社会诚信体系建设和社会治安综合治理，为创业者及其招聘的劳动者提供社会保障、人事管理、教育培训、职称评定等方面的政策便利，吸引人才去新创办企业工作，扩大创业带动就业的规模。

五、加强组织领导，推动工作开展

（十四）强化政府责任。地方各级人民政府要将促进创业作为一项重要任务，摆上就业工作的重要议事日程，落实扶持政策，改善创业环境，推广经验典型，积极推动创业带动就业工作的全面开展。重点指导推动工作基础较好，条件相对成熟的城市，根据本意见的要求，实施以创业带动就业相关扶持政策，在组织领导、创业培训、创业服务和社会参与等方面积极探索，率先完善创业带动就业的政策体系，建立以创业带动就业的创业型城市。

（十五）完善工作机制。各地区要发挥促进就业工作协调机制的作用，建立人力资源社会保障、发展改革、中小企业管理、教育、建设、国土资源、财政、商务、银行、税务、工商等部门共同参与、分工负责、协调配合的工作小组，共同研究制定和实施促进以创业带动就业的政策措施和工作计划。把优化创业环境、完善落实创业政策以及提高创业培训效果、创业服务质量、创业初始成功率、创业稳定率、创业带动就业率等作为衡量促进以创业带动就业的主要工作指标，列入当地就业工作考核的重要内容。充分发挥工商联、工会、共青团、妇联、残联以及其他社会组织的作用，共同做好创业带动就业工作。

（十六）营造良好氛围。加强创业教育，提高创业意识，建设创业文化，使更多的劳动者乐于创业、敢于创业；发挥社会各方面支持和推动创业工作的积极作用，营造全民创业的社会氛围；加强舆论引导，弘扬创业精神，树立一批创业典型，特别是面对失败不屈不挠成功实现再创业的典型，营造崇尚创业、竞相创业、褒奖成功、宽容失败的和谐创业环境和良好舆论氛围。对在创业带动就业工作中取得显著成绩的单位和个人要给予表彰。

各地区、各有关部门要结合实际，研究制定贯彻本意见的具体办法。

人力资源社会保障部关于推动建立以创业带动就业的创业型城市的通知

（人社部发［2008］87号）

各省、自治区、直辖市人事、劳动和社会保障厅（局）：

为贯彻落实《国务院办公厅转发人力资源社会保障部等部门关于促进以创业带动就业工作指导意见的通知》（国办发［2008］111号，以下简称《通知》）关于“建立以创业带动就业的创业型城市”的要求，我部决定组织工作基础较好、条件相对成熟的城市开展创业型城市创建工作。现就有关事项通知如下：

一、选择具备条件的城市开展创建工作

城市创业机会较多，是促进以创业带动就业的主战场。开展创业型城市的创建工作，既有利于促进城市经济发展，不断增加就业机会。也有利于通过以点带面，为全面推动创业带动就业工作提供经验和示范。

创建城市的基本条件是：经济发展环境较好，非公有制经济发展较快；公共就业服务体系比较健全，创业培训工作扎实有效，创业服务发挥积极作用；积极就业政策体系完善，税费减免和小额担保贷款政策落实成效较好；政府及有关部门对创建工作积极性高，并愿意为此作出更大努力；各省、自治区确定的国家级和省级创建城市的其他基本条件。

各省、自治区劳动保障厅根据我部要求确定创建城市名单，报我部备案后开展创建工作。首批国家级创建城市名额每省1～3个市，省级创建城市由各省按上述基本条件并结合具体情况自行确定，严格掌握。对开展创建工作的城市，我部将努力协调有关部门给予相应政策支持，会同有关方面加强工作指导。省级人事、劳动保障部门也要积极协调有关方面给予重点扶持和指导。

直辖市依据国办发［2008］111号文件要求以及本通知精神全面开展以创业带动就业工作，不参加创建活动。

二、创建城市应完成的主要创建工作任务

（一）建立组织领导体系。在就业工作联席会议机制下，成立由政府领导负责、人力资源社会保障部门牵头、有关方面参加的促进以创业带动就业工作领导小组，建立健全工作制度，制定实施工作计划，研究解决工作中存在的问题，形成政府促进创业的工作推动机制；同时，充分发挥工商联、工会、共青团、妇联、残联以及行业协会、企业家协会的作用，探索建立创业带动就业的社会化运作机制。

（二）完善政策支持体系。按照《通知》要求，针对创业者在市场准入、行政管理、融资渠道等方面遇到的突出问题，积极探索完善政策措施。探索建立创业专项扶持资金；完善积极的就业政策，健全和落实税费减免、小额担保贷款、场地安排等扶持政策。形成促进创业的政策体系和良好的创业环境。

（三）健全创业培训体系。扩大创业培训范围，将有创业愿望和培训要求的城乡劳动者全部纳入创业培训对象范围，实现创业培训全覆盖。充分利用现有条件和闲置资源建立健全创业孵化基地，推进创业实训。提高创业培训质量，实现较高的培训后创业成功率。

（四）构建创业服务体系。依托公共就业服务体系，建立健全创业指导服务组织，加强创业服务队伍建设，组织和实施创业服务。建立创业服务公共平台，完善创业服务的内容和形式，改善服务手段，建立创业信息服务网络和信息发布机制，建立创业项目市场化运作机制，开发形成基本成熟的创业服务体系。

（五）健全工作考核体系。根据当地实际情况，建立完善创业带动就业统计指标体系和统计制度。把创业带动就业的主要工作指标纳入就业工作目标责任制度，作为就业工作主要目标任务的内容，健全当地就业工作目标责任体系，强化责任和考核。

三、创业型城市应达到的基本标准

创建城市完成创建工作任务后，以下基本标准达到或超过全国平均水平，可评为全国以创业带动就业的创业型城市：

一是全员创业活动指数，反映辖区内参与创业活动的人数占城镇劳动者的比例。创业活动是指创业服务、创业培训和自主创业等。二是创业活动对就业的贡献率，反映辖区内新增创业人数及其带动就业人数之和占全部新增就业人数的比例。三是创业活动对企业成长的贡献率，主要反映通过创业活动促进的创业企业增长率、创业企业1～3年存活率。四是创业环境满意度，反映社会各界对当地创业环境和创业工作的满意程度，反映创业工作成效。主要指标包括小企业平均创业成本、创业初始成功率、创业培训后创业成功率、创业服务满意率、创业带动就业率，以及创业政策和制度完善和落实程度。五是其他整体反映城市创业活力、创业效率以及促进创业带动就业工作成效的指标。

以上基本标准要重点反映高校毕业生、失业人员和返乡农民工创业情况。具体标准及评选办法另行制定。

四、创建工作时间安排

首批全国创业型城市的创建时间为两年。鼓励创建城市积极开展工作提前完成创建工作任务。2008年11—12月，各省、自治区确定并上报首批创建城市名单，我部对创业型城市创建工作进行部署。各省、自治区指导创建城市制订创建工作方案，确定促进创业带动就业的目标任务和工作措施，并上报我部；2009—2010年，各省、自治区指导创建城市按要求全面开展创建工作，完成创建工作方案确定的各项目标任务。期间，我部将组织开展对创建工作进展情况的检查和创建工作经验交流活动；2011年，我部会同各省、自治区对创建城市工作进行评估。

五、其他事项

（一）创建城市要加强对创建工作的领导，成立由政府领导负责、相关部门参加的工作领导小组。劳动保障部门要指定专门机构和工作人员负责创业带动就业工作。要定期向我部上报创建工作动态，及时报告工作中的重要问题和建议。

（二）各省、自治区要按照《通知》及本通知要求开展促进以创业带动就业工作。要重点督促指导国家级创建城市开展创建工作。同时，积极开展省级创业型城市的创建工作，符合条件的，及时推荐上报为国家级创建城市，推动本省创业带动就业工作全面开展。

（三）请各省、自治区劳动保障厅于 2008 年 11 月 6 日之前，将确定的国家级创建城市名单报我部就业促进司。

二〇〇八年十月二十二日

人力资源社会保障部办公厅关于公布首批国家级创建创业型城市名单的通知

（人社厅发［2009］14号）

各省、自治区、直辖市人事厅（局）、劳动保障厅（局）：

按照我部《关于推动建立以创业带动就业的创业型城市的通知》（人社部发［2008］87号，以下简称《通知》）要求，各省、自治区劳动保障厅向我部报备了首批国家级创建城市名单。现予以公布（名单见附件）。请你们指导相关城市按照《通知》要求，从以下几个方面着手，切实做好创建工作。

一、抓紧成立创建工作领导小组。要督促、指导创建城市在就业工作联席会议机制下成立创建工作领导小组，统一领导创建创业型城市的各项工作。创建工作领导小组由市政府分管领导挂帅，劳动保障、发展改革、教育、工业和信息化、财政、国土资源、建设、商务、人民银行、税务、工商等相关部门负责同志参加。主要负责研究确定创建工作总体方案和各阶段工作安排，统筹协调、督促有关部门制定、完善促进创业带动就业的政策措施，统筹规划、指导创业培训和创业服务体系建设，统一考核、评价创建工作开展及完成情况；劳动保障部门负责承担日常事务，并根据工作需要指定一个相关工作机构或成立专门的工作班子负责此项工作，同时要为此项工作开展创造必要的工作条件。

二、认真研究制定创建工作方案。要组织、指导创建城市根据《国务院办公厅转发人力资源社会保障部等部门关于促进以创业带动就业工作指导意见的通知》（国办发［2008］111号）精神和我部《通知》要求，结合本地实际，研究制定创建创业型城市的工作方案。创建工作方案要确定当地创建工作的目标、任务、措施和步骤、部门职责和分工。在研究制定创建工作方案过程中，各省、自治区劳动保障厅要组织创建城市进行专题研讨和交流，并主动协调有关部门提供必要的支持。

三、确保落实各项创建工作任务。要督促、指导创建城市采取有力措施，落实和完成创建工作方案确定的各项创建工作任务。要根据创建工作任务和相关部门职能，确定各项任务的责任单位。涉及多个部门的，要明确牵头部门和配合单位，确保创建工作任务逐项分解落实。要根据创建工作总体目标和步骤合理设定阶段性目标，对相关的任务、措施也要相应设定可考核的具体产出。要建立健全创建工作考核制度，制定考核办法。要加强对所辖区县和有关部门落实、开展创建工作任务的动态管理，通过定期召开工作例会听取汇报、定期编发工作动态反映进展等多种形式及时掌握和调度各项创建工作任务执行情况，确保进度。

四、及时报告和宣传创建工作进展。要指导创建城市建立健全创建工作信息专报制度，一般性的创建工作情况实行定期报告，重要的创建工作进展和成果要及时报告。各省、自治区劳动保障厅要及时汇集创建城市的创建工作信息，通过政务信息渠道向我部报告，同时要在门户网站上开辟专栏，及时登载创建城市的创建工作动态，以便各地交流借鉴。

请各省、自治区劳动保障厅于2009年2月底之前，将创建城市劳动保障部门负责承担创建工作领导小组日常事务的机构名称、负责人及工作联系人姓名、电话、传真、邮箱等信息汇总上报我部就业促进司，省厅负责联系和指导创建城市工作的机构信息亦请一并上报。

附件：首批国家级创建创业型城市名单

二〇〇九年一月二十三日

附件

首批国家级创建创业型城市名单

河北省

石家庄市、唐山市、承德市

山西省

太原市、阳泉市、晋城市

内蒙古自治区

呼和浩特市、包头市、通辽市、乌海市

辽宁省

沈阳市、大连市、鞍山市

吉林省

长春市、吉林市、辽源市

黑龙江省

哈尔滨市、佳木斯市、大庆市

江苏省

南京市、苏州市、无锡市、泰州市

浙江省

杭州市、湖州市、金华市

安徽省

合肥市、芜湖市、淮北市、马鞍山市

福建省

三明市

江西省

南昌市、宜春市、萍乡市

山东省

青岛市、济宁市、泰安市、威海市

河南省

许昌市、鹤壁市、新乡市

湖北省

武汉市、荆州市、荆门市

湖南省

长沙市、株洲市、湘潭市、郴州市

广东省

广州市、深圳市、肇庆市

广西壮族自治区

南宁市、柳州市、桂林市

海南省

海口市、三亚市、文昌市

四川省

成都市、绵阳市、攀枝花市

贵州省

贵阳市、遵义市

云南省

昆明市、玉溪市、曲靖市

西藏自治区

拉萨市、日喀则市

陕西省

西安市、宝鸡市、渭南市

甘肃省

兰州市、天水市、酒泉市、庆阳市

青海省

西宁市、格尔木市

宁夏回族自治区

银川市、石嘴山市、吴忠市

新疆维吾尔自治区

乌鲁木齐市、伊宁市、哈密市

高校毕业生就业政策

国务院办公厅关于加强普通高等学校毕业生就业工作的通知

（国办发［2009］3号）

各省、自治区、直辖市人民政府，国务院各部委、各直属机构：

普通高等学校毕业生（以下简称高校毕业生）是我国宝贵的人力资源。当前，受国际金融危机影响，我国就业形势十分严峻，高校毕业生就业压力加大。各地区、各有关部门要把高校毕业生就业摆在当前就业工作的首位，采取切实有效措施，拓宽就业门路，鼓励高校毕业生到城乡基层、中西部地区和中小企业就业，鼓励自主创业，鼓励骨干企业和科研项目单位吸纳和稳定高校毕业生就业。为进一步加强高校毕业生就业工作，经国务院同意，现就有关问题通知如下：

一、鼓励和引导高校毕业生到城乡基层就业。鼓励高校毕业生积极参加社会主义新农村建设、城市社区建设和应征入伍。围绕基层面向群众的社会管理、公共服务、生产服务、生活服务、救助服务等领域，大力开发适合高校毕业生就业的基层社会管理和公共服务岗位，引导高校毕业生到基层就业。对到农村基层和城市社区从事社会管理和公共服务工作的高校毕业生，符合公益性岗位就业条件并在公益性岗位就业的，按照国家现行促进就业政策的规定，给予社会保险补贴和公益性岗位补贴，所需资金从就业专项资金列支；对到农村基层和城市社区其他社会管理和公共服务岗位就业的，给予薪酬或生活补贴，所需资金按现行渠道解决，同时按规定参加有关社会保险。对到中西部地区和艰苦边远地区县以下农村基层单位就业、并履行一定服务期限的高校毕业生，以及应征入伍服义务兵役的高校毕业生，按规定实施相应的学费和助学贷款代偿。对具有基层工作经历的高校毕业生，在研究生招录和事业单位选聘时实行优先，在地市级以上党政机关考录公务员时也要进一步扩大招考录用的比例。

继续实施和完善面向基层就业的专门项目，扩大项目范围。相关项目由各有关部门继续加强组织领导，省级人民政府负责做好各类基层就业项目之间的政策衔接。2009年，中央有关部门继续组织实施“选聘高校毕业生到村任职”、“三支一扶”（支教、支农、支医和扶贫）、“大学生志愿服务西部计划”、“农村义务教育阶段学校教师特设岗位计划”等项目，各地也要因地制宜开展地方项目，鼓励和引导更多的高校毕业生报名参加。鼓励高校毕业生在项目结束后留在当地就业，今后相对应的自然减员空岗全部聘用服务期满的高校毕业生。对参加项目的高校毕业生给予生活补贴，所需资金按现行资金渠道解决，同时按规定参加有关社会保险。各专门项目相关待遇政策的衔接办法，由人力资源社会保障部、财政部、教育部、中央组织部、共青团中央等有关部门另行研究制定。

二、鼓励高校毕业生到中小企业和非公有制企业就业。各类中小企业和非公有制企业是高校毕业生就业的主要渠道。要进一步清理影响高校毕业生就业的制度性障碍和限制，为他们提供档案管理、人事代理、社会保险办理和接续、职称评定以及权益保障等方面的服务，形成有利于高校毕业生到企业就业的社会环境。对企业招用非本地户籍的普通高校专科以上毕业生，各地城市应取消落户限制（直辖市按有关规定执行）。企业招用符合条件的高校毕业生，可按规定享受相关就业扶持政策。劳动密集型小企业招用登记失业高校毕业生等城镇登记失业人员达到规定比例的，可按规定享受最高为200万元的小额担保贷款扶持。

三、鼓励骨干企业和科研项目单位积极吸纳和稳定高校毕业生就业。鼓励国有大中型企业特别是创新型企业创造条件，更多地吸纳有技术专长的高校毕业生就业。充分发挥高新技术开发区、经济技术开发区和高科技企业集中吸纳高校毕业生就业的作用，加强人才培养使用和储备。各地在实施支持困难企业稳定员工队伍的工作中，要引导企业不裁员或少裁员，更多地保留高校毕业生技术骨干，对符合条件的困难企业可按规定在 2009 年内给予 6 个月以内的社会保险补贴或岗位补贴，由失业保险基金支付；困难企业开展在岗培训的，按规定给予资金补助。承担国家和地方重大科研项目的单位要积极聘用优秀高校毕业生参与研究，其劳务性费用和有关社会保险费补助按规定从项目经费中列支，具体办法由科技、教育、财政等部门研究制定。高校毕业生参与项目研究期间，其户口、档案可存放在项目单位所在地或入学前家庭所在地人才交流中心。聘用期满，根据工作需要可以续聘或到其他岗位就业，就业后工龄与参与项目研究期间的工作时间合并计算，社会保险缴费年限连续计算。

四、鼓励和支持高校毕业生自主创业。鼓励高校积极开展创业教育和实践活动。对高校毕业生从事个体经营符合条件的，免收行政事业性收费，落实鼓励残疾人就业、下岗失业人员再就业以及中小企业、高新技术企业发展等现行税收优惠政策和创业经营场所安排等扶持政策。在当地公共就业服务机构登记失业的自主创业高校毕业生，自筹资金不足的，可申请不超过 5 万元的小额担保贷款；对合伙经营和组织起来就业的，可按规定适当扩大贷款规模；从事当地政府规定微利项目的，可按规定享受贴息扶持。有创业意愿的高校毕业生参加创业培训的，按规定给予职业培训补贴。强化高校毕业生创业指导服务，提供政策咨询、项目开发、创业培训、创业孵化、小额贷款、开业指导、跟踪辅导的“一条龙”服务。各地要建设完善一批投资小、见效快的大学生创业园和创业孵化基地，并给予相关政策扶持。鼓励支持高校毕业生通过多种形式灵活就业，并保障其合法权益，符合规定的，可享受社会保险补贴政策。

五、强化高校毕业生就业服务和就业指导。充分发挥人力资源市场配置资源的作用，强化公共就业服务的功能。人力资源社会保障、教育等部门及高校要加强协作，采取网络招聘、专场招聘、供求洽谈会和用人单位进校园等多种方式，大力开展面向高校毕业生的就业服务系列活动，为应届高校毕业生提供更多、更快、更好的免费就业信息和各类就业服务。高校要强化对大学生的就业指导，开设就业指导课并作为必修课程，重点帮助毕业生了解就业政策，提高求职技巧，调整就业预期。加强高校就业指导服务机构建设，落实人员、场地和经费。加强人力资源市场管理，严厉打击违法违规行为，加强招聘活动安全保障，维护高校毕业生就业权益。

六、提升高校毕业生就业能力。大力组织以促进就业为目的的实习实践，确保高校毕业生在离校前都能参加实习实践活动。完善离校未就业高校毕业生见习制度，鼓励见习单位优先录用见习高校毕业生。见习期间由见习单位和地方政府提供基本生活补助。拓展一批社会责任感强、管理规范的用人单位作为高校毕业生实习见习基地。从2009年起，用3年时间组织100万未就业的高校毕业生参加见习。加强高等职业院校学生的技能培训，实施毕业证书和职业资格证书"双证书"制度，努力使相关专业符合条件的应届毕业生通过职业技能鉴定获得相应职业资格证书。人力资源社会保障部门根据高校毕业生需要，提供专场或其他形式的职业技能鉴定服务，教育部门及高校要给予积极配合。对符合就业困难人员条件的高校毕业生，按规定给予鉴定补贴。

七、强化对困难高校毕业生的就业援助。对困难家庭的高校毕业生，高校可根据实际情况给予适当的求职补贴。各级机关考录公务员、事业单位招聘工作人员时，免收困难家庭高校毕业生的报名费和体检费。对离校后未就业回到原籍的高校毕业生，各地公共就业服务机构要摸清底数，免费提供政策咨询、职业指导、职业介绍和人事档案托管等服务，并组织他们参加就业见习、职业技能培训等促进就业的活动。对登记失业的高校毕业生，各地要将他们纳入当地失业人员扶持政策体系。对就业困难的高校毕业生和零就业家庭的高校毕业生，实施一对一职业指导、向用人单位重点推荐、公益性岗位安置等帮扶措施，按规定落实社会保险补贴、公益性岗位补贴等就业援助政策。

八、加强领导，明确责任。各地要加强对高校毕业生就业工作的组织领导，将高校毕业生就业纳入当地就业总体规划，统筹安排，确定目标任务，实行目标责任制，加强工作考核和督查。各有关部门要切实发挥职能，落实工作责任。各级人力资源社会保障部门要牵头制定和实施高校毕业生就业政策，并做好高校毕业生离校后的就业指导和就业服务工作。教育部门要指导高校大力加强在校生的就业指导和服务工作，并继续深化高等教育改革。财政部门要根据高校毕业生就业形势和实际需要，统筹安排资金用于促进高校毕业生就业。其他有关部门要认真履行职责，加强协调配合，共同推动工作。要大力开展高校毕业生就业工作的宣传，引导高校毕业生树立正确的就业观和成才观，形成全社会共同促进高校毕业生多渠道就业的良好舆论环境。各地要按照本通知要求，结合本地实际，制定切实有效的政策措施，创造性地开展工作，千方百计促进高校毕业生就业。

二〇〇九年一月十九日

面向基层就业政策

中组部　人力资源社会保障部
教育部　财政部　共青团中央关于
统筹实施引导高校毕业生到农村
基层服务项目工作的通知

（人社部发［2009］42号）

各省、自治区、直辖市党委组织部、人力资源社会保障（人事、劳动保障）厅（局）、教育厅（教委）、财政厅（局）、团委：

根据《国务院办公厅关于加强普通高等学校毕业生就业工作的通知》（国办发［2009］3号）精神，为进一步加强高校毕业生就业工作，继续实施和完善中央有关部门引导高校毕业生到农村基层服务项目（以下简称各专门项目），现就有关问题通知如下：

一、各专门项目主要包括：中央组织部牵头组织的“选聘高校毕业生到村任职工作”、教育部牵头组织的“农村义务教育阶段学校教师特设岗位计划”、人力资源社会保障部组织的高校毕业生“三支一扶”计划、共青团中央组织的“大学生志愿服务西部计划”等项目。

二、中央组织部、人力资源社会保障部、教育部、财政部、共青团中央，在就业工作部际联席会框架下建立引导和鼓励高校毕业生面向基层就业部际协调机制。办事机构设在人力资源社会保障部，负责在研究确定计划、组织报名选聘、安排工作岗位、出台优惠政策等方面进行沟通协调。各专门项目主管部门不变，仍按现有方式管理。

各省、自治区、直辖市在就业工作联席会框架下也要相应建立由组织、人力资源社会保障、教育、财政、团委等部门组成的部门协调机制，并明确相关职责，在组织、人力资源社会保障部门指导下统筹组织实施工作。

三、各专门项目高校毕业生的工作、生活补贴按照现在各专门项目毕业生所从事的岗位，可参照本地乡镇机关从高校毕业生中新录用公务员、事业单位从高校毕业生中新聘用工作人员试用期满后工资收入水平确定标准，按月发放。在艰苦边远地区工作的，按规定发放艰苦边远地区津贴。现有项目中高于此标准的，按现行标准执行。

四、各专门项目高校毕业生在服务期间，未参加社会保险的，从2009年起，按照当地规定，参加相应社会保险。其中在建立补充医疗保险制度的地方，应在参加基本医疗保险的基础上，为其办理补充医疗保险。

社会保险的单位缴纳部分，由负责发放高校毕业生工作、生活补贴的部门缴纳，个人缴纳部分由负责发放高校毕业生工作、生活补贴的部门在个人补贴中代扣代缴，具体手续由县（市、区）负责发放高校毕业生工作、生活补贴的部门到当地社会保险经办机构办理。其中，按照《工伤保险条例》规定，应由用人单位支付的工伤待遇，由负责发放高校毕业生工作、生活补贴的部门发放。相关费用，纳入财政给予的工作、生活补贴范围。

五、各省、自治区、直辖市地（市）级以上党政机关录用公务员，要坚持“凡进必考”，并明确录用具有2年以上基层工作经历的人员比例，县及乡镇机关要拿出一定职位，专门招考到村任职等专门项目的大学生。各专门项目毕业生服务期满考核合格，同等享受各省、自治区、直辖市地（市）级以上党政机关录用公务员优惠政策。在录用具有2年以上基层工作经历人员的比例范围内，符合规定条件的，同等具有报考资格。

六、鼓励高校毕业生在项目结束后留在当地就业。今后，参加各专门项目的事业单位相对应的自然减员空岗，全部聘用服务期满的高校毕业生。从 2009 年起，到乡镇事业单位服务的高校毕业生服务满 1 年后，在现岗位空缺情况下，经考核合格，即可与所在单位签订不少于 3 年的聘用合同。

各有关部门要制定切实有效措施，充分挖掘本系统就业岗位，积极吸纳高校毕业生进入本系统工作。各省、自治区、直辖市县及县以上相关的事业单位公开招聘工作人员，应拿出不低于 40%的比例，聘用各专门项目服务期满考核合格的高校毕业生。

七、各专门项目服务期满考核合格的毕业生自主择业和自主创业的，享受国办发［2009］3 号文件规定的各项优惠政策，由人力资源社会保障部门所属人才服务机构和公共就业服务机构提供免费就业指导、就业推荐、创业指导等公共服务。各主管部门要发挥本部门资源优势，积极推荐各专门项目服务期满考核合格毕业生就业。

各专门项目毕业生到农村基层服务 2 年以上，服务期满后 3 年内报考硕士研究生的，初试总分加 10 分，同等条件下优先录取。各专门项目高校毕业生期满考核合格的，按规定符合相应条件的，可按规定享受相应的学费补偿和助学贷款代偿政策。各专门项目高校毕业生到农村基层的服务年限计算工龄。服务期满到企业就业的，按照规定转移社会保险关系。

八、中央财政和地方财政继续安排专项资金，用于参加各专门项目的高校毕业生的工作、生活补贴及参加社会保险等费用。各地可根据当地经济发展水平及物价水平，适当调整高校毕业生服务期间的工作、生活补贴标准。要加强资金管理，确保专款专用，切实保证高校毕业生工作、生活补贴按月足额发放，并按规定为其办理社会保险。

九、各专门项目主管部门要明晰职责，密切配合，不断完善工作协调机制。各专门项目的选拔招募工作以省、自治区、直辖市为单位统筹组织实施。各省级组织、人力资源社会保障部门可根据各专门项目现行招募办法，统筹做好农村基层岗位需求统计，制定工作方案，分项目上报招募计划并分类组织实施。要注意总结、运用已有经验，解决突出问题，努力探索建立高校毕业生面向基层就业的长效机制，进一步拓宽高校毕业生就业渠道，为高校毕业生到农村基层就业服务提供有力保障。

二〇〇九年四月二十日

财政部　教育部关于印发《高等学校毕业生学费和国家助学贷款代偿暂行办法》的通知

（财教［2009］15号）

党中央有关部门，国务院有关部委、有关直属机构，各省、自治区、直辖市、计划单列市财政厅（局）、教育厅（教委、局），新疆生产建设兵团财务局、教育局，中央部门直属各高等学校，中国邮电集团：

为引导和鼓励高校毕业生面向中西部地区和艰苦边远地区基层单位就业，根据《中共中央关于推进农村改革发展若干重大问题的决定》（中发［2008］16号）和《国务院办公厅关于加强普通高等学校毕业生就业工作的通知》（国办发［2009］3号）有关精神，财政部、教育部决定自2009年起，对中央部门所属全日制普通高等学校应届毕业生，自愿到中西部地区和艰苦边远地区县以下基层单位工作、服务期达到3年以上（含3年）的学生，实施相应的学费和助学贷款代偿。各地要按照《国务院办公厅关于加强普通高等学校毕业生就业工作的通知》（国办发［2009］3号）要求，结合当地实际，抓紧研究制定本地所属高等学校毕业生学费和国家助学贷款代偿办法并认真组织实施。

现将《高等学校毕业生学费和国家助学贷款代偿暂行办法》印发给你们，请遵照执行。

附件：高等学校毕业生学费和国家助学贷款代偿暂行办法

二〇〇九年三月十一日

附件

高等学校毕业生学费和国家助学贷款代偿暂行办法

第一条 为引导和鼓励高校毕业生面向中西部地区和艰苦边远地区基层单位就业，根据《中共中央关于推进农村改革发展若干重大问题的决定》（中发［2008］16号）和《国务院办公厅关于加强普通高等学校毕业生就业工作的通知》（国办发［2009］3号）有关精神，制定本办法。

第二条 高校毕业生到中西部地区和艰苦边远地区基层单位就业、服务期在3年以上（含3年）的，其学费由国家实行代偿。在校学习期间获得国家助学贷款（含高校国家助学贷款和生源地信用助学贷款，下同）的，代偿的学费优先用于偿还国家助学贷款本金及其全部偿还之前产生的利息。

第三条 本办法中高校毕业生是指中央部门所属普通高等学校中的全日制本专科生（含高职）、研究生、第二学士学位应届毕业生。定向、委培以及在校学习期间已享受免除学费政策的学生除外。

第四条 本办法中，西部地区是指西藏、内蒙古、广西、重庆、四川、贵州、云南、陕西、甘肃、青海、宁夏、新疆等12个省（自治区、直辖市）。

中部地区是指河北、山西、吉林、黑龙江、安徽、江西、河南、湖北、湖南、海南等10个省。

艰苦边远地区是指除上述地区外，国务院规定的艰苦边远地区。

第五条 本办法中的基层单位是指：

（一）中西部地区和艰苦边远地区县以下机关、企事业单位，包括乡（镇）政府机关、农村中小学、国有农（牧、林）场、农业技术推广站、畜牧兽医站、乡镇卫生院、计划生育服务站、乡镇文化站等；

（二）工作现场地处中西部地区和艰苦边远地区县以下的气象、地震、地质、水电施工、煤炭、石油、航海、核工业等中央单位艰苦行业生产第一线。

第六条 凡符合以下全部条件的高校毕业生，可申请学费和国家助学贷款代偿：

（一）拥护中国共产党的领导，热爱祖国，遵守宪法和法律；

（二）在校期间遵守学校各项规章制度，诚实守信，道德品质良好，学习成绩合格；

（三）毕业时自愿到中西部地区和艰苦边远地区基层单位工作、服务期在3年以上（含3年）。

第七条 每个高校毕业生每学年代偿学费和国家助学贷款的金额最高不超过6 000元。毕业生在校学习期间每年实际缴纳的学费或获得的国家助学贷款低于6 000元的，按照实际缴纳的学费或获得的国家助学贷款金额实行代偿。毕业生在校学习期间每年实际缴纳的学费或获得的国家助学贷款高于6 000元的，按照每年6 000元的金额实行代偿。

本科、专科（高职）、研究生和第二学士学位毕业生代偿学费和国家助学贷款的年限，分别按照国家规定的相应学制计算。

第八条 国家对到中西部地区和艰苦边远地区基层单位就业的获得学费和国家助学贷款代偿资格的高校毕业生采取分年度代偿的办法，学生毕业后每年代偿学费或国家助学贷款总额的1/3，3年代偿完毕。

第九条 按本办法确定的学费和国家助学贷款代偿所需资金，由中央财政安排。

第十条 符合条件的高校毕业生，按以下程序申请学费和国家助学贷款代偿：

（一）高校毕业生本人在办理离校手续时向学校递交《学费和国家助学贷款代偿申请表》和毕业生本人、就业单位与学校三方签署的到中西部地区和艰苦边远地区基层单位服务3年以上的就业协议。

（二）在校学习期间获得国家助学贷款的高校毕业生，在与国家助学贷款经办银行签订毕业后的还款计划书时，应注明已申请国家助学贷款代偿，如果获得国家助学贷款代偿资格，不需自行向银行还款。

（三）高校根据上述材料，按本办法规定，审查申请资格；在每年 6 月底前，将符合条件的高校毕业生相关材料集中报送全国学生资助管理中心审批。对存在“二次定岗”的毕业生，高校应在毕业生提交有关证明材料并经审查后，最迟于当年 12 月底前将申请材料集中报送全国学生资助管理中心审批。

全国学生资助管理中心在收到高校申请材料后一个月内，将审批确定的获得学费和国家助学贷款代偿资格的学生名单通知有关高校及国家助学贷款经办银行，同时将有关审批文件报教育部、财政部备案。

第十一条 高校需在每年 6 月 30 日前将获得学费和国家助学贷款代偿资格的高校毕业生当年在职在岗情况报送全国学生资助管理中心。

高校毕业生所在高校要建立与就业单位和国家助学贷款经办银行定期联系制度。高校要专门为经资格审查合格的学费和国家助学贷款代偿的高校毕业生建立完整准确的档案，并将高校毕业生在本学段学习期间获得学费和国家助学贷款代偿情况书面通知毕业生本人、就业单位人事部门及国家助学贷款经办银行。同时，还应主动了解并定期向全国学生资助管理中心和国家助学贷款经办银行通报毕业生的工作情况，以便经办银行及时掌握借款学生的动态情况，做好国家助学贷款业务贷后管理工作。

第十二条 除因正常调动、提拔、工作需要换岗而离开中西部地区和艰苦边远地区基层单位外，对于未满 3 年服务年限，提前离开中西部地区和艰苦边远地区基层单位的高校毕业生，就业单位人事部门应要求其及时向办理代偿的原高校申请取消学费和国家助学贷款代偿资格。

对于取消学费代偿资格的毕业生，高校应及时将有关情况报送全国学生资助管理中心。全国学生资助管理中心从当年开始停止对其学费的代偿。

对于取消国家助学贷款代偿资格的毕业生，改由其本人负责偿还余下的国家助学贷款本息。就业单位应当及时将有关情况通报给高校，并凭毕业生重新签订的国家助学贷款还款计划书为其办理离职手续。高校应将有关情况及时通知全国学生资助管理中心和国家助学贷款经办银行。

对于不及时向高校提出取消学费和国家助学贷款代偿资格申请、不与银行重新签订还款计划书、提前离岗的高校毕业生，一律视为严重违约，国家有关部门要将其不良信用记录及时录入国家金融业统一征信平台相关数据库。

第十三条 学费和国家助学贷款代偿资格经全国学生资助管理中心审定后，有关部门（单位）应按照部门预算管理的有关规定，将学费和国家助学贷款代偿资助项目经费编入部门预算。财政部及时将代偿资金拨付给全国学生资助管理中心。全国学生资助管理中心应在收到财政部拨付的代偿资金 15 个工作日内，将代偿资金拨付给高校。高校应于 15 个工作日内将代偿资金代为偿还给高校毕业生国家助学贷款经办银行或返还给高校毕业生本人。

第十四条 有关高校要严格执行国家相关财经法规和本办法的规定，对代偿资金实行分账核算，专款专用，不得截留、挤占、挪用，同时应接受财政、审计、纪检监察、主管机关等部门的检查和监督。

第十五条 对于弄虚作假的高校和高校毕业生，一经查实，除收回国家代偿资金外，将按有关规定追究相关责任。

第十六条 各省（自治区、直辖市）要参照本办法规定的原则，制定吸引和鼓励高校毕业生面向本辖区艰苦边远地区基层单位就业的学费和国家助学贷款代偿办法。

第十七条 本办法自公布之日起施行。财政部、教育部印发的《高等学校毕业生国家助学贷款代偿资助暂行办法》（财教［2006］133 号）同时废止。

人力资源社会保障部关于公布第一批基层社会管理和公共服务岗位目录的通知

（人社部函［2009］135 号）

各省、自治区、直辖市人力资源社会保障（人事、劳动保障）厅（局），新疆生产建设兵团人事局、劳动保障局：

引导和鼓励高校毕业生面向基层就业，是党中央、国务院从党和国家事业发展全局的高度作出的一项重大决策，具有重要的现实意义和深远的战略意义。为贯彻落实《国务院关于做好当前经济形势下就业工作的通知》（国发［2009］4 号）、《国务院办公厅关于加强普通高等学校毕业生就业工作的通知》（国办发［2009］3 号）精神，鼓励和引导高校毕业生到基层就业，我部总结地方实践经验，收集、整理了一批基层社会管理和公共服务岗位，现予以公布，作为各地工作参考和落实相关政策的依据。

现将《第一批基层社会管理和公共服务岗位目录》（以下简称《岗位目录》）印发给你们，请结合本地实际情况，按照要求认真抓好落实。

一、各地要把引导和鼓励高校毕业生面向基层就业当做一项紧迫任务和长期工作，认真贯彻落实党中央、国务院有关政策精神，切实把此项工作抓紧抓好。

二、《岗位目录》中收录的岗位主要是为鼓励和引导高校毕业生到农村基层和城市社区从事社会管理和公共服务工作，按照国家现行促进高校毕业生就业政策的规定给予补贴的岗位。其中一些岗位也适合于其他就业群体人员。

三、各地要进一步加强与有关部门协调配合，结合本地实际，尽快制定实施本地促进高校毕业生到城乡基层社会管理和公共服务岗位就业的实施办法，落实相关就业扶持政策。

四、各地要抓紧开发一批适合高校毕业生就业的基层社会管理和公共服务岗位，通过网络、报纸、专场推荐等多种渠道，将岗位送进校园，送到高校毕业生手中，引导高校毕业生积极参与。对困难毕业生要优先予以推荐。

五、各地可根据本地实际工作情况，对《岗位目录》中的工作领域、主要工作内容描述、主要岗位名称进行调整、充实、完善，开发适合本地的基层社会管理和公共服务岗位目录，以便更好地推动本地高校毕业生基层就业工作。

六、我部将继续收集、整理其他基层社会管理和公共服务岗位，适时推出新的岗位目录。各地要进一步加强基层社会管理和公共服务岗位的开发工作，及时将有关情况反馈我部。

二〇〇九年四月二十九日

第一批基层社会管理和公共服务岗位目录

序号	工作领域	主要工作内容描述	主要岗位名称
1	基层人力资源和社会保障管理	在街道（乡镇）、社区（村）从事公共就业服务、社会保障、劳动关系协调、劳动监察及相关事务等管理服务工作。	如劳动保障协理、人力资源开发协管、劳动关系协调协理、劳动监察协理等。
2	基层农业服务	在农村基层从事农业、扶贫开发等公共服务工作。	如村支书（主任）助理、新农村建设指导、农技推广服务、农业信息咨询、乡村科普服务、农业技术指导、乡村扶贫开发等。

续表

序号	工作领域	主要工作内容描述	主要岗位名称
3	基层医疗卫生服务	在乡镇、村（社区）医疗卫生服务机构、卫生防疫机构、计划生育服务机构等从事医疗、卫生、保健、防疫等辅助性服务工作。	如乡村医疗卫生辅助服务、基层计划生育服务协管、乡村卫生院护理服务、乡村（社区）公共卫生监督协管、乡村（社区）卫生防疫协管、乡村（社区）妇幼保健、社区护士、社区卫生服务等。
4	基层文化科技服务	在乡镇（街道）、村（社区）为居民提供文化、科技、体育等公益服务。	如乡村（社区）文化服务、乡村（社区）文化室管理、乡村（社区）文化宣传、乡村（社区）科技服务、乡村（社区）体育服务等。
5	基层法律服务	在乡镇（街道）、村（社区）为居民提供从事普法宣传、民事调解等服务工作。	如司法协理、普法宣传、民事调解协理等。
6	基层民政、托老托幼助残服务	在乡镇（街道）、村（社区）从事政府资助的为居民提供社会工作助理、托老、养老、托幼、助残等服务工作。	如民政助理、社区托（助）老服务、社区托幼服务、社区居家养老服务、社区助残服务等。
7	基层市政管理	在乡镇（街道）、村（社区）从事政府加强城市公共事业、公共事务管理等辅助性管理工作。	如道路交通协管、消防安全协管、环境保护协管、城市规划协管、市场协管、流动人口协管、治安维护协管等。
8	基层公共环境与设施管理维护	在乡镇（街道）、村（社区）从事公共设施设备管理、养护、清洁、绿化等工作。	如乡村道路维护、乡村水利设施维护、廉租房配套设施维护、社区（村）公共环境绿化、社区公共设施维护、社区（村）公共卫生保洁等。
9	其他	各地开发的其他基层社会管理和公共服务岗位。	如社区主任助理、低保协管、残疾工作协管、社区矫正协管等，以及基层机关企事业单位的后勤服务等岗位。

中组部　人力资源社会保障部　教育部　财政部　农业部　卫生部　国务院扶贫办　共青团中央关于做好2009年高校毕业生三支一扶计划实施工作的通知

（人社部发［2009］39号）

各省、自治区、直辖市、新疆生产建设兵团党委组织部、人力资源社会保障（人事、劳动保障）厅（局）、教育厅（教委）、财政厅（局）、农业（农牧）厅（委、局）、卫生厅（局）、扶贫开发领导小组办公室、团委：

为贯彻落实党的十七大和十七届三中全会精神，继续做好高校毕业生到农村基层从事支教、支农、支医和扶贫工作（简称“三支一扶”计划），引导和鼓励高校毕业生面向基层就业，根据《关于引导和鼓励高校毕业生面向基层就业的意见》（中办发［2005］18号）、《国务院办公厅关于加强普通高等学校毕业生就业工作的通知》（国办发［2009］3号）和《关于组织开展高校毕业生到农村基层从事支教、支农、支医和扶贫工作的通知》（国人部发［2006］16号）要求，现就做好2009年高校毕业生“三支一扶”计划实施工作通知如下：

一、高度重视2009年高校毕业生“三支一扶”计划实施工作

当前，受国际金融危机影响，我国就业形势十分严峻，特别是高校毕业生就业压力进一步加大。做好“三支一扶”计划实施工作，进一步发挥其引导和鼓励高校毕业生面向基层就业的示范带动作用，是解决农村基层人才匮乏、促进青年人才健康成长的重要途径，也是国家实施更加积极的就业政策、全方位促进就业的重要内容。各地要增强全局意识，把思想统一到中央精神上来，加强组织领导，完善工作机制，加大财政保障，发挥职能作用，采取有效措施，把“三支一扶”工作抓紧抓好，取得更显著的成效。

二、切实加强2009年高校毕业生“三支一扶”计划的组织管理工作

各地要按照中央要求，结合本地实际，认真开展2009年的组织招募与岗前培训，进一步完善各项工作制度，全面加强对在岗服务人员的管理、培养与服务。

（一）统筹开展招募工作。2009年全国计划招募约2万名高校毕业生。各地要将2009年招募计划于4月30日前报送全国“三支一扶”办公室审核同意，在6月30日前完成招募工作。

“三支一扶”计划的实施要与“选聘到村任职工作”、“特岗计划”、“西部计划”的实施工作，协调推进，统筹实施。

（二）认真做好岗前培训。各省级“三支一扶”办公室要组织好“三支一扶”大学生上岗前的集中培训，培训内容主要是党和国家有关基层工作特别是农业、农村等方面的方针政策、本地区基层工作的现状、拟服务单位和岗位的基本情况、乡镇共青团有关工作等。

（三）适当提高工作、生活补贴标准。各地要加大财政支持力度，适当提高“三支一扶”大学生的生活补贴标准。从2009年起，“三支一扶”大学生在服务期间参照本地乡镇事业单位从高校毕业生中新聘用工作人员试用期满后工资收入水平的标准，确定工作、生活补贴标准，按月发放。

（四）抓紧落实社会保险政策。“三支一扶”大学生在服务期间，按照当地规定，参加相应的社会保险，以提高其保障水平。其中在建立补充医疗保险制度的地方，应在参加社会医疗保险的基础上，为其办理补充医疗保险。

社会保险的单位缴纳部分，由负责发放“三支一扶”大学生工作、生活补贴的部门缴纳，个人缴纳部分由负责发放“三支一扶”大学生工作、生活补贴的部门在个人补贴中代扣代缴，具体手续由县（市、区）负责发放“三支一扶”大学生工作、生活补贴的部门到当地社会保险经办机构办理。其中按照《工伤保险条例》的规定，应由用人单位支付的工伤待遇，由负责发放“三支一扶”大学生工作、生活补贴的部门发放。相关费用，纳入财政给予的工作、生活补贴范围。

（五）切实加强管理服务。各省级“三支一扶”办公室要结合本地实际，完善“三支一扶”大学生管理规定，明确责任，加强监督。县级“三支一扶”工作管理部门要负责指导、协调服务单位健全日常考评制度，落实“三支一扶”大学生的服务岗位、住宿以及安全、健康、卫生等后勤保障，并积极为其提供业务培训机会，帮助解决“三支一扶”大学生遇到的困难和问题。要抓紧完善“三支一扶”大学生信息库，做好信息采集、管理、更新等工作。做好大学生服务期间职业资格评定等相关工作。

（六）扎实开展期满考核。各地要尽快部署，组织各级管理部门和大学生所在单位对其服务期内的工作、学习和思想状况进行全面的总结考核。期满考核的工作程序可参照国家有关规定进行。对服务期满、考核合格的“三支一扶”大学生，颁发《高校毕业生“三支一扶”服务证书》，加盖省级“三支一扶”办公室印章，作为高校毕业生参加“三支一扶”计划的凭证及享受相关优惠政策的重要依据。省级“三支一扶”办公室负责做好《高校毕业生“三支一扶”服务证书》的发放管理工作。

（七）进一步加大宣传力度。要充分利用广播、电视、报刊、互联网等各类媒体，广泛宣传“三支一扶”工作。各省级“三支一扶”办公室要在今年持续开展主题突出、内容丰富、形式多样的宣传报道活动，大力宣传“三支一扶”工作的重要意义和基本政策，广泛宣传大学生在基层服务的突出业绩和先进事迹，深入宣传各地及用人单位好的做法和经验，为工作的健康发展营造良好舆论氛围。

三、全力做好服务期满高校毕业生的就业服务工作

各地要认真贯彻《国务院办公厅关于加强普通高等学校毕业生就业工作的通知》精神，全力做好服务期满高校毕业生的就业服务工作，将“三支一扶”大学生就业问题纳入高校毕业生就业工作一并考虑安排。

（一）健全就业服务工作机制。各省级“三支一扶”办公室要切实加强对服务期满大学生就业服务工作的指导和协调工作。各地人力资源社会保障（人事、劳动保障）部门要指定专人负责服务期满“三支一扶”人员的就业工作，确保各项政策落实。各级政府部门所属人才服务机构要设立“三支一扶”大学生就业服务窗口，并加强与公共就业服务机构的沟通与服务衔接，为服务期满大学生提供全方位的公共服务。

（二）加大事业单位吸纳“三支一扶”大学生就业力度。各有关部门要充分挖掘本系统就业岗位，积极吸纳“三支一扶”大学生进入本系统工作。各地基层社会公共服务岗位，也应积极吸纳“三支一扶”大学生就业。原服务单位有职位空缺或有相对应的自然减员需补充人员时，要聘用服务期满考核合格的“三支一扶”大学生。各省（区、市）县以上相关事业单位公开招聘工作人员，应拿出不低于40％的比例，聘用具有两年以上基层工作经历的高校毕业生，在同等条件下要优先聘用“三支一扶”大学生。在事业单位服务的“三支一扶”大学生服务满一年后，在现岗位空缺情况下，经考核合格，可与所在单位签订不少于三年的聘用合同。

（三）落实“三支一扶”大学生报考公务员相关政策。各省（区、市）市（地）级以上党政机关录用公务员，要坚持凡进必考，并明确录用具有两年以上基层工作经历人员的比例。乡镇党政机关招考方面，按相关规定执行。各地要认真解决报考过程中报考资格、录用比例等操作问题，保证政策落实。

（四）支持“三支一扶”大学生自主创业。各地应将服务期满

"三支一扶"大学生纳入高校毕业生自主创业政策支持范围，为有自主创业愿望的"三支一扶"大学生的提供政策咨询、项目开发、创业培训、创业孵化、小额贷款、开业指导、跟踪辅导等"一条龙"服务。按照有关政策，对从事个体经营符合条件的可免收行政事业性收费；对通过各种形式灵活就业的，符合规定的可享受社会保险补贴。

（五）扶助"三支一扶"大学生自主择业。鼓励"三支一扶"大学生服务期满后留在当地就业。对自主择业的"三支一扶"大学生，各级"三支一扶"办公室要认真摸清底数，切实帮助落实就业岗位。各级政府部门所属人才服务机构、公共就业服务机构要为其免费提供政策咨询、职业指导和职业介绍服务；组织他们参加职业资格培训、职业技能鉴定或就业见习，按规定给予职业培训补贴等；对服务期满后失业时间较长的"三支一扶"大学生要进行重点帮扶。

（六）做好相关政策衔接。高职（高专）毕业生参加"三支一扶"，服务期满考核合格的，可免试入读成人高等学历教育专科起点本科。对服务期满报考研究生的，要落实相关加分等优惠政策。对已落实就业岗位的大学生，各级"三支一扶"办公室要按规定落实助学贷款代偿政策、工龄计算、服务年限视同社会保险缴纳年限等政策。其户籍、档案转移接续手续按《关于做好 2008 年高校毕业生"三支一扶"计划实施工作的通知》（人社厅发［2008］6 号）的规定执行。

高校毕业生"三支一扶"计划实施工作政策性强，涉及面广，各地组织、人力资源社会保障、教育、财政、农业、卫生、扶贫、团委等部门要密切配合，认真组织，加强协调，狠抓政策落实，努力把 2009 年高校毕业生"三支一扶"计划实施工作进一步引向深入，为加强基层人才队伍建设、促进高校毕业生就业作出新贡献。

二〇〇九年四月十八日

中组部　中宣部　教育部　公安部　民政部　财政部　人力资源社会保障部　农业部　国家林业局　国务院扶贫办　共青团中央　全国妇联关于印发《关于建立选聘高校毕业生到村任职工作长效机制的意见》的通知

（组通字［2009］21号）

各省、自治区、直辖市党委组织部、宣传部，政府教育、公安、民政、财政、人力资源社会保障（人事、劳动保障）、农业、林业厅（局）、扶贫办，团委、妇联，中央和国家机关各部委、各人民团体组织人事部门，新疆生产建设兵团党委组织部、宣传部、教育局、公安局、民政局、财政局、人事局、劳动和社会保障局、农业局、林业局、团委、妇联，部分高等学校党委：

现将《关于建立选聘高校毕业生到村任职工作长效机制的意见》印发给你们，请结合实际，认真抓好贯彻落实。

二〇〇九年四月七日

关于建立选聘高校毕业生到村任职工作长效机制的意见

选聘高校毕业生到村任职，是党中央作出的一项重大战略决策，对于改善农村基层干部队伍结构、培养新农村建设骨干力量和党政干部后备人才，推进新形势下农村改革发展，夯实党在农村的执政基础具有重大意义。为贯彻落实党的十七大和十七届三中全会精神，进一步加强和改进选聘高校毕业生到村任职工作，既注重激励保障，又强化竞争择优，确保大学生“村官”下得去、待得住、干得好、流得动，逐步建立一支规模适度、结构合理、素质优良、充满活力的大学生“村官”队伍，现就建立选聘高校毕业生到村任职工作长效机制提出以下意见。

一、建立定期选聘制度

1. 合理确定选聘规模和计划。中央计划从 2008 年到 2012 年选聘 10 万名大学生“村官”，每年根据各省区市的行政村数量分配选聘名额，中央财政予以补助。各省区市和新疆生产建设兵团也可结合本地实际，自行选聘一定数量的大学生“村官”，所需费用由地方财政支付。各地要合理确定选聘大学生“村官”的总体规模和年度计划，稳步有序推进选聘工作。大学生“村官”聘用期满离任的，或出现其他离岗等情况的，要把缺额纳入下一年度选聘计划。

2. 实行定期、统一选聘。选聘高校毕业生到村任职工作一般每年集中开展一次。选聘工作原则上由省区市一级组织、人力资源和社会保障部门、团委统一组织实施或省、市两级组织、人力资源和社会保障部门、团委共同组织实施。选聘名额、选聘办法、选聘条件要提前向社会发布，并进行正面宣传引导，鼓励优秀高校毕业生自愿报名应聘。高等学校要积极配合做好有关工作。

3. 严格执行选聘程序和条件。坚持公开、平等、竞争、择优的原则，严格按照中央有关部门确定的选聘条件和发布公告、个人报名、资格审查、考试考察、体检、公示等基本程序，主要选聘具有大学本科以上学历、是中共党员或担任过学生干部的优秀高校毕业生。选聘过程接受社会监督，增强透明度和公信度。选聘对象确定后，县级组织、人力资源和社会保障部门要与其签订聘任合同，合同中要明确双方聘用关系及大学生“村官”为村级组织特设岗位人员、系非公务员身份，细化管理考核、待遇保障、竞争择优、期满去向等方面的条款。

二、建立岗位培训制度

4. 制定培训规划。省区市党委组织部要把大学生“村官”纳入整个干部教育培训规划，建立健全大学生“村官”岗位培训制度，制定年度培训计划，并每年至少举办一期示范培训班。市、县两级要组织实施好大学生“村官”培训工作。大学生“村官”任职上岗前，都要安排岗前培训。聘用期间，每年至少安排一次岗位培训，累计时间不少于7天。兼任乡、村团组织职务的，由共青团组织纳入农村团干部培训规划。参加培训情况，要作为大学生“村官”考核、推优的依据。

5. 突出培训重点。大学生“村官”教育培训要针对岗位特点，坚持以政治理论和思想道德教育为基础，以党的路线方针政策、涉农法律法规、市场经济知识、农村经营管理知识、农业实用技术、农村基层组织建设以及开展调查研究、做好群众工作、进行自主创业等为重点，以提高做好农村工作、带领群众创业致富本领为目的。培训中要注重讲解“三农”工作的方针政策，介绍新农村建设情况和乡风民俗，传授开展农村工作的经验方法，帮助大学生“村官”尽快进入工作角色，打开工作局面。

6. 拓展培训渠道。依托各级党校、行政院校、高等院校、干部学院、干部培训基地、远程教育站点、团校等，大力加强大学生“村官”的系统培训。通过优秀大学生“村官”介绍体会、乡村干部传授经验、组织大学生“村官”实地考察学习等灵活多样的方式，强化大学生“村官”的技能培训。教育、科技、农业、人力资源和社会保障、扶贫等部门要发挥优势，整合资源，积极开展大学生“村官”专项培训。高等院校特别是农业院校，要结合大学生“村官”特点和工作需要，开展继续教育和研究生同等学力教育。

三、建立配套保障制度

7. 落实工作生活补贴。中央财政补助资金和地方财政补助资金要按时拨付到位，保证大学生“村官”工作、生活补贴比照本地乡镇新录用公务员试用期满后工资水平及时发放。加强对大学生“村官”补助资金的管理，建立专项资金账户，确保专款专用。

8. 落实社会保险。大学生“村官”聘用期间，按照当地对事业单位的规定，参加相应社会保险。其中在建立补充医疗保险制度的地方，应在参加社会医疗保险的基础上，为其办理补充医疗保险。社会保险的单位缴纳部分，由负责发放大学生“村官”工作、生活补贴的部门缴纳，个人缴纳部分由负责发放大学生“村官”工作、生活补贴的部门在个人补贴中代扣代缴，具体手续由县（市、区）负责发放大学生“村官”工作、生活补贴的部门到当地社会保险经办机构办理。其中工伤保险按照《工伤保险条例》的规定，应由用人单位支付的工伤待遇，由负责发放大学生“村官”工作、生活补贴的部门发放。相关费用，纳入财政给予的工作、生活补贴范围。

9. 落实学费补偿和助学贷款财政代偿政策。对于到中西部地区和艰苦边远地区农村基层的大学生“村官”，国家实行学费补偿和国家助学贷款代偿政策。中央部委所属高校毕业的大学生“村官”的学费和国家助学贷款，由中央财政补偿和代偿。地方所属高校毕业的大学生“村官”的学费补偿和助学贷款代偿办法，由选聘地制定。对于被选聘到其他地区农村基层的大学生“村官”，鼓励选聘地补偿学费和代偿助学贷款。享受学费补偿和助学贷款代偿政策的大学生“村官”，必须在聘期内考核称职。

10. 提供工作生活基本条件。各地要结合实际，整合资源，为大学生“村官”提供工作、食宿等基本条件，帮助解决正常开展工作所需的交通、通讯等方面的问题，不断改善大学生“村官”的工作生活条件。有条件的地方，可定期组织对大学生“村官”进行体检。要采取可靠措施，确保大学生“村官”人身安全。

四、建立跟踪培养制度

11. 明确岗位职责。担任村党支部（党总支、党委）书记助理和村委会主任助理的大学生“村官”，主要协助做好以下工作：宣传贯彻党的路线方针政策及上级党组织有关安排部署；组织实施社会主义新农村建设的有关任务，协助做好本村产业发展规划，领办、创办专业合作组织、经济实体和科技示范园；配合完成社会治安、计划生育、矛盾调解、社会保障、调查统计、办事代理、科技推广等工作；负责整理资料、管理档案、起草文字材料和远程教育终端接收站点的教学组织管理、设备网络维护；参与讨论村务重大事项；参与村团组织的建设和工作。大学生“村官”担任村“两委”成员职务的，按照所担任具体职务确定工作职责。乡镇党委和村“两委”要结合本地实际和大学生“村官”专业特长，明确大学生“村官”的具体职责和工作分工。可根据工作需要，安排大学生“村官”担任村团组织负责人。

12. 实行结对帮带。乡镇党委要为每个大学生“村官”确定1名乡镇干部和1名村干部，进行结对联系帮带，面对面进行帮助指导，提高大学生“村官”能力素质，了解掌握思想工作状况，注意做好心理疏导，帮助解决实际困难。县级组织、人力资源和社会保障部门要经常深入调研，走访了解大学生“村官”的工作生活情况，研究解决实际问题。

13. 注重实践锻炼。乡村党组织要给大学生“村官”压担子、交任务，帮助确定合适的项目和任务，鼓励大学生“村官”在农村创业，并通过适当政策倾斜和市场机制办法，为他们提供支持，使他们更好地运用所学知识为发展农村经济、改变农村面貌多做工作、多办实事，使他们在具体实践中经受锻炼、干事创业。对大学生“村官”

既要严格要求，又要鼓励他们放手工作，大胆创新。县、乡两级组织召开有关会议，可安排优秀大学生“村官”代表列席参加。积极推荐综合素质好、议事能力强的大学生“村官”作为各级党代会代表、人大代表、政协委员和团代会、妇代会代表人选。

14. 搭建交流平台。中央有关部门依托互联网和农村党员干部现代远程教育网建立大学生“村官”网络交流平台，加强与大学生“村官”的联系交流。各地可结合实际，依托当地政务网站、报纸、电视、广播设立大学生“村官”信息专栏，建立大学生“村官”网站，创办大学生“村官”工作报刊，为大学生“村官”提供多种交流平台。县、乡党委要定期研究大学生“村官”工作，注重听取大学生“村官”的思想工作汇报和意见建议；设立专用信箱、热线电话，及时收集、受理大学生“村官”反映的问题；共青团、妇联等组织要根据大学生“村官”的特点，组织开展优秀大学生“村官”巡回报告、经验交流等活动，推广宣传干事创业的先进典型和创业经验，为大学生“村官”相互学习交流、共同提高创造条件。

15. 强化管理考核。各地要加强对大学生“村官”的管理考核，完善竞争择优机制，形成在实践中比干劲、比奉献、比业绩的鲜明导向，强化大学生“村官”苦干实干、创先争优的意识。大学生“村官”考核工作由县级组织、人力资源和社会保障部门、团委负责，乡镇党委具体组织实施。考核分为年度考核和聘期考核。考核采取个人述职、党员会议测评、村民代表会议测评、村“两委”班子评价等形式进行。考核结果分为优秀、称职、基本称职和不称职四个等次。考核结果报县委组织部备案，作为续聘、奖惩、选拔干部、招录公务员、招聘事业单位工作人员、报考研究生、补偿学费和代偿助学贷款等重要依据。对大学生“村官”要严格管理，加强监督，发现不良苗头问题要及时批评教育，加强正面引导。

五、建立正常流动制度

16. 鼓励担任村干部。对表现优秀、党员群众认可、担任村“两委”主要负责人的大学生“村官”，要鼓励他们长期在农村基层干部岗位上建功立业。留任村党支部书记和村委会主任的，仍然纳入大学生“村官”名额，可以继续享受大学生“村官”工作、生活补贴。

17. 择优选拔乡镇和其他党政机关公务员。各级党政机关要注重从具有基层工作经历的优秀大学生“村官”中招考公务员，并明确录用比例；乡镇机关补充公务员，要逐步提高从大学生“村官”中考录的比例。选调生主要从具有 2 年以上基层工作经历的大学生“村官”及其他到基层工作的高校毕业生中招考。从大学生“村官”中招考公务员和选调生，要坚持竞争择优、好中选优。报考公务员和选调生的大学生“村官”，须在聘期内表现优秀、考核称职，并经县级组织、人力资源和社会保障部门推荐同意。

18. 扶持自主创业。鼓励和支持大学生“村官”发挥自身优势和专业特长，立足农村农业实际自主创业，为社会主义新农村建设作出贡献。各地要结合实际，建设和完善一批投资小、见效快的大学生“村官”创业园和创业孵化基地，认真落实高校毕业生创业的各项优惠、扶持政策，重点帮助和支持那些有创业意愿、创业能力、创业优势的大学生“村官”，带领群众创业致富。要强化大学生“村官”创业指导服务，积极开展信息咨询、项目开发、创业培训、创业孵化、小额贷款、开业指导、跟踪辅导等工作。各级共青团组织要将大学生“村官”创业纳入促进青年创业就业总体部署。高等院校要积极开展创业教育和实践活动。

19. 引导另行择业。对于聘期考核称职，不再留村工作或不参加公务员招考的，要帮助和支持其另行择业，择业前可免费参加一期职业培训；对于素质能力不适应岗位要求、不能正常开展工作的，或年度考核连续两年不称职的，要予以解聘，引导其另行择业。鼓励和引导事业单位、国有企业、非公有制企业等用人单位，优先聘用（招用）具有 2 年以上农村基层工作经历的大学生“村官”。

20. 支持继续学习。鼓励大学生“村官”继续学习深造。聘期工作表现良好、考核合格的，报考硕士研究生可享受初试总分加 10 分和在同等条件下优先录取的优惠政策。鼓励高等学校结合办学实际，为大学生“村官”攻读研究生学位创造条件。

六、建立齐抓共管制度

21. 加强统筹协调。各级党委要加强对大学生“村官”工作的领导和指导，建立由组织、宣传、教育、公安、民政、财政、人力资源和社会保障、农业、林业、扶贫、共青团、妇联等部门参加的联席会议制度，定期召开会议，通报有关情况，研究解决重大问题。工作任务繁重的，可成立专门工作机构，配备工作人员。有关大学生“村官”工作的重要政策、重要事项、重要活动，要集体研究决定，统一组织实施。

22. 明确职责分工。各有关部门要根据工作职能和业务范围，共同抓好大学生“村官”工作。组织部门发挥牵头协调作用，其他部门各司其职，密切配合。人力资源和社会保障、教育、财政、公安部门主要负责医疗、养老、工伤保险，报考公务员、研究生，另行择业，人事代理，户籍管理，学费补偿和助学贷款代偿，工作生活补贴等配套保障政策的制定、解释、检查、落实工作；宣传部门主要负责指导协调新闻媒体，采取多种方式广泛宣传大学生“村官”工作，营造良好的社会舆论氛围；民政部门主要负责指导大学生“村官”参与村级事务管理、参加村委会选举等工作；农业、林业、扶贫部门主要负责利用部门资源开展大学生“村官”专项培训，指导大学生“村官”参与现代农业、林业建设和扶贫开发等工作。

23. 落实管理责任。大学生“村官”的日常管理工作由组织、人力资源和社会保障部门、共青团组织负责。中央组织部、人力资源和社会保障部、团中央负责宏观管理，指导各级组织、人力资源和社会保障部门、团组织共同做好大学生“村官”的日常管理工作。省、市两级负责规划协调、组织指导、督促检查等工作。县级组织、人力资源和社会保障部门主要负责建立大学生“村官”档案资料，做好考核工作，落实跟踪培养措施，提出选拔任用意见；团县委主要负责大学生“村官”的联系服务等工作。乡镇党委、团委和村党组织负责具体管理、联系、服务等工作。

教育部　财政部　人力资源社会保障部中央编办关于继续组织实施“农村义务教育阶段学校教师特设岗位计划”的通知

（教师［2009］1号）

山西、内蒙古、安徽、江西、河南、湖北、湖南、广西、海南、重庆、四川、贵州、云南、陕西、甘肃、宁夏、新疆、青海省（自治区、直辖市）教育厅（教委）、财政厅（局）、人事厅（局）、编办，新疆生产建设兵团教育局、财务局、人事局、编办：

根据《国务院办公厅关于加强普通高等学校毕业生就业工作的通知》（国办发［2009］3号）关于继续组织实施“农村义务教育阶段学校教师特设岗位计划”（以下简称“特岗计划”）的要求，现就有关工作通知如下：

一、深入实施“特岗计划”，鼓励引导高校毕业生到农村学校任教

2006年，教育部、财政部、人事部、中央编办下发了《关于实施农村义务教育阶段学校教师特设岗位计划的通知》（教师［2006］2号），并联合启动实施“特岗计划”，公开招聘高校毕业生到“两基”攻坚县农村义务教育阶段学校任教。2006—2008年，共招聘特岗教师5.9万多人，覆盖400多个县、6 000多所农村学校。“特岗计划”的实施有力地缓解了农村地区教师紧缺和结构性矛盾，促进了农村学校面貌的变化，受到各地的普遍欢迎。当前，高校毕业生就业形势严峻，就业压力加大；同时，部分农村学校特别是中西部边远贫困地区农村学校教师仍然紧缺。毕业生下不去，合格教师难以补充。为了进一步加强农村师资力量，并有效地促进高校毕业生就业，2009年继续实施“特岗计划”，并将实施范围扩大到中西部地区国家扶贫开发工作重点县，国家计划的名额将视各地实施国家“特岗计划”的情况以及是否实施地方“特岗计划”的情况进行分配。特岗教师招聘、培训、管理等政策按教师［2006］2号通知要求执行。各地要做好与其他引导和鼓励高校毕业生到农村基层服务项目的衔接。

二、提前做好服务期满特岗教师的工作安排

教师［2006］2号通知要求，“鼓励特岗教师3年聘期结束后，继续扎根基层从事农村教育事业。对自愿留在本地学校的，要负责落实工作岗位，将其工资发放纳入当地财政统发范围，保证其享受当地教师同等待遇”。2006年起实施“特岗计划”的省（区、市）第一批特岗教师三年服务期将于今年期满，做好服务期满特岗教师工作岗位安排意义重大。相关省（区、市）要采取切实措施，鼓励服务期满考核合格的特岗教师继续留在当地从教。今后城市、县镇义务教育阶段学校教师空缺需补充人员时，同等条件下应优先聘用服务期满特岗教师。相关省（区、市）教育、人事、编办、财政部门要加强沟通协调，提前研究制订方案，确保服务期满考核合格且愿意留任的特岗教师全部落实工作岗位，做好人事、工资关系等接转工作。

三、采取有力措施，创新教师补充机制，建设高素质教师队伍

各地要根据国家“特岗计划”的原则精神和促进高校毕业生就业工作的总体部署，全面推进地方“特岗计划”，采取有力措施，吸引大批高校毕业生到农村学校任教，为中小学及时补充合格教师，着力解决教师队伍结构性矛盾，并有效地促进高校毕业生就业。各省级教育行政部门要统一掌握本地区中小学教师岗位需求情况，会同有关部门统筹安排全省中小学教师自然减员补充。从2009年开始，各地中学和小学教师补充应全部采取公开招聘的办法，同等条件下优先聘用高校毕业生（含引导和鼓励高校毕业生到农村基层服务期满人员），不得再以其他方式和途径自行聘用教师。

中小学教师补充要充分考虑教师队伍建设总体规划、人员编制情况和学科结构等因素，在核定的编制总额内，按需设岗，规范招聘程序，严格招聘条件，确保新教师的质量。要抓住贯彻落实《国务院办公厅转发人力资源和社会保障部　财政部　教育部关于义务教育学校实施绩效工资指导意见的通知》（国办发〔2008〕133号）的有利时机，加大教师用人制度改革力度，进一步完善并严格实施教师资格准入制度，严把教师入口关。要加强对拟聘教师的岗前培训，免费进行教师资格认定，确保持证上岗。

四、认真履行职责、密切配合、相互支持，切实做好“特岗计划”实施工作

省级教育行政部门要结合本地实际，认真做好教师公开招聘、岗前培训、跟踪管理服务等各项工作，加强对实施县工作的指导和检查；省级财政部门要负责统筹协调特岗的经费保障，落实资金，规范管理；省级人力资源和社会保障部门要协同教育行政部门做好教师招聘工作；机构编制部门要加强中小学编制工作的监督、检查；设置特岗县的县级有关部门，要为特岗教师提供周转宿舍及其他必要的生活条件。

要加强“特岗计划”实施工作的动态管理。对“特岗计划”实施情况进行督导检查。各实施省（区、市）要建立特岗教师数据库，及时掌握特岗教师的基本信息；要定期检查督促特岗教师工资待遇等各项政策落实情况，确保特岗教师在工资待遇、职称评聘、评优评先、年度考核等方面与当地公办学校教师同等对待，鼓励吸引大批优秀高校毕业生到农村从教。

五、大力加强“特岗计划”宣传，形成良好的环境氛围

各地要采取多种方式，充分利用广播电视、报刊、互联网等各类媒体，广泛宣传“特岗计划”的方针政策和工作成效，将特岗教师招聘工作与引导和鼓励高校毕业生面向基层就业结合起来，吸引更多优秀高校毕业生报名应聘。要大力宣传各地推进“特岗计划”的好经验、好做法，不断创新教师补充机制。要采取切实措施，提高特岗教师教书育人的能力，帮助他们尽快成长为骨干教师，同时注意发现特岗教师中的优秀典型，加大特岗教师典型宣传力度，进一步营造良好的工作氛围。

二〇〇九年二月二十三日

全国大学生志愿服务西部计划项目管理办公室关于印发《2009年大学生志愿服务西部计划实施方案》的通知

（全国项目办发［2009］7号）

各省（区、市）项目管理办公室：

现将《2009年大学生志愿服务西部计划实施方案》予以印发，请各地结合实际，狠抓落实，圆满完成今年大学生志愿服务西部计划全国项目的各项任务。各地在要认真总结西部计划的实施经验成效，进一步健全工作机制，完善政策措施，扎扎实实做好宣传动员、招募选拔、培训派遣、管理服务，就业服务等方面工作，确保这项工作科学发展。

二〇〇九年四月十日

2009年大学生志愿服务西部计划实施方案

为进一步引导高校毕业生在社会主义新农村建设和促进区域经济协调发展中发挥积极作用，促进高校毕业生就业创业，贯彻落实国务院办公厅《关于加强普通高等学校毕业生就业工作的通知》（国办发［2009］3号）有关精神，根据共青团中央、教育部、财政部、人力资源和社会保障部实施大学生志愿服务西部计划（以下简称“西部计划”）的有关文件精神，进一步健全工作机制、完善政策措施，推动西部计划健康科学发展，为构建社会主义和谐社会贡献力量，特制定2009年西部计划实施方案。

一、工作内容

2009年由中央财政支持的全国项目按照公开招募、自愿报名、组织选拔、集中派遣的方式，选派万名左右的普通高等学校（以下简称“高校”）应届毕业生，到基层乡镇一级从事为期1～3年的志愿服务工作。继续实施支教、支医、支农、全国农村党员干部现代远程教育、西部基层检察院、西部基层法律援助、西部基层人民法院、开发性金融和西部农村平安建设、灾后重建（原抗震救灾）等专项行动，新增加基层青年工作专项行动（原“农村区域化”专项行动不再单独实施），完善2009年延长为2年期、3年期志愿者和2009年新招募志愿者的管理服务工作。努力做好2007年2年期和2008年1年期志愿者的就业服务工作。

二、主题口号

到西部去、到基层去、到祖国最需要的地方去

三、2009年宣传口号

新西部、新生活、新成长

四、工作步骤

（以下时间均为参考时间，具体进度将根据实际需要作适当调整）

（一）服务县、服务岗位申报

1. 服务县申报原则

服务省项目办按照相对集中原则，根据全国项目办确定的本省（区、市）计划派遣名额以及已经明确的各专项行动的服务岗位，根据《关于加强大学生志愿服务西部计划服务县管理服务工作的通知》（全国项目办发［2008］1号）的要求，在充分考虑服务县的工作业绩、就业服务工作、志愿者服务成效以及当地党委、政府对西部计划工作的重视程度等因素的基础上，审定新增西部计划服务县资格，确

定志愿者名额，并报全国项目办审定。2009年因服务规模扩大，新增西部计划服务县须成立西部计划县级领导机构和项目办，专人负责日常管理服务，志愿者服务人数超过30人；并由相关县级人民政府批准申请，所在省项目办审核，报全国项目办批准。曾因管理不力导致志愿者重大安全健康事故的服务县，2009年不再派遣新招募的志愿者。

2. 有关专项行动服务岗位的确定

现代农村远程教育、基层检察机关、基层法律援助、基层人民法院、开发性金融、西部平安建设等与有关部委合作实施的专项行动岗位已由省（市、区）专项行动实施部门收集汇总后并经省项目办审核盖章上报相关部委和全国项目办确认。全国项目办将按照此名单招募和分配志愿者岗位。专项行动部门因特殊需要在服务县范围外实施的，由省级项目办与相关省级部门另行签署管理服务协议，志愿者服务期间安全健康管理由相关省级部门直接负责。

3. 申报审核服务岗位

服务岗位的确定采用申报制度。各服务县项目办在本县开展服务岗位申报工作。岗位类别需从教育、医疗卫生、农业科技、农村现代远程教育、基层检察机关、基层法律援助、基层人民法院、开发性金融、西部平安建设、基层青年工作中选择。各服务单位申报岗位时，要详细填写岗位信息，岗位需求要切合实际，不应过于局限专业要求，西部计划服务岗位申报表见附件1（略）。

服务省项目办负责严格审核岗位信息和数量。确定服务岗位特别是教育岗位要尽可能保持连续性，形成接力机制。服务岗位原则上在服务县的乡镇一级（西藏、新疆、青海单独确定）。

服务县项目办在确定服务岗位时，尽量选择岗位需求说明详细、后勤保障得力的单位，其中现代农村远程教育、基层检察机关、基层法律援助、基层人民法院、开发性金融、西部平安建设、基层青年工作等专项行动的岗位按照省项目办分配本县计划名额100%的比例确定服务岗位，支教、支医、支农等专项行动按照120%的比例确定，严格控制县乡机关、企业等其他类岗位，数量不得超过申报岗位数的10%。4月中旬，各服务县项目办将服务岗位详细信息报服务省项目办。

4. 录入并分配服务岗位

4月20日前，服务省项目办将审核合格的服务岗位信息，按一岗一人的原则，录入“西部计划信息系统”。同时按照本省服务人数再次核实服务岗位数量及比例，按照对口招募省的招募名额分配相应的服务岗位，并及时向对口省项目办通报分配情况。

（二）宣传动员

宣传工作是西部计划工作重要组成部分，是西部计划健康发展的重要保障，也是发挥西部计划品牌效应，在全社会大力弘扬“奉献、友爱、互助、进步”的志愿精神，宣传青年志愿者行动深入发展的重要契机。在今年的形势下，要注重宣传西部计划坚持“谁用人、谁受益、谁负责”和“培养与使用并重”的实施理念，在引领广大青年面向基层就业，丰富阅历，提高能力，促进青年成长成才方面的重要作用；要注重宣传西部计划组织网络健全、运用现代科技手段提升管理绩效、强化财政资金依法支出等运行模式，努力树立西部计划科学发展的良好形象；要突出做好在西部基层就业创业的优秀志愿者典型的宣传报道，树立西部计划在引导高校毕业生到西部、到基层、到祖国最需要的地方去锻炼成长的实在作用。结合实际组建西部计划优秀志愿者事迹报告团，组织巡回报告、座谈会、经验交流会等，加强新老志愿者交流互动。在形式和载体上，省级项目办特别是高校项目办要善于运用当代青年所接受和喜爱的网络、移动传媒等新媒体，充分利用校园广播电视、校园网、手机报、个人邮箱等，以新闻、专题、公益广告、招贴画等多种形式，力争向每一个愿意参加西部计划的高校毕业生全面、准确、及时的发布西部计划相关动态信息。工作中要增强新闻敏锐性，积极争取党委宣传部门、新闻单位的支持，坚持重在策划、重在基层，努力营造良好舆论氛围，开创西部计划宣传工作新局面。省、高校项目办分别完成“五个一”。报名第一天全国联动，实现“三个同时到达”（全国项目办向每一位2009届毕业生发送的西部计划公开信连同省项目办和高校项目办发布的招募信息同时发到学生邮箱）。

（三）招募工作

报名时间为4月15日至5月10日。报名学生登录西部计划网站（xibu. youth. cn）和中国志愿者网站（www. zgzyz. org. cn）查看有关情况，填写《西部计划报名登记表》。5月11日起，各高校项目办在省级项目办指导下，选拔志愿者。6月下旬，招募省项目办审核本省录取的志愿者名单，并及时反馈至服务省项目办，同时报全国项目办。

1. 确定招募指标，落实招募责任

（1）确定各省招募指标。4月上旬，全国项目办综合考虑历年招募工作情况和志愿者整体素质、历年完成本科生招募比例、2009年各省招募能力意向，各服务省计划派遣名额等因素，确定与各服务省相对应的招募省的招募指标。

（2）确定高校招募指标。4月上旬，各招募省项目办要将西部计划招募工作相关信息通报本省所有符合条件的高校（即教育部《2008年全国普通高校名单》中所列高校，可在西部计划网站查询）。

5月上旬，招募省项目办在分配本省高校招募指标时，在确保本省招募本科以上学历志愿者的比例不少于85%的基础上，对本省招募工作进行统一规划。发挥高校在西部计划招募工作中的能动作用，不断提高招募质量，积极与省专项行动实施部门合作，继续坚持和探索有关专项行动志愿者由相关高校定向招募的原则，确保落实有关专项行动志愿者的专业要求。5月10日前，按照集中招募、集中服务的原则和各高校网上报名情况，确定本省各西部计划招募高校的招募指标。

2. 完成“网上报名”的准备工作

（1）在“西部计划信息系统”中建立“招募高校名单”。4月15日前，各招募省通过高校申报、省项目办确认的方式，确定本省参与招募高校名单，并录入“西部计划信息系统”。

(2) 专人负责网上招募。4月15日前，各招募省项目办和高校项目办需指定专人负责使用西部计划网站的“西部计划信息系统”，并对高校项目办工作人员进行培训。同时，要按照相关时间节点认真做好志愿者资料的备份工作，以应对可能产生的调整。

3. 报名审核

(1) 网上报名。4月15日至5月10日，报名学生可登录西部计划网站（xibu. youth. cn）和中国志愿者网站（www. zgzyz. org. cn）查看有关情况，填写报名信息。

(2) 打印报名表。报名学生从西部计划信息系统下载打印《报名登记表》。

(3) 交表。报名表由辅导员或院系团委负责人签字，并由所在院（系）党组织盖章后，5月11日前交至本校项目办。

(4) 审核。高校项目办在收到学生的《报名登记表》后，及时对其在网上报名填写信息的真实性等情况进行审核。审核后，在“西部计划信息系统”中填写审核意见。

4. 选拔志愿者

(1) 选拔标准

a. 具有志愿精神

b. 学分总绩点（或学业成绩）排名在本院系同年级学生总数前70%之内

c. 通过本校毕业体检和西部计划体检

d. 获得毕业证书

e. 本科及本科以上学历优先

f. 优秀学生干部和有志愿服务经历者优先

g. 西部急需的农、林、水、医、师、金融、法学类专业者优先

h. 入学前户籍所在地在西部地区者优先

i. 已录取为研究生的应届高校毕业生和在读研究生优先

j. 参加基层青年工作专项行动的志愿者应累计有1个月以上基层

工作、志愿服务经历或者曾获校级及以上表彰奖励、担任过各级团学组织主要负责人

基层青年工作专项行动志愿者选拔标准在此基础上另行通知。

有条件的高校要鼓励已被录取为研究生的应届高校毕业生和在读研究生报名参加西部计划，并在保留其入学资格和学籍等方面出台鼓励措施。

从2009年开始，西部计划服务期由1～2年调整为1～3年。西部计划志愿者首次签约期为1年或3年。签约1年的志愿者在服务期满后可以于下一年度3月提出延期服务申请，经服务县项目办同意并报服务省项目办，全国项目办根据下一年度服务岗位计划和各专项行动岗位要求，确定延期志愿者名单。

（2）笔试、面试。5月11日起，各高校项目办在省级项目办指导下，根据本校招募指标及服务岗位，考察报名学生的政治思想素质、学习成绩、志愿服务经历等情况，并组织对报名的高校毕业生开展笔试、面试工作择优选拔志愿者。要协调学校教务处、学生工作部（处）等有关部门，对入选的报名者逐一进行包括心理测验在内的面试。面试结果要书面备案。受省项目办委托与面试合格的志愿者及时签订《招募协议》。有条件的招募省可在高校选拔的基础上，进一步通过组织集中笔试、面试等进行选拔。

（3）统一体检。6月5日前，招募省项目办统一指定时间和医院，由各高校项目办组织本校入选的报名者进行集中体检，体检项目和标准见附件2（略）。体检不合格的，要在本校及时调换。

高校所在地为省会城市的，由招募省项目办统一组织体检；高校所在地在地（市）的，可由省项目办委托地（市）团委负责统一组织。志愿者体检应选择在三级乙等（含三级乙等）以上医院，无三级乙等医院的城市，应组织志愿者到当地二级甲等医院体检。

本着对志愿者和西部计划工作高度负责的精神，招募省项目办和高校项目办要切实负起责任，按照全国项目办下发的体检标准，严格把关，确保体检质量。如发现在体检过程中弄虚作假，全国项目办将

予以通报，并扣减体检经费。志愿者在服务期间，因体检不严导致既往病复发等所产生的全部费用由招募省和招募高校项目办承担。

（4）公示。6月中旬，高校项目办公布录取志愿者名单并在校园网公示3天。若无异议，将志愿者名单报招募省项目办。

（5）录取志愿者。6月中旬，招募高校根据综合面试、体检、公示情况录取志愿者，同时在“西部计划信息系统”中确认名单并上报招募省项目办。招募省项目办对本省录取的志愿者名单审核后，在团省委网站公示3天后，通过“西部计划信息系统”报全国项目办并将结果及时反馈至服务省项目办。

坚持数量和质量统一。既完成招募指标，又尽量满足需求。各招募省项目办、高校项目办和各服务省项目办在选拔工作期间应密切沟通，保证信息畅通。高校在选拔过程中如出现服务岗位空缺，应将空缺岗位及时报招募省项目办进行更换或将空缺岗位退还招募省项目办，由招募省项目办统一协调、完成招募任务。

同时，各高校项目办要加强管理、充分利用志愿者人才库，把入选和未入选的报名学生全部纳入其中，以备岗位更换和因体检等原因更换之需。

（6）督导检查。6月上旬，在志愿者选拔录取阶段，全国项目办将到各地、高校对招募选拔工作开展督导检查，重点检查招募工作流程中体检、公示等重点工作环节，各省项目办也要根据本省招募选拔的实际情况进行自查。

（7）审定确认

a. 6月下旬，全国项目办委托各招募省项目办向志愿者发《确认通知书》（注明服务岗位、培训报到时间地点及联系方式）。

b. 7月上旬，全国项目办通过“西部计划信息系统”汇总审定入选志愿者名单，并向社会公布。

（8）报送总结。7月上旬，高校根据招募工作情况，在“西部计划信息系统”中填写《西部计划招募工作报表》，下载打印报表（一式三份），交主管校领导签字并加盖学校公章。留存一份报表，将另两份报表连同志愿者报名表、体检单一并报省项目办。各省级项目办负责审核高校西部计划招募工作报表与志愿者报名表、体检单，完成本省西部计划招募工作报告，经省级团委分管书记签字，省项目办盖章后，将招募工作报告与各高校报表一并上报全国项目办，作为评估考核的重要依据。

（四）集中培训及上岗

1. 做好服务

为加强志愿者管理，志愿者服务期间，户口、档案保留在毕业高校；服务期满后志愿者通过双向选择落实工作单位，学校再发放报到证。

2. 实习见习

有条件的招募省要充分利用毕业生离校前的时间，对入选志愿者开展基层工作和群众工作方法、志愿服务理念、安全健康、就业、创业服务等内容的培训，并根据岗位专业要求，开展相关见习、实习。同时根据本省实际组织志愿者派遣前的短期集中培训。

3. 集中派遣培训

7 月 26 日、27 日，各招募省项目办派工作人员集中组织本省志愿者到服务省培训地报到并参加由服务省项目办统一组织的培训。志愿者携《确认通知书》、毕业证和本人身份证件，培训自 7 月 28 日开始，不得少于 4 天。服务省项目办应在 7 月 10 日前确定志愿者报到培训具体地点、联系方式，报全国项目办并通知对口招募省项目办。

4. 志愿者补招

培训派遣期间，如出现入选志愿者流失，各服务省项目办根据实际情况向全国项目办提交补招申请后，开展志愿者补招，补招工作需严格按照全国项目办制定的志愿者选拔条件和体检等选拔程序，从志愿者后备人才库选拔并经培训后方可派遣到岗。

5. 志愿者信息确认

志愿者到达服务地后，需在 8 月 15 日前登录西部计划信息系统，填写确认有关服务信息，内容包括：服务岗位，服务地联系电话，发放补助专用青年卡（农行）卡号。

6．3年期志愿者学费和助学贷款代偿相关事项

按照国家有关规定，从2009年开始，对参加西部计划并到西部地区县以下农村基层单位履行3年服务期限的应届毕业生，实施相应的学费和助学贷款代偿。具体由今年符合条件的新入选志愿者向本人毕业高校学生管理资助中心等相关机构申请办理。在志愿者申请志愿者学费和助学贷款代偿过程中，高校项目办应提供必要帮助；服务县项目办应在志愿者到岗后及时协调相关志愿者与服务单位签订明确3年服务期的服务协议书；省级项目办要会同教育部门做好协调指导。

7．岗位管理

志愿者派遣时，服务省、服务县项目办应严格按照全国项目办确认的志愿者录用岗位安排上岗，特别是基层青年工作、现代农村远程教育、基层检察机关、基层法律援助、基层人民法院、开发性金融、西部平安建设专项行动岗位要严格执行。调换岗位需征得志愿者本人同意并报经省级项目办批准，严禁随意调换志愿者岗位，严禁随意调整志愿者服务地。如发现擅自调换岗位和服务县的情况，全国项目办将予以通报批评，情节严重者，取消下一年度服务县资格。

（五）管理服务

进一步落实“谁用人、谁受益、谁负责”和“培养与使用并重”的原则，坚持以人为本，加强管理服务工作的制度建设和机制建设。各级项目办要严格按照《大学生志愿服务西部计划各级项目办职责》、《大学生志愿服务西部计划志愿者管理办法》、《大学生志愿服务西部计划安全健康管理体系》、《大学生志愿服务西部计划信息管理体系》等规定，明确责任，规范管理，强化服务县项目办和用人单位管理服务责任，切实落实好西部计划志愿者岗位对接和专、兼职担任乡镇团委副书记等工作。服务省项目办要加强服务县年度工作考核，实行服务县考核末位淘汰制。服务县项目办要加强对服务单位和志愿者的年度考核，实行服务单位考核末位淘汰制，考核特别优秀的志愿者推荐参加全国优秀志愿者评选。关心志愿者工作、生活，为志愿者成长成

才，扎根基层创造良好条件。

（六）就业服务

认真贯彻落实中央有关于引导和鼓励高校毕业生面向基层就业的文件精神，积极争取组织、人力资源和社会保障等有关党政部门的支持，切实将已出台的各项政策落到实处，并积极争取有利于期满志愿者就业的新政策。要按照全团促进青年就业创业工作统一部署，把西部计划志愿者的就业服务工作纳入青年就业创业基金、实施青年创业小额担保贷款项目和建立青年就业创业见习基地等重点工作实施范围。

各级项目办要充分发挥人力资源市场（人才市场、劳动力市场和高校毕业生市场）的作用，依托社会人力资源服务机构，积极为期满志愿者提供就业岗位信息、就业指导咨询和职业技能培训等服务。有条件的地区要积极开展网上和现场招聘活动。要整合团内资源，组织青联、青企协等团属社团或个人为期满志愿者提供就业岗位信息，同时面向社会广泛征集就业岗位信息，为服务期满志愿者提供切实有效的就业服务。

开展西部计划就业服务基地创建工作。本着合作共建的原则，与积极为期满志愿者提供就业岗位信息并吸纳志愿者就业的用人单位共同探索建立就业服务的长效机制。

探索开展定向培养工作。在志愿者招募、培训和服务期间，通过举办双选会、洽谈会等形式，组织动员用人单位与志愿者进行双向选择，帮助志愿者在服务期满前确定初步就业意向，并创造条件，为确定意向的双方加强交流、增进互信和志愿者期满后到意向单位顺利就业提供帮助。

对服务期满1年并考核合格的志愿者名单，由全国项目办审核统计，于每年2月底前报教育部公布，以便招生单位及时了解志愿者情况，使相关考生享受考研加分政策。

各级项目办要切实负起责任，争取党委政府支持，落实国务院办公厅《关于加强普通高等学校毕业生就业工作的通知》（国办发

［2009］3号）有关精神，进一步做好西部计划与相关鼓励和引导高校毕业生面向基层就业专门项目的待遇政策的衔接工作，以充分调动西部计划志愿者的积极性。要结合实际采取有力措施，努力为本省招募的和在本省服务的期满志愿者提供有效的就业服务。高校项目办要向用人单位重点推荐本校派出的服务期满志愿者。县级项目办要积极争取党政支持，努力为期满志愿者扎根本地创造条件。各级项目办要逐步建立志愿者人才库，密切配合，加强协作，对服务期满志愿者的就业创业情况及时进行跟踪调查，加强对期满志愿者的跟踪培养。

认真做好西部计划和选调生、“村官计划”、农村教师特设岗位等项目的对接，择优推荐服务期满的西部计划志愿者应聘相关项目。

（七）评估考核

6月，各省级项目办要依据全国项目办制定的《评估考核办法》，对2008至2009年度项目实施的总体绩效、各级项目办的工作成效和志愿者个人服务业绩进行考核评估。

1. 志愿者服务期满，服务县项目办对其作出鉴定并存入本人档案，考核合格的颁发证书，作为志愿服务经历和享受相关政策的证明。

2. 省项目办对下一级项目办工作的评估结果作为表彰和确定下一年度项目实施计划的重要参考依据。

3. 全国项目办对省、县项目办的评估结果，将作为下一年度确定招募、派遣指标和服务县的重要参考依据，同时汇总项目评估结果上报国务院并抄报有关部委。

（八）总结表彰

各服务省要依据评估考核的结果，按照共青团中央、教育部、财政部、人事部《关于实施大学生志愿服务西部计划的通知》（中青联发［2003］26号）规定进行总结表彰。主办单位将继续联合表彰优秀志愿者和相关项目办。

五、政策保障

根据《关于实施大学生志愿服务西部计划的通知》（中青联发

[2003] 26 号),《关于做好 2004 年大学生志愿服务西部计划工作的通知》(中青联发 [2004] 16 号),中办、国办《关于引导和鼓励高校毕业生面向基层就业的意见》(中办发 [2005] 18 号)和国务院办公厅《关于加强普通高等学校毕业生就业工作的通知》(国办发 [2009] 3 号)有关精神,2009 年大学生志愿服务西部计划志愿者除享受国家规定的高校毕业生就业优惠政策外,给予以下政策支持。

1. 服务期间,志愿者可享受一定的生活补贴(含交通补贴)。服务单位应为志愿者提供住宿等必要的生活条件。

2. 服务期间,志愿者党团关系转至服务单位,户口和档案保留在毕业高校,免收服务费用。志愿者服务期满后,根据本人意愿可回到入学前户籍所在地或到其他地区就业,凡落实了接收单位的,按照接收单位所在地的毕业生就业接收政策办理相关手续,其择业期根据服务年限顺延。

3. 服务期间,相关部门可安排志愿者兼职或专职担任所在乡镇团委副书记、学校、青年中心及其他服务单位的管理职务。

4. 服务期满,对志愿者作出鉴定,存入本人档案;考核合格的,颁发证书,作为志愿者服务经历和就业、创业的证明。

5. 志愿者服务期满 1 年考核合格的,可以应届高校毕业生身份报考公务员。报考中央机关和东、中部地区公务员的,同等条件下,优先录取;报考西部地区公务员的,笔试总分加 5 分。

志愿者服务所在地和原籍所在地招考公务员,应将符合条件的志愿者纳入招考范围。志愿者服务期未满 1 年的,可以社会在职人员身份报考公务员,但不享受相关优惠政策。

6. 志愿者服务期满 1 年考核合格的,3 年内报考研究生,初试总分加 10 分;同等条件下,优先录取。

已被录取为研究生的应届高校毕业生参加西部计划的,学校应为其保留学籍。有条件的高校可以奖学金的方式鼓励应届毕业生参加西部计划。

7. 原服务单位和服务地国有企事业单位有职位空缺需补充人员

时，应优先考虑接收服务期满考核合格的志愿者。参加支教服务的志愿者，并符合农村义务教育阶段学校教师特设岗位相关要求的可报名参加农村义务教育阶段学校教师特设岗位招聘，同等条件下优先录用。服务期满自主创业的，可享受行政事业性收费减免、小额贷款担保和贴息等有关政策。

8. 志愿者服务期满 1 年考核合格后进入国有企事业单位的，由接收单位按照所任职务比照同等条件人员确定其职务工资标准；其服务期限，计算为工龄，其服务时间视同养老、工伤、医疗、事业等社会保险缴纳年限。在今后晋升中高级职称时，同等条件下优先评定。

9. 对在校期间获得助学贷款且服务期间确有还贷困难的高校毕业生参加西部计划的，学校应为其展期还贷提供帮助。

10. 西部计划志愿者在服务期间，享受大学生志愿服务西部计划志愿者综合保障险（详见附件 3，略）。

11. 服务期为 1 年、服务期满考核合格的，授予中国青年志愿服务铜奖奖章；服务期为 2～3 年、服务期满考核合格的，授予中国青年志愿服务银奖奖章；表现优秀的授予中国青年志愿服务金奖奖章。表现特别优秀的推荐参加中国青年五四奖章、中国十大杰出青年、中国十大杰出青年志愿者、国际青少年消除贫困奖等评选。

12. 各地出台的政策如优惠于以上政策则参照各地政策执行。西部计划各专项行动制定的相关政策如优惠于以上政策则参照其政策执行。

全国项目办将深入研究、加强协调，进一步做好西部计划与相关鼓励和引导高校毕业生面向基层就业专门项目的待遇政策的衔接工作。各省项目办也要与省有关部门积极沟通，争取党政大力支持，为西部计划志愿者提供良好的政策保障。

六、经费保障

1. 志愿者补贴。志愿者服务期间中央财政给予一定补贴。生活补贴为每人每月 680 元，同时根据所在服务地享受艰苦边远地区津贴（按照人事部、财政部《完善艰苦边远地区津贴制度实施方案》，全国有 984 个县、市、区纳入实施艰苦边远地区津贴范围，每月津贴标准分别为：一类区 65 元，二类区 120 元，三类区 215 元，四类区 370 元，五类区 640 元，六类区 950 元），按月发放。具体标准由省项目办与本省财政厅联系后做相关解释。交通补贴按志愿者家庭所在地和服务地之间的实际里程发放，每年发放两次。志愿者的生活补贴和交通补贴由全国项目办划拨至服务省指定专户，服务省项目办统一拨付至志愿者所持银行卡中；志愿者所在服务县、服务单位要切实关心爱护志愿者，帮助他们解决生活、工作中遇到的一些实际困难和问题，有条件的地区和单位可根据实际情况给予志愿者适当生活补贴。

2. 志愿者保险费用。志愿者保险由全国项目办统保，保费为每人 200 元。

3. 志愿者体检费。由中央财政按照人均 200 元的标准给予支持，全国项目办在志愿者到岗后按照各省实际到岗人数一次性拨付给招募省项目办，由省项目办根据实际情况分配。

4. 其他经费。各级项目办要积极争取在同级财政安排的专项工作经费中，列支培训、项目管理工作经费。服务县项目办应结合实际争取党委、政府支持，将西部计划纳入当地年度重点工作范围，并将管理经费列入同级地方财政预算。

七、地方项目

2009 年，各省（区、市）项目办要进一步加大地方项目的实施力度，同时要认真按照西部计划全国项目的运行模式和工作要求，以统筹规范、完善政策、健全机制为主要工作目标，协调处理好与其他引导大学生到基层就业项目的关系。地方项目的实施要与全国项目统筹兼顾，地方项目纳入全国项目的表彰范围，志愿者享受同等政策待遇。今年地方项目的具体实施方案由各省根据实际制定，及时报全国项目办备案。地市以下项目办自行开展的有关项目，主办单位申请纳入西部计划地方项目实施范围的，报所在省级项目办审核，并由省级项目办报全国项目办备案。

就业见习政策

人力资源社会保障部　教育部　工业和信息化部　国务院国有资产监督管理委员会　国家工商总局　全国工商联　共青团中央关于印发三年百万高校毕业生就业见习计划的通知

（人社部发［2009］38号）

各省、自治区、直辖市人力资源社会保障（人事、劳动保障）厅（局）、教育厅（教委）、工业和信息化厅（局）、中小企业厅（局、办）、国资委、工商行政管理局、工商联、共青团：

为贯彻落实《国务院办公厅关于加强普通高等学校毕业生就业工作的通知》（国办发［2009］3号），进一步做好离校未就业高校毕业生见习工作，提升高校毕业生就业能力，人力资源社会保障部、教育部、工业和信息化部、国资委、工商总局、全国工商联和共青团中央共同制定了《“三年百万”高校毕业生就业见习计划》，决定自2009—2011年，用3年时间组织100万离校未就业高校毕业生参加就业见习。现将《“三年百万”高校毕业生就业见习计划》印发给你们，请结合实际情况，落实目标任务，制定工作方案，抓紧组织见习单位的申报和认定，做好计划的组织实施工作。

二〇〇九年四月二日

“三年百万”高校毕业生就业见习计划

一、指导思想

贯彻落实《国务院办公厅关于加强普通高等学校毕业生就业工作的通知》的要求，把高校毕业生就业摆在当前就业工作的首位，充分发挥政府有关部门、社会各方面的力量，帮助离校未就业的高校毕业生通过就业见习提升就业能力，尽快实现就业。

二、目标任务

总体目标：2009—2011 年，组织 100 万离校未就业的高校毕业生参加就业见习；拓展和规范一批用人单位作为高校毕业生见习基地；进一步完善离校未就业高校毕业生见习制度；通过努力，提高参加见习的高校毕业生的综合素质和就业能力，丰富工作经验，增强市场就业竞争力。

计划任务：2009 年 30 万人，2010 年 35 万人，2011 年 35 万人。

三、工作内容

（一）确定见习单位。各地要在现有见习单位的基础上，根据当地高校毕业生就业形势和见习任务需要，建立并拓展一批见习单位。确定见习单位的具体要求：

1. 见习单位应具有较强的社会责任感，管理规范，能够持续提供一定数量的见习岗位。优先吸纳规模较大并有一定社会影响力的企事业单位作为见习单位。

2. 见习单位的行业分布，应优先考虑当地重点发展的优势产业，同时尽可能吸纳不同行业的企事业单位参加，以满足高校毕业生的不同需求。

3. 见习单位提供的见习岗位，应具备一定的技术含量和业务内容，以确保不同专业的高校毕业生提高技能水平和工作能力。

4. 见习单位应明确每年度所能提供的见习岗位数量、岗位职责、岗位要求和见习时间等有关内容。

5. 见习单位应能够为参加见习的高校毕业生提供部分基本生活补助，并办理人身意外伤害保险。

在各地确定见习单位的基础上，人力资源社会保障部将会同相关部门定期共同确定一批国家级高校毕业生就业见习示范基地，统一挂牌，统一管理。

（二）明确目标任务。各地要按照《“三年百万”高校毕业生就业见习计划 2009 年度目标任务安排》（见附件，略），层层分解见习任务，落实责任部门。要重点组织离校未就业的高校毕业生在入学前户籍所在地城市参加见习，并积极探索对尚未离校的应届高校毕业生开展见习。有条件的城市可探索开展非本地户籍高校毕业生和在校生的就业见习活动。

（三）组织参加见习。各地要对未就业的高校毕业生情况进行摸底调查，制定高校毕业生就业见习计划，明确年度见习目标任务和工作安排。人力资源社会保障部门要组织开展离校未就业高校毕业生的登记工作，鼓励和引导他们参加就业见习。有条件的省市，应建立就业见习网站或网页，方便毕业生通过网络报名。

（四）加强见习管理。见习之前，要指导见习单位和参加见习的高校毕业生签订就业见习协议，明确见习期限、岗位职责、见习待遇、见习计划安排，以及见习单位和见习人员的权利义务。见习期间，见习单位应指定专人加强对见习人员的工作指导，努力提高见习质量；加强对见习人员的管理，维护见习人员的合法权益，妥善处理见习期间产生的问题。高校毕业生见习期间由见习单位和地方政府提供基本生活补助。要发挥社会各方面积极性，积极探索高校毕业生就业见习的社会化、市场化运作机制。见习期满，见习单位应为见习人员出具见习证明，作为用人单位招聘选用的依据之一。高校毕业生在同一单位见习时间一般为 3～12 个月。见习期间或期满后被见习单位正式录用的，单位应及时与高校毕业生签订劳动合同，缴纳社会保险。见习时间可作为工龄计算。

（五）提供见习服务。各地要将见习工作纳入高校毕业生就业服务的整体工作。要通过媒体以及公共就业服务机构、人才服务机构等多种渠道，加强见习信息发布，公布见习单位名单、岗位数量、期限、人员要求等有关内容。见习之前，各地要积极为参加见习的高校毕业生开展职业指导，要对见习单位开展政策宣传，包括就业形势、见习政策、人力资源和社会保障政策法规等内容。公共就业服务机构、人才服务机构应及时组织开展见习单位和高校毕业生的双向选择活动，并在见习期间，为参加见习的高校毕业生免费提供人事档案托管服务。见习期满未被见习单位录用的高校毕业生，可继续享受政府提供的免费就业信息和各类就业服务；对有创业愿望的，要提供项目开发、方案设计、风险评估、开业指导、融资服务、跟踪扶持等“一条龙”创业服务。

（六）确定重点联系城市。人力资源社会保障部将确定一批高校毕业生数量多、见习工作基础较好、见习规模较大的城市作为全国高校毕业生就业见习工作重点联系城市。指导重点联系城市大胆探索，结合实际创造性地开展工作。组织经验交流活动，以推动全国就业见习工作的开展。

四、组织实施

（一）加强组织领导。各地要高度重视高校毕业生就业见习工作，将其作为促进高校毕业生就业的重要措施，加大资金投入和政策支持，确保见习工作顺利开展。相关部门要加强对高校毕业生见习的组织管理，总结和推广有效做法，及时解决存在的问题。要建立见习统计制度，及时掌握工作进度。各地和有关部门已开展的高校毕业生就业见习工作，可纳入到“三年百万”高校毕业生就业见习计划。

（二）明确职责分工。高校毕业生就业见习工作由人力资源社会保障部牵头，教育部、工业和信息化部、国资委、工商总局、全国工商联、共青团中央共同组织实施。人力资源社会保障部门要做好见习的指导和协调工作，做好离校未就业高校毕业生登记、见习信息发布、见习单位的日常管理工作，以及见习过程的跟踪管理和服务；教育部门要做好校园内就业见习政策宣传工作，指导高校将就业见习作为就业指导的重要内容；中小企业主管部门要推荐一批经营管理规范、效益和信誉好的中小企业作为见习单位，国有资产监督管理部门要组织一批国有大中型企业作为见习单位，工商行政管理部门要充分发挥各级个体劳动者协会、私营企业协会的作用，动员引导一批管理规范、经营稳定、信誉良好的非公有制企业作为见习单位，工商联要组织一批信誉好、就业和社会保障制度健全的民营企业作为见习单位，形成人力资源社会保障部门牵头、有关部门协助配合的见习工作机制；共青团要继续做好“青年就业创业见习基地”创建工作，组织实施青年就业见习活动，其中高校毕业生见习纳入“三年百万”高校毕业生就业见习计划。

（三）确保经费到位。各地要按照国务院要求，认真落实有关规定，确保见习期间的基本生活补助经费足额到位。见习期间，由见习单位和地方政府提供基本生活补助，保障高校毕业生见习期间的基本生活，具体标准和操作办法由各地制定。

（四）开展评选表彰。人力资源社会保障部、教育部、工业和信息化部、国资委、工商总局、全国工商联、共青团中央定期对见习单位的工作情况进行考核和评价，对提供岗位数量多、岗位质量高、见习待遇好、吸纳高校毕业生就业多的见习单位予以表彰和奖励。

（五）做好宣传工作。要广泛动员社会资源，营造关心帮助高校毕业生参加就业见习的社会氛围。要大力加强舆论宣传，采用各种形式，宣传见习政策和意义，宣传毕业生参加就业见习后成功就业的典型。要大力宣传行业、企事业单位开展就业见习的经验做法，树立见习单位的良好社会形象，以推动更多的用人单位主动承担见习任务，促进更多的高校毕业生通过见习实现就业。

国家工商总局关于实施三年百万高校毕业生就业见习计划做好毕业生就业创业工作的通知

（工商个字［2009］121号）

各省、自治区、直辖市及计划单列市、副省级市工商行政管理局，个体劳动者协会、私营企业协会：

为贯彻落实《国务院办公厅关于加强普通高等学校毕业生就业工作的通知》（国办发［2009］3号，以下简称《通知》）进一步做好离校未就业高校毕业生见习工作，提升高校毕业生就业能力，人力资源和社会保障部、教育部、国家工商行政管理总局等七部门共同制定了《"三年百万"高校毕业生就业见习计划》（以下简称《计划》），决定自2009年至2011年，用3年时间组织100万离校未就业高校毕业生参加就业见习，并要求抓紧做好《计划》的组织实施工作。为认真贯彻落实《计划》，确保取得实效，现就有关工作要求通知如下：

一、提高思想认识，明确工作任务

高等学校毕业生是我国宝贵的人力资源。当前，受国际金融危机影响，高校毕业生就业问题十分突出。对此，党中央国务院出台了一系列促进高校毕业生就业的政策措施，国务院在《通知》中要求：各地区、各有关部门要把高校毕业生就业摆在当前就业工作的首位，充分发挥政府各有关部门、社会各方面的力量，帮助离校未就业的高校毕业生通过就业见习提升就业能力，尽快实现就业。

按照七部门制定的《计划》的要求，工商行政管理部门要充分发挥各级个体劳动者协会、私营企业协会的作用，动员引导一批管理规范、经营稳定、信誉良好的非公有制企业作为见习单位。

各级工商行政管理部门和个私协会要从国家大局出发，不断增强政治意识、大局意识和责任意识，将高校毕业生就业与促进个体私营经济发展结合起来，立足职能，积极配合有关部门，切实完成好《计划》赋予的工作任务，帮助高校毕业生成为个体私营经济领域的就业者和创业者。

二、坚持标准，确定见习单位

各地在选择、确定见习单位的过程中，要严格按照《计划》规定的标准进行操作，不得随意降低条件，防止凑数应付，务求在符合条件的基础上逐步确立见习单位。具体的要求是：

（一）见习单位应具有较强的社会责任感，管理规范，能够持续提供一定数量的见习岗位。优先吸纳规模较大并有一定社会影响力的个体私营企业作为见习单位。

（二）见习单位的行业分布，应优先考虑当地重点发展的优势产业，同时尽可能吸纳不同行业的企业参加，以满足高校毕业生的不同需求。

（三）见习单位提供的见习岗位，应具备一定的技术含量和业务内容，以有利于不同专业的高校毕业生提高技能水平和工作能力。

（四）见习单位应明确每年度所能提供的见习岗位数量、岗位职责、岗位要求和见习时间等有关内容。

（五）见习单位应能够为参加见习的高校毕业生提供部分基本生活补助，并办理人身意外伤害保险。

各地要在符合条件且自愿报名参加的个私企业中，分期分批选择、确立非公企业见习单位，并结合本地实际情况，按照规定的程序和形式向社会公布。

三、加强组织领导，务求工作实效

各级工商行政管理部门要依据《计划》的目标任务、工作内容、组织实施等项要求，加强组织领导，建立主管领导负责制，充分发挥个私协会的作用，将各项工作任务落到实处。中国个体劳动者协会要督促各地协会结合本地实际，进一步细化工作要求，明确工作内容，落实工作责任。要采取措施，鼓励会员企业积极参与见习活动，鼓励、引导非公企业将见习表现突出、工作能力较强的高校毕业生吸纳在本企业就业。各地个私协会要继续组织开展“自主创业我先行全国高校大学毕业生创业报告会”活动，帮助大学毕业生了解创业知识，树立创业意识，提高创业能力；继续开展私营企业招聘会等促进就业创业活动，加强对高校毕业生的创业指导，提供政策咨询等服务。

四、加大宣传力度，畅通信息沟通渠道

各级工商行政管理部门和个私协会要加大宣传力度，切实做好动员、组织工作，要充分利用广播、电视、报纸、网络等新闻媒体的宣传，扩大见习政策的社会影响，形成全社会关注和支持实施见习计划的良好局面。要及时总结经验，加强分类指导和督促检查，促进工作开展。要建立和完善信息通报制度，每年 6 月 20 日、12 月 20 日前向国家工商总局和中国个体劳动者协会上报本省非公企业见习名单（见附件 1，略）、见习计划进展情况（见附件 2，略）。要建立联系人制度，请各省、区、市工商局将联系单位、联系人名单报国家工商总局个体私营经济监管司和中国个体劳动者协会。

二〇〇九年六月十九日

科研项目吸纳政策

科技部　教育部　财政部
人力资源社会保障部
国家自然科学基金委员会
关于鼓励科研项目单位吸纳和
稳定高校毕业生就业的若干意见

（国科发财［2009］97号）

各有关科研项目承担单位：

根据国务院办公厅《关于加强普通高等学校毕业生就业工作的通知》（国发办［2009］3号）精神，为进一步加强高校毕业生就业工作，促进科研项目单位吸纳和稳定高校毕业生就业有关政策的贯彻实施，充分发挥科技工作培养人才、促进就业的作用，现就承担重大科研项目的单位（以下简称项目承担单位）聘用优秀高校毕业生就业的有关工作提出如下意见。

一、项目承担单位聘用高校毕业生参加重大科研项目研究的重要意义。优秀高校毕业生特别是研究生是国家科技创新的一支重要生力军。项目承担单位选聘优秀高校毕业生参与研究工作，对加快科研项目实施，提高科研项目研究水平具有积极作用，对促进高校毕业生就业、培养高素质人才、增强国家科技创新能力具有重要的意义，是推动建设创新型国家和人力资源强国的一项重要举措。

二、项目承担单位聘用高校毕业生参与重大科研项目研究的范围。国家鼓励高校、科研机构和企业，按照公开、自愿、双向选择的原则，在所承担的民口科技重大专项、973计划、863计划、科技支撑计划项目以及国家自然科学基金的重大重点项目实施过程中，聘用高校毕业生作为研究助理或辅助人员参与研究工作，并根据国家有关规定签订服务协议，明确双方的权利、责任和义务，聘用对象主要以优秀的应届毕业生为主，包括高校以及有学位授予权的科研机构培养的博士研究生、硕士研究生和本科生。

三、项目承担单位聘用高校毕业生参与重大科研项目研究的经费渠道。项目承担单位聘用高校毕业生参与研究，其劳务性费用和有关社会保险费补助按规定从项目经费中的“劳务费”科目列支。具体操作办法如下：

在研项目在不改变研究目标和经费预算的前提下，采用调整项目经费支出结构的办法，统筹安排聘用高校毕业生需要支出的劳务性费和社会保险费补助。项目（课题）组根据聘用计划提出预算调整意见，报项目承担单位批准同意后，按照相关经费管理制度规定调整执行。新立项目在编制预算前，要结合项目研究实际需求做好聘用计划，认真测算相应经费需求并纳入项目预算申请，按照相关经费管理制度规定核批下达。

四、相关经费的审核、管理和监督。重大科研项目聘用高校毕业生作为研究助理和辅助人员参与研究，其劳务性费用和社会保险费补助开支标准，原则上按相应岗位在当地的实际情况由项目承担单位确定。项目承担单位要加强对相关经费的财务管理，各项费用必须纳入单位财务统一核算，并按照单位工资的发放程序和方法以及社会保险缴费的有关规定执行。单位内部财务（审计）和监察部门要加强对相关经费的日常监督，确保资金支出的科学、合理和安全。

五、项目承担单位聘用高校毕业生的相关就业政策。高校毕业生参与项目研究期间，其户口、档案可存放在项目承担单位所在地或入学前家庭所在地人才交流中心。聘用期满，根据工作需要可以续聘或到其他岗位就业，就业后工龄与参与研究期间的工作时间合并计算，社会保险缴费年限合并计算。

六、加强重大科研项目聘用高校毕业生工作的组织领导。国家鼓励重大科研项目聘用优秀的高校毕业生参与研究工作。项目承担单位要结合项目研究工作需求，统筹安排，做好重大科研项目吸纳和稳定高校毕业生工作，为聘用的高校毕业生提供良好的研究和生活保障。高校和有关科研机构要加强宣传和引导，鼓励优秀的毕业生参与重大科研项目研究工作。各有关部门要切实发挥职能，落实工作责任，确保相关就业政策的落实，解决毕业生的后顾之忧。

七、各有关部门要切实履行职责，加强对相关经费使用情况的监督检查，提高财政资金的使用效益。同时，加强对重大科研项目聘用高校毕业生工作进展情况的跟踪指导和监督，认真研究解决执行中出现的问题，为相关工作的稳步推进创造良好的政策环境。

八、各地方要积极鼓励本地区设立的重大科研项目聘用高校毕业生参与研究工作，促进高校毕业生就业。具体措施办法可结合各地方实际，参照本意见另行制定。

二〇〇九年二月二十七日

入伍服兵役政策

财政部　教育部　总参谋部
关于印发《应征入伍服义务兵役高等学校毕业生学费补偿和国家助学贷款代偿暂行办法》的通知

（财教［2009］35号）

党中央有关部门，国务院有关部委、有关直属机构，武警部队，各省、自治区、直辖市财政厅（局）、教育厅（教委）、征兵办公室，新疆生产建设兵团财务局、教育局，各军区，各军兵种，军事科学院，国防大学，国防科学技术大学，各省军区（卫戍区、警备区），中央部门直属各高等学校：

为鼓励高等学校毕业生积极应征入伍服役，提高兵员征集质量，推进国防和军队现代化建设，根据《国务院办公厅关于加强普通高等学校毕业生就业工作的通知》（国办发［2009］3号）和《总参谋部、总政治部、教育部、财政部关于做好普通高等学校应届毕业生征集工作的通知》（参动［2009］6号）有关精神，财政部、教育部、总参谋部决定自2009年起，对应征入伍服义务兵役的全日制普通高等学校应届毕业生，实施相应的学费补偿和国家助学贷款代偿。

现将《应征入伍服义务兵役高等学校毕业生学费补偿国家助学贷款代偿暂行办法》印发给你们，请遵照执行。

附件：应征入伍服义务兵役高等学校毕业生学费补偿国家助学贷

款代偿暂行办法

二〇〇九年四月二十日

附件

应征入伍服义务兵役高等学校毕业生学费补偿国家助学贷款代偿暂行办法

第一章 总 则

第一条 为鼓励高等学校毕业生积极应征入伍服役，提高兵员征集质量，推进国防和军队现代化建设，根据《国务院办公厅关于加强普通高等学校毕业生就业的通知》（国办发［2009］3号）和《总参谋部 总政治部 教育部 财政部关于做好普通高等学校应届毕业生征集工作的通知》（参动［2009］6号）有关精神，制定本办法。

第二条 从2009年起，国家对应征入伍服义务兵役的高等学校毕业生在校期间缴纳的学费实行补偿。

在校期间获得国家助学贷款（含高校国家助学贷款和生源地信用助学贷款，下同）的，学费补偿款必须首先用于偿还助学贷款本金及其全部偿还之前产生的利息（以下简称国家助学贷款本息）。

第三条 本办法中高等学校指根据国家有关规定批准设立、实施高等学历教育的中央部门和地方所属全日制公办普通高等学校、民办普通高等学校和独立学院（以下简称高校）。

第四条 本办法中高等学校毕业生指上述高校中全日制普通本专科（含高职）、研究生、第二学士学位应届毕业生，以及成人高校招收的普通本专科（高职）毕业生（以下简称高校毕业生）。在校期间已享受免除全部学费政策的学生，定向生、委培生，国防生、部队招收的大学毕业生干部，以及从高等学校毕业生中直接招收的士官等其他形式到部队参军的高校毕业生不包括在内。

第二章　补偿或代偿的标准、年限及方式

第五条　国家对每名高校毕业生每学年补偿学费或代偿国家助学贷款本息的金额，最高不超过 6 000 元。

高校毕业生在校期间每学年实际缴纳的学费或获得的国家助学贷款本息高于 6 000 元的，按照每年 6 000 元的金额实行补偿或代偿。

高校毕业生在校学习期间每学年实际缴纳的学费或获得的国家助学贷款本息低于 6 000 元的，按照学费和国家助学贷款本息两者就高的原则，实行补偿或代偿。

第六条　国家对本科、专科（高职）、研究生和第二学士学位毕业生补偿学费或代偿国家助学贷款本息的年限，分别按照国家规定的相应学制计算。

高校毕业生在校学习时间低于相应学制规定年限的，按照实际学习时间计算。高校毕业生在校学习时间高于相应学制规定年限的，按照学制规定年限计算。

专升本、本硕连读、中职高职连读、第二学士学位毕业生补偿学费或代偿国家助学贷款本息的年限，分别按照完成本科、硕士、高职和第二学士学位阶段学习任务的实际时间计算。

第七条　国家对获得补偿学费和代偿国家助学贷款本息资格的应征入伍服义务兵役的高校毕业生，按照上述原则和金额，在高校毕业生入伍时，实行一次性补偿或代偿。

第三章　申请与审核

第八条　应征入伍服义务兵役的高校毕业生，按以下程序申请学费补偿和国家助学贷款本息代偿：

（一）每年 6 月 15 日前，被确定为预征对象的高校毕业生按规定

填写《应届毕业生预征对象登记表》，并向就读高校递交《应征入伍高校毕业生补偿学费代偿国家助学贷款申请表》。在校学习期间获得国家助学贷款的高校毕业生，还需提供与国家助学贷款经办银行签订的毕业后还款计划书复印件，其中，应注明已申请国家助学贷款代偿。

（二）每年 6 月 30 日前，高校对被确定为预征对象的毕业生补偿学费和代偿国家助学贷款本息的条件资格、具体金额及相关信息资料进行初审，确认无误后，在《应征入伍高校毕业生补偿学费代偿国家助学贷款申请表》上加盖公章，连同《应届毕业生预征对象登记表》一起交给学生本人。

（三）每年 10 月 31 日前，高校毕业生到入学前户籍所在地报名应征时将《应届毕业生预征对象登记表》及《应征入伍高校毕业生补偿学费代偿国家助学贷款申请表》交县（市、区）人民政府征兵办公室。

（四）每年 12 月 31 日前，县（市、区）人民政府征兵办公室批准高校毕业生应征入伍后，向其发放《应征入伍通知书》，并会同同级教育行政部门对应征入伍的高校毕业生申请补偿学费和代偿国家助学贷款本息等情况进行复核。确认无误后，分别在《补偿学费代偿国家助学贷款申请表》上加盖公章。

（五）次年 1 月 15 日前，县（市、区）教育行政部门将户籍为本县（市、区）的应征入伍高校毕业生的《应征入伍通知书》复印件及《应征入伍高校毕业生补偿学费和代偿国家助学贷款申请表》原件，寄送至应征入伍毕业生原就读高校学生资助管理机构。

（六）地方高校和中央部门高校应在收到上述材料 10 个工作日内，按照隶属关系，分别报各省（区、市）学生资助管理中心和全国学生资助管理中心审核。地方高校应征入伍毕业生的材料由各省（区、市）学生资助管理中心审核无误后，报全国学生资助管理中心备案。

（七）全国学生资助管理中心应在收到各省（区、市）学生资助管理中心和中央部门高校报送的材料 10 个工作日内，完成备案和审核工作，确定当年应征入伍高校毕业生享受补偿学费和代偿国家助学贷款政策本息的最终名单以及具体金额。

第四章　预算下达、补偿或代偿的实施

第九条　应征入伍高校毕业生按照以下程序实施学费补偿和国家助学贷款本息代偿：

（一）中央部门高校应征入伍毕业生补偿学费和代偿国家助学贷款本息资金，由中央财政拨付全国学生资助管理中心，并由其拨付中央部门所属高校；地方高校应征入伍毕业生补偿学费和代偿国家助学贷款本息资金，由中央财政下达各省（区、市）财政部门。各省（区、市）财政部门收到中央财政拨付资金 15 日内，会同同级教育行政部门拨付地方所属高校。

（二）各中央部门高校和地方高校应在收到补偿学费和代偿国家助学贷款本息资金的 15 个工作日内，向毕业生补偿学费；对于申请助学贷款代偿的毕业生，由学校代替毕业生按照还款协议，向银行偿还其在本校办理的国家助学贷款本息，并将银行开具的偿还国家助学贷款本息的凭据交寄毕业生本人或其家长。将余下的资金汇至高校毕业生指定的地址或账户。

入学前在户籍所在的县（市、区）办理了生源地信用助学贷款的应征入伍毕业生，在收到代偿资金后 1 个月内，根据与银行签订的还款协议，由学生本人或家长（或其他法定监护人）一次性向银行偿还生源地信用助学贷款本息。

如应征入伍毕业生补偿的学费不足以偿还高校国家助学贷款或生源地信用助学贷款的，应征入伍毕业生应继续按照还款协议，将剩余部分国家助学贷款偿还经办银行。

（三）各县（市、区）学生资助管理中心应定期了解并积极督促户籍为本县（市、区）的应征入伍毕业生及时偿还生源地信用助学贷款本息。

第五章 管理与监督

第十条 因本人思想原因、故意隐瞒病史或违法犯罪等行为造成退兵的高校毕业生，取消补偿学费和代偿国家助学贷款资格。各省（区、市）人民政府征兵办公室应在接收退兵后 15 个工作日内将被部队退回的毕业生的姓名、毕业高校、退兵原因等情况逐级上报至国防部征兵办公室，并按照毕业生原就读高校的隶属关系，分别通报同级教育行政部门和中央部门高校。

被部队退回的高校毕业生，其已补偿的学费或代偿的国家助学贷款本息资金由毕业生户籍所在地县（市、区）教育行政部门会同同级人民政府征兵办公室收回。各县（市、区）教育行政部门应在收回补偿学费或代偿国家助学贷款资金 15 个工作日内，逐级汇总上缴全国学生资助管理中心。收回资金作为下一年度学费补偿或国家助学贷款本息代偿经费。

第十一条 各地教育行政部门、人民政府征兵办公室和高校要认真履行职责，按照规定要求，对应征入伍毕业生的入伍资格、补偿学费和代偿国家助学贷款本息情况进行认真审核，不得弄虚作假。各地教育行政部门和高校要严格执行国家相关财经法规和本办法的规定，安排专人负责，对补偿学费和代偿国家助学贷款的资金实行分账核算，专款专用，不得截留、挤占、挪用。

第六章 附 则

第十二条 经有关部门批准按照学分制收费的高校应征入伍服义务兵役的毕业生补偿学费的总额，按照本办法第五条确定的每年的补偿标准乘以相应学制计算。

第十三条 本办法由财政部、教育部、总参谋部负责解释。

第十四条 本办法自公布之日起实施。

总参谋部　总政治部　教育部 财政部关于做好普通高等学校应届毕业生征集工作的通知

（参动［2009］6号）

各省、自治区、直辖市教育厅（教委）、财政厅（局）、征兵办公室，各军区，各军兵种，军事科学院、国防大学，国防科学技术大学，武警部队，各省军区（卫戍区、警备区）：

征集普通高等学校应届毕业生（以下简称高校毕业生）入伍，是征集对象主体调整改革的重要方面。为进一步推进征兵工作改革，鼓励高校毕业生积极参军，从源头上提高新兵质量，现就做好高校毕业生征集工作有关问题通知如下：

一、征集对象范围

征集的高校毕业生，指普通高等学校应届毕业的学生。往届毕业生、成人教育、各类非学历教育、培训类院校及自考类院校学生不包括在内。征集高校毕业生以男性为主，女性高校毕业生征集数量根据军队需要确定。

二、征集年龄

高职（专科）毕业生当年年满18至23岁，本科及以上学历毕业生可放宽到24岁。

三、征集条件

政治条件，按照公安部、总参谋部、总政治部2004年10月9日公布的《征兵政治审查工作规定》和有关规定执行。体格条件，按照国防部2003年9月1日公布的《应征公民体格检查标准》和有关规定执行。

四、征集程序办法

（一）全面开展宣传发动。要通过多种方式，采取多种形式，在高校组织征兵宣传发动，深入搞好兵役法规、征兵政策和典型人物事迹等内容的宣传，鼓励高校毕业生积极投身国防和军队建设，实现人生理想，充分调动他们参军入伍的积极性。

（二）深入进行调查摸底。县级兵役机关会同教育部门，组织本辖区内高等学校对所有男性高校毕业生的专业、数量、参军意愿等情况进行普查，摸清思想动态，掌握征集底数。搞好兵役登记，为做好征集工作打好基础。

（三）择优确定预征对象。5 至 6 月份，高校所在地县级兵役机关会同教育、公安、卫生等部门，适时到高校组织进行身体初检和政治初审，符合基本征集条件的确定为预征对象，并填写《应届毕业生预征对象登记表》。身体初检时对视力、肝功等项目进行重点检查。

（四）优先保证应征入伍。确定为预征对象的高校毕业生，将户口迁回入学前户籍所在地，冬季征兵开始前持《应届毕业生预征对象登记表》到入学前户籍所在地县（市、区）征兵办公室报名应征。通过体格检查、政治审查并符合其他征集条件的，由县（市、区）人民政府征兵办公室批准入伍。

五、优惠政策

高校毕业生应征入伍服义务兵役，除享有优先报名应征、优先体检政审、优先审批定兵及其他优惠政策外，还享有下列优惠政策。

（一）优先选拔使用。同等条件下，高校毕业生士兵在选取士官、考军校、安排到技术岗位等方面优先；具有普通高等学校本科以上学历、取得相应学位的高校毕业生士兵，表现优秀、符合总政治部有关规定的可以直接选拔为军官。

（二）考学升学优惠。具有高等教育学历的士兵退役后，参加政法院校为基层公检法定向岗位招生时，优先录取；退役后三年内参加硕士研究生考试初试总分加 10 分，立二等功及以上的，退役后免试推荐入读硕士研究生；具有高职（高专）学历的，退役后免试入读成人本科或经过一定考核，入读普通本科。

（三）补偿学费和代偿国家助学贷款。对应征入伍的高校毕业生，由中央财政实施相应的学费补偿和国家助学贷款代偿。具体实施办法另行规定。

六、工作要求

征集高校毕业生入伍，是适应新时期国防和军队现代化建设需要，进一步优化兵员结构，提高部队战斗力，加强基层指挥军官队伍建设，增强退役士兵就业能力的重要举措。各级有关部门要高度重视，切实加强组织领导，精心筹划准备，深入宣传发动，采取有效措施，充分调动高校毕业生参军入伍的积极性。各级兵役机关要充分发挥牵头作用，结合本地区实际，科学筹划部署，严密组织实施，加强协调沟通，科学合理分配征集任务，搞好征集任务的调配，保证体检政审合格的高校毕业生能够批准入伍。教育部门要把征集高校毕业生作为一件大事，列入重要议事日程，积极开展工作，督促高校按照规定和要求完成征兵任务。高等学校主要领导要亲自抓，要按照属地管理原则，在当地兵役机关和教育部门的指导下，成立专门班子，指定专门人员，切实抓好落实；具体工作，高校有武装部的由武装部牵头负责，没有设立武装部的由学生管理部门负责。财政部门要加强经费保障，在高校开展兵役登记和确定预征对象等工作的经费，列入兵役征集经费支出，由兵役机关根据工作和完成征集任务情况将相关经费拨付学校，确保这项工作的顺利开展。

二〇〇九年四月二日

教育部办公厅　公安部办公厅关于普通高等学校毕业生应征入伍服义务兵役办理就业手续的通知

（教学厅［2009］5号）

各省、自治区、直辖市教育厅（教委）、公安厅（局），新疆生产建设兵团教育局、公安局，有关部门（单位）教育司（局），中央部门直属各高等学校：

自2007年以来，根据国务院、中央军委征兵命令，各地加大各级各类院校应届毕业生的征集力度，较大幅度地提高了兵员质量。为进一步落实国家鼓励普通高等学校应届毕业生应征入伍服义务兵役的有关政策，促进服役期满后的高校毕业生顺利就业，现就应征入伍服义务兵役的普通高等学校毕业生（以下简称入伍高校毕业生）办理就业手续的有关事项通知如下：

一、被确定为预征对象的普通高等学校应届毕业生离校时，就读高校为其办理《全国普通高等学校毕业生就业报到证》并在备注栏注明“预征对象”字样。在入学时已将户口由原籍迁至就读高校的预征对象，要将户口迁回原籍。

二、入伍高校毕业生原就读高校根据全国学生资助管理中心或省级学生资助管理中心核实的信息，对本校入伍毕业生进行登记备案，并作为其退出现役后办理就业手续的依据。

三、入伍高校毕业生退出现役后，可参照普通高等学校应届毕业生，凭用人单位录（聘）用手续，向原就读高校再次申请办理就业报到证。申请办理就业报到证的期限从退出现役当年的12月1日起，至次年12月31日止。

四、各地公安部门依据退出现役高校毕业生所持的《全国普通高等学校毕业生就业报到证》，为其办理从原籍到工作所在地的户口迁移手续。直辖市按照有关规定执行。

未能入伍的毕业生预征对象，可根据有关规定，向原就读学校申请办理就业改派手续，毕业生就业地公安部门凭毕业生所持的《全国普通高等学校毕业生就业报到证》为其办理户口迁移手续。直辖市按照有关规定执行。

请各省级教育行政部门、公安部门速将此件转发至本行政区域内各普通高等学校、公安派出所。

二〇〇九年六月九日

教育部办公厅关于做好普通高职（专科）毕业生服义务兵役退役和“下基层”服务期满后接受本科教育招生工作的通知

（教学厅［2009］6号）

各省、自治区、直辖市高校招生委员会、教育厅（教委），新疆生产建设兵团教育局，有关部门（单位）教育司（局），部属各高等学校：

为落实解放军总参谋部、总政治部、教育部、财政部《关于做好普通高等学校应届毕业生征集工作的通知》（参动［2009］6号）和中组部、人力资源和社会保障部、教育部、财政部、农业部、卫生部、国务院扶贫开发办和共青团中央《关于做好2009年高校毕业生三支一扶计划实施工作的通知》精神，现将《普通高职（专科）毕业生服义务兵役退役后接受普通本科教育招生办法（试行）》和《普通高职（专科）毕业生服义务兵役退役和“下基层”服务期满后接受成人本科教育招生办法（试行）》印发给你们，请遵照执行。

附件：1. 普通高职（专科）毕业生服义务兵役退役后接受普通本科教育招生办法（试行）

2. 普通高职（专科）毕业生服义务兵役退役和“下基层”服务期满后接受成人本科教育招生办法（试行）

二〇〇九年六月十日

附件 1

普通高职（专科）毕业生服义务兵役退役后接受普通本科教育招生办法（试行）

1. 各省级教育行政部门指定部分省属公办本科普通高校举办普通专科起点升本科教育，面向本省（区、市）具有普通高职（专科）毕业学历的退役士兵招生，采取计划单列、自愿报名、统一考试、单独录取的办法。

2. 专科起点升本科教育招生计划在国家核定的各省（自治区、直辖市）普通高校年度招生本科事业计划总规模内单列，一般不超过当年本省（自治区、直辖市）具有普通高职（专科）毕业学历退役士兵人数的30%。

3. 省级招生考试机构或由省级教育行政部门指定的相应机构负责招生宣传、报名、命题、考试和录取，以及联系省级民政部门获取上一年度本省（自治区、直辖市）具有普通高职（专科）毕业学历退役士兵相关信息等有关工作。

4. 每年春节后，考生凭身份证、普通高职（专科）毕业证和士兵退役证在户口所在地省级招生考试机构或相应机构指定的地点报名。

5. 已实行普通高校专升本统一招生考试的省份，招生工作纳入现有工作体系，考生按现行办法参加考试。未实行普通高校专升本统一招生考试的省份，由省级招生考试机构或相应机构参照成人高校招生专升本考试的科目设置和复习考试大纲单独组织命题和考试。

6. 省级招生考试机构或相应机构根据本省（自治区、直辖市）退役士兵专科起点升本科教育招生计划和相关考生考试成绩确定录取控制线。有关普通高校根据本校计划、考生志愿和成绩确定录取名单，经省级招生考试机构办理相关手续后发放录取通知书。

7. 录取工作应于 6 月底前完成，新生于当年秋季入学。

8. 学生在校学习时间一般为两年。未尽事宜按现行有关规定执行。

附件 2

普通高职（专科）毕业生服义务兵役退役和“下基层”服务期满后接受成人本科教育招生办法（试行）

1. 具有成人本科高等学历教育资格的普通高校和独立设置的成人高校（以下简称成人高校）均可举办成人专科起点升本科教育，招收学校所在省（区、市）内具有普通高职（专科）毕业学历的退役士兵，以及参加“选聘高校毕业生到村任职”、“三支一扶”（支教、支农、支医和扶贫）、“大学生志愿服务西部计划”、“农村义务教育阶段学校教师特设岗位计划”等项目服务期满并考核合格的人员，采取计划单列、自愿报名、申请入学、审核录取的办法。

2. 各省、自治区市、直辖市成人高校招生办公室（以下简称省级成招办）负责有关招生宣传、报名和录取组织工作，有关成人高校负责审核录取。

3. 成人高校在不超过本校上一年本科招生规模 20%以内可根据本校实际情况自行确定招生人数，招生计划由我部单独下达。

4. 上述退役士兵和“下基层”服务期满人员申请入学，须持身份证、普通高职（专科）毕业证、士兵退役证或分别由国家及地方相应政府部门颁发的第 1 条所述有关项目考核合格证，在户口或工作所在地省级成招办指定的地点报名，并按照省级成招办公布的招生院校及专业目录填报志愿。

5. 有关成人高校对报名人员提交的有关材料进行审核，确定录取名单，经省级成招办办理相关手续后发放录取通知书。报名人数超出计划数的，成人高校应对报名人员进行必要的考核、综合评价、择优录取。未被录取的由省级成招办调剂到其他志愿高校录取。

6. 每年春节前报名、3月1日前完成录取工作，新生于当年春季入学。

7. 学生学习方式为业余学习，在校学习时间一般为两年半。未尽事宜按现行有关规定执行。

就业推进行动

人力资源社会保障部　教育部财政部关于开展高校毕业生就业推进行动的通知

（人社部明电［2009］16号）

各省、自治区、直辖市人力资源社会保障（人事、劳动保障）厅（局）、教育厅（教委）、财政厅（局）：

今年以来，各地认真贯彻落实党中央、国务院关于普通高等学校毕业生（以下简称高校毕业生）就业的决策部署，积极实施各项政策措施，开展形式多样的就业服务活动，高校毕业生就业工作取得有效进展。当前，高校毕业生就业形势仍然十分严峻，工作任务十分繁重。为贯彻国务院第67次常务会议精神，定于今年7—9月，在全国开展“高校毕业生就业推进行动”，集中精力做好高校毕业生就业工作。现就有关问题通知如下：

一、进一步加强对高校毕业生就业工作的组织领导

要把高校毕业生就业作为今年下半年就业工作的重中之重，确保高校毕业生就业局势基本平稳。要在努力使更多的高校毕业生在离校前实现就业的前提下，对离校未就业高校毕业生的就业工作进行统筹安排，制定工作计划，确定目标任务，实施工作调度，加强工作督导。各级人力资源社会保障部门要积极会同教育、财政等相关部门和社会团体共同推动工作。要重点在第三季度集中所有力量开展工作。

力争在今年底使大多数登记求职的高校毕业生实现就业，并确保家庭困难和就业困难的高校毕业生当年实现就业。

二、加大高校毕业生就业政策落实力度

要完善高校毕业生就业政策的具体措施，全面推动政策落实，充分发挥政策促进就业的实效。要加快落实到城乡基层岗位就业的相关补贴、到中西部和艰苦边远地区县以下农村基层就业以及应征入伍服义务兵役的学费补偿和助学贷款代偿、企业吸纳专科以上毕业生在城市落户、重大科研项目承担单位吸纳高校毕业生、高校毕业生自主创业等政策，着力拓宽高校毕业生到各类企业就业、到城乡基层就业的渠道，扶持更多的高校毕业生自主创业。要加强对本地区高校毕业生就业政策落实情况和工作进展情况的督促检查，对政策不落实、工作进展慢的地区要重点督导，及时研究解决工作中存在的问题。

三、统筹实施高校毕业生就业项目

要加快各类高校毕业生就业项目实施进度，组织更多的高校毕业生报名参加。各高校要配合有关部门抓紧实施基层就业项目和应届高校毕业生入伍预征工作，及时组织报名参加。承担重大科研项目的高校及科研单位，要根据自身情况，按有关规定积极聘用高校毕业生。要抓紧建立健全项目统筹实施工作协调机制，以省级为单位，在组织部门、人力资源社会保障部门指导下，加强项目岗位需求统计、报名选拔招募、服务岗位派遣等方面的协调工作。进一步细化各项政策，特别是在参加社会保险、调整工作生活补贴标准、服务期满就业服务工作等方面要采取有效措施，并做好与已有政策的衔接配套工作。

四、积极做好离校未就业高校毕业生的登记管理工作

教育部门和高校要加强对档案和户口仍留在学校的高校毕业生的就业服务工作，人力资源社会保障部门也要积极协助做好就业服务等工作。对回到原籍的未就业高校毕业生，人力资源社会保障部门要以人才交流服务机构为主体，做好登记管理工作。要登记造册，摸清底数，建立专人联系制度，实施动态管理。尚未机构改革的地区，人事、劳动保障部门要统筹协调，全面掌握未就业高校毕业生情况，做好跟踪服务和就业政策落实工作。

五、大力开展高校毕业生就业服务活动

各级人力资源社会保障、教育部门及高校要进一步加大合作力度，积极会同有关部门和单位，为应届毕业生免费提供就业服务。各级教育部门要会同高校进一步强化对家庭经济困难毕业生、零就业家庭毕业生、少数民族高校毕业生等各类困难群体的就业帮扶，通过优先推荐、给予求职补贴等方式，开展个性化就业帮扶，继续深入细致地做好毕业生离校前的就业心理辅导和思想政治工作。

省级人力资源社会保障部门要积极会同有关部门，对高校毕业生就业服务系列活动进行具体部署。根据本地实际情况，在第三季度动员各类就业服务机构集中开展面向离校未就业高校毕业生的就业服务活动，加强就业指导，积极提供就业信息，落实相关就业扶持政策。要结合离校未就业高校毕业生所学专业和就业意向，组织其参加职业技能培训和创业培训，并按规定落实职业培训补贴、税费减免和小额担保贷款等政策。要将公共就业服务与开发基层社会管理和公共服务岗位紧密结合起来，参考基层社会管理和公共服务岗位目录，开发和推介一批城乡基层就业岗位。

六、认真实施“三年百万高校毕业生就业见习计划”

人力资源社会保障部门要会同有关部门抓紧完善一批见习基地，采取有力措施，确保全年见习目标任务顺利完成。要积极组织开展高校毕业生就业见习基地的申报受理、审核认定、信息发布工作，帮助一部分尚未就业的高校毕业生进入见习基地。切实落实见习期间的基本生活补助政策，见习期间由见习单位和地方政府提供基本生活补助。对中西部财政困难地区应由当地政府所负担的高校毕业生就业见习基本生活补助，可从中央财政就业补助专项转移支付资金中给予适当支持。要指导和配合见习单位进一步完善见习管理制度，加强对见习过程的指导和管理，提高见习质量。要做好见习与就业工作的配套衔接，对见习期满仍未就业的人员及时提供相关服务。

七、强化对困难高校毕业生的就业援助

各地要将家庭困难高校毕业生以及长期失业、残疾人等就业困难高校毕业生列为重点帮扶对象，积极提供就业援助。要建立本地生源困难毕业生信息库，为困难毕业生提供“一对一”的就业帮扶。要落实促进困难毕业生就业的各项扶持政策，通过优先推荐就业和见习岗位、帮助自谋职业和自主创业、开发公益性岗位安置等方式，力争使所有困难毕业生在年底前实现就业。少数民族地区要高度重视少数民族高校毕业生的就业问题，制定专门工作计划，实施有针对性的政策措施，强化政策扶持，强化就业服务，加大就业援助力度。

八、深入开展高校毕业生就业宣传工作

要继续大力开展高校毕业生就业政策宣传咨询活动，使各级相关工作人员运用和执行政策，广大高校毕业生和家长知晓和理解政策。要加强高校毕业生就业形势的宣传，引导高校毕业生树立正确的就业观念，克服困难，增强信心。要加强高校毕业生就业先进典型宣传，积极营造社会氛围，鼓励高校毕业生面向企业生产一线，面向城乡基层服务一线，面向西部边远地区建设一线，到祖国经济和社会建设最需要的地方去建功立业。

九、加强高校毕业生就业情况统计

人力资源社会保障部门要及时掌握回原籍离校未就业高校毕业生的就业情况。要从 2009 年 7 月起，按月填报《离校未就业应届高校毕业生情况》统计表（见附件，略），并于次月 3 个工作日内报人力资源和社会保障部。高校毕业生就业工作中的其他有关重要情况也请及时上报。

二〇〇九年六月二十九日

人力资源社会保障部　教育部
财政部　中国残联
关于进一步做好高等学校残疾人毕业生就业工作的通知

（残联发［2009］8号）

各省、自治区、直辖市及计划单列市人力资源社会保障（人事、劳动保障）厅（局）、教育厅（教委、局）、财政厅（局）、残疾人联合会，新疆生产建设兵团人事局、劳动保障局、教育局、财务局、残疾人联合会：

残疾人是一个数量众多、特性突出、特别需要帮助的社会群体，普通高等学校残疾人毕业生（含高等特教学院全日制本专科残疾人毕业生，以下简称高校残疾人毕业生）同样是宝贵的人力资源。在国际金融危机影响进一步蔓延，就业形势仍然严峻，高校毕业生就业压力加大的情况下，高校残疾人毕业生就业问题更加突出。为贯彻落实《中共中央国务院关于促进残疾人事业发展的意见》（中发［2008］7号）、《国务院办公厅关于加强普通高等学校毕业生就业工作的通知》（国办发［2009］3号）和国务院召开的全国普通高校毕业生就业工作电视电话会议精神，进一步做好高校残疾人毕业生就业工作，现就有关工作通知如下：

一、认真落实国家规定，确保高校残疾人毕业生享受相关政策

（一）把高校残疾人毕业生纳入现行政策扶持范围。各地要按照党中央、国务院统一部署，高度重视发展残疾人事业，大力支持高校残疾人毕业生就业工作。要切实将高校残疾人毕业生纳入国家促进高校毕业生就业政策扶持范围，统筹规划、同步实施、兼顾特点、整体推进，确保国家促进高校毕业生就业的各项政策措施惠及高校残疾人毕业生。

（二）对高校残疾人毕业生实施重点扶助。各地制定促进高校毕业生就业配套政策和具体实施办法，要充分考虑残疾人毕业生特殊困难，切实体现党和政府的特别关怀，给予适当倾斜照顾。在开拓就业渠道、落实就业政策、提供就业服务过程中，应本着优先、优惠、优质的原则，把高校残疾人毕业生作为就业困难人员，给予优先扶持，实施重点援助。

二、积极采取针对性政策措施，促进高校残疾人毕业生就业

（三）鼓励用人单位安排高校残疾人毕业生就业。发挥按比例安排残疾人就业政策的特殊保护作用，动员和鼓励社会用人单位为高校残疾人毕业生开发就业岗位。用人单位安排高校残疾人毕业生就业，在享受国家统一规定政策基础上，按规定对超比例安置残疾人就业的单位给予奖励。2009 年至 2011 年，执行按比例就业的用人单位每安排一名高校残疾人毕业生就业，按安排两名残疾人计入所安排的残疾人职工人数之内。从 2009 年起，县级以上残联及直属单位新录用、聘用工作人员中，高校残疾人毕业生不得少于 20%。

（四）鼓励和引导高校残疾人毕业生到城乡基层就业。各地区、各有关部门开发的城市社区和农村基层社会管理和公共服务岗位，同等条件下，优先录用高校残疾人毕业生。各地要继续开发乡镇（街道）残疾人专干和社区残疾人专职委员等适合残疾人就业的岗位，优先招用高校残疾人毕业生就业。对符合公益性岗位就业条件并在公益性岗位就业的高校残疾人毕业生，按规定给予岗位补贴、社会保险补贴等。

（五）鼓励支持高校残疾人毕业生自主创业。高校残疾人毕业生有创业意愿并参加创业培训的，可按规定享受培训补贴。自主创业、从事个体经营、自愿组织起来就业并取得营业执照的，可按规定使用残疾人就业保障金扶持其集体从业、个体经营；针对盲人、聋人就业最难、最不稳定等现实状况，对这两类高校残疾人毕业生可适当提高扶持标准。

（六）强化高校残疾人毕业生就业服务和就业指导。各高校要针对残疾人身体、心理状况，强化对残疾人毕业生的就业指导，帮助其了解就业政策、调整就业预期，优先安排其参加实习实践，重点组织培训以提高其就业能力，优先推荐就业岗位。各级公共就业服务机构要将高校残疾人毕业生作为重点帮助对象，为其提供更多、更快、更好的免费就业信息和各类就业服务。各级残疾人就业服务机构要组织开展残疾人就业服务系列活动，把招聘会、供求洽谈会、用工需求、扶持政策等信息送进校园、送进残疾人家庭，切实让每一位求职的高校残疾人毕业生免费享受公共就业服务；要加强与高校和公共就业服务机构间的协作，通过多种形式的就业服务促进高校残疾人毕业生就业；抓紧建立完善残疾人就业信息网，建立残疾人大学生数据库，发挥网络功能作用。有条件的地区，可动员组织一些有强烈社会责任感的用人单位，作为高校残疾人毕业生实习见习基地。

（七）加强对高校残疾人毕业生的就业援助。各高校可根据实际情况对残疾人毕业生给予求职补贴。对离校回到原籍未就业的高校残疾人毕业生，公共就业服务机构要按规定提供相应就业服务，对其中符合规定人员落实就业援助政策。对未就业的高校残疾人毕业生，生源地有关部门和残联应鼓励其参加当地的职业培训，符合条件的按规定从就业专项资金、残疾人就业保障金中给予职业培训补贴和职业技能鉴定补贴。对返回原籍求职的高校残疾人毕业生，所在市、县残联及残疾人就业服务机构，应将其列为重点援助服务对象，通过建立帮扶责任制，实施一对一职业指导、鼓励用人单位安排、开发公益岗位安置、支持自主创业等帮扶措施，帮助其实现就业。

三、建立密切合作关系，共同做好高校残疾人毕业生就业工作

（八）加强部门、机构之间的联系与合作。各级人力资源社会保障部门、教育部门、财政部门、残联之间，各高校、公共服务机构、残疾人就业服务机构之间，要建立联系沟通渠道，加强政策协调，细化具体措施，进行密切合作，共同抓好落实。各部门和机构要充分发挥职能作用，落实工作责任。人力资源社会保障部门要把扶助高校残疾人毕业生就业贯彻到高校毕业生就业政策制定和实施的全过程，公共就业服务机构要进一步加强高校残疾人毕业生就业指导和就业服务工作。教育部门要指导高校加强对残疾人大学生的求职心理辅导、就业指导和服务工作。财政部门要通过就业专项资金、残疾人就业保障金等渠道，支持高校残疾人毕业生就业。各级残联及残疾人就业服务机构要把促进高校残疾人毕业生就业摆在当前残疾人就业工作的首位，尽快摸清底数、重点研究、提出对策，充分发挥自身优势，千方百计开发就业岗位，认真落实各项政策措施，规范强化就业服务，为高校残疾人毕业生实现就业和稳定就业创造条件。

（九）做好宣传引导工作。要加强对高校残疾人毕业生就业工作的宣传，以政策措施引导高校残疾人毕业生树立正确的就业观和成才观，用党和政府的特别关怀引导全社会支持高校残疾人毕业生就业。要及时总结、宣传和推广高校残疾人毕业生就业工作经验做法，使不同地区相互学习借鉴，扩大社会影响。要通过宣传高校残疾人毕业生创业典型，引导和激励更多的高校残疾人毕业生和在校残疾人大学生走创业之路。

二〇〇九年五月六日

全国总工会　教育部关于开展“困难家庭高校毕业生阳光就业行动”的通知

（总工发［2009］20号）

各省、自治区、直辖市总工会、教育厅（教委）：

为贯彻落实《国务院办公厅关于加强普通高等学校毕业生就业工作的通知》（国办发［2009］3号），积极应对当前国际金融危机对高校毕业生就业的影响，推动解决困难职工家庭高校毕业生就业问题，中华全国总工会、教育部决定在全国范围内实施“困难职工家庭高校毕业生阳光就业行动”。现就有关事项通知如下：

一、充分认识当前做好困难职工家庭高校毕业生就业工作的重要意义

当前，国际金融危机仍在蔓延，对高校毕业生就业和困难职工生活带来较大影响。做好困难职工家庭高校毕业生就业工作，对于帮助困难职工家庭摆脱贫困，解决职工群众最关心、最直接、最现实的利益问题，保障和改善民生，保持国家就业形势的基本稳定，促进经济平稳较快发展，都具有非常重要的意义。各级工会、教育部门要从党和国家工作大局出发，本着对困难职工家庭高校毕业生高度负责的精神，切实增强使命感、责任感和紧迫感，采取强有力的措施，把这项工作抓实抓好，抓出成效。

二、深入调查摸底，明确工作目标

各级工会、教育部门要密切配合，深入高校，深入困难职工家庭中开展普遍调查。各高校负责全面摸清应届和往届未就业的困难职工家庭高校毕业生基本情况，将学生名单报送当地教育部门；高校所在地总工会与生源地总工会加强协作，依据困难职工档案和金秋助学档案，与当地教育部门共同研究确定就业帮扶对象和人数，建立就业帮扶档案，并根据其所学专业、就业意向、困难程度等情况，研究制订阳光就业行动实施方案和帮扶措施，明确目标任务，落实工作责任，努力保证困难职工家庭高校毕业生顺利实现就业。

三、优先安排实习培训，提升就业创业能力

各级工会、教育部门要发挥各自的资源优势，充分利用自办或与社会联办的就业技能培训基地、高校毕业生实习见习基地等，优先安排困难职工家庭高校毕业生在离校前参加实习实践活动。各级工会要充分发挥广泛联系企业的优势，密切结合用人单位需求，积极向他们提供有针对性的就业技能培训服务，向有创业意愿的毕业生提供创业培训，并帮助他们通过职业技能鉴定获得相应职业资格证书，积极配合人力资源和社会保障部门，对符合条件的毕业生给予职业技能鉴定补贴。各级工会、教育部门要加强对毕业生的就业指导，帮助他们树立正确的择业观念，调整就业预期，提高求职技巧，用好就业政策，提高就业创业能力。

四、广泛开辟就业渠道，努力帮助实现就业

各级工会、教育部门要加强配合协作，充分发挥高校就业指导服务中心、工会困难职工帮扶中心和职业介绍机构的作用，通过网络招聘、专场招聘、供求洽谈会和用人单位进校园等就业服务系列活动，向困难职工家庭高校毕业生提供就业信息，优先推荐就业。各级工会发挥组织体系健全的优势，充分运用国有大中型企业、劳模企业、社会爱心企业及政府公益性岗位等资源，加强与高新技术园区、创业园区的沟通协调，鼓励吸纳困难职工家庭高校毕业生就业。积极鼓励和扶持困难职工家庭高校毕业生以集体或个体自主创业的形式实现就业，强化对他们的创业指导和服务，为他们提供创业培训、政策咨询、项目开发、创业孵化、小额贷款、开业指导、跟踪服务的“一条龙”服务。

五、加强协调配合，落实就业扶持政策

各级工会、教育部门要加强与人力资源和社会保障、财政、税务、工商等部门的协调配合，积极推动和督促落实好政府对困难家庭高校毕业生在学费补偿和助学贷款代偿资助、就业培训和职业技能鉴定补贴、社会保险补贴、公益性岗位补贴、创业贷款和税收优惠等扶持政策。对享受国家优惠政策后经济上仍有困难的职工家庭高校毕业生，高校所在地工会和生源地工会要加强协调，从帮扶资金中给予资助，用于补贴他们求职过程中的交通、培训、食宿、职业介绍等费用，并通过工会与高校联合发放、生源地工会发放等方式，及时将资金发放到学生手中，保证他们不因经济困难而影响求职就业。各级教育部门及高等学校也要筹措资金，参照工会的资助标准，对其他经济困难的高校毕业生实施就业帮助，努力使每一个困难家庭高校毕业生都能够顺利完成学业并实现就业，切实感受到政策的阳光和社会的温暖。

二〇〇九年四月二十八日

教育部办公厅关于加强普通高等学校学生就业思想政治教育的通知

（教思政厅［2009］1号）

各省、自治区、直辖市党委教育工作部门、教育厅（教委），新疆生产建设兵团教育局，部属各高等学校：

为深入贯彻落实《中共中央、国务院关于进一步加强和改进大学生思想政治教育的意见》（中发［2004］16号）和《国务院办公厅关于加强普通高等学校毕业生就业工作的通知》（国办发［2009］3号）精神，充分做好当前形势下高校学生就业思想政治教育工作，特别是做好毕业生就业思想政治教育工作，现就有关要求通知如下：

一、提高对高校学生就业思想政治教育重要性的认识，建立健全管理体制和工作机制。各地各高校要把学生思想政治教育与就业工作统筹考虑和安排。高校要建立和完善由学校党政统一领导和协调，有关职能部门相互配合，院（系）具体组织实施的学生思想政治教育与就业工作相结合的管理体制和工作机制，充分发挥思想政治教育在引导和促进学生就业中的积极作用。

二、大力开展就业主题教育活动，唱响就业主旋律。各高校要结合时代特点和学校专业设置，广泛深入地开展就业主题教育活动。大力开展世情、国情和社情教育，大力开展就业政策宣传，引导学生正确看待就业形势，调整就业预期；唱响到基层、到西部、到祖国最需要的地方建功立业的主旋律，鼓励学生多层次就业、创业。高校学生党支部要结合开展深入学习实践科学发展观活动，开展有针对性的党支部学习和党员教育活动，毕业生党员要发挥好示范带头作用。

三、在专业教学中渗透思想政治教育，坚定学生职业理想。各高校要倡导教师自觉地把思想政治教育同专业教育结合起来，在专业教学、认识实习、生产实习的各个环节中，积极介绍本行业在社会主义现代化建设中取得的辉煌成就以及面临的机遇和挑战，激发学生热爱所学专业，树立长远职业理想，增强学生投身本专业的使命感和自豪感。要充分发挥研究生导师在研究生就业过程中的思想指导和推荐帮助作用。

四、积极开展实践教育，帮助学生在实践中增强投身基层的信心和决心。各高校要多渠道为学生搭建课内外实践平台，建立一批相对稳定的实习和就业基地，积极组织学生开展社会实践、调研、实习、挂职锻炼等活动，让他们亲身了解基层、西部地区及重点行业建设的真实情况，从而既认清到西部、到基层工作的优势和机遇，又做好在艰苦环境下工作的思想准备，自觉扎根服务于基层。

五、支持学生创新创业活动，加强创业教育。各高校要在校园文化建设中对学生的创新创业活动给予大力支持。要设立激励机制，鼓励学生开展创新创业活动。要加强创新创业队伍建设，配备学生创新创业指导教师，提升学生创新创业的能力。在创业教育方面，要积极开设相关课程和培训，帮助学生了解创业政策，培养创业意识、创业思维和创业技能，提高他们的创业能力和水平。

六、加强毕业生心理健康教育，调整毕业生就业心态。各高校要重视毕业生心理健康教育，帮助学生以积极心态面对就业压力，特别要注重做好家庭经济困难学生的思想工作和心理疏导。要专门组织针对毕业生的心理危机排查、现场咨询、心理测评、心理讲座，积极为毕业生提供舒缓压力、排解紧张情绪的渠道，保证毕业生顺利度过毕业、就业的心理关键期。

七、充分发挥高校辅导员作用，在职业生涯辅导中融入思想政治教育，强化就业工作导向。各高校要有计划地组织辅导员在开展职业生涯辅导工作中，突出理想信念教育，大力倡导国家至上、事业为先，鼓励和支持毕业生自觉地把个人的发展同为国家和人民建功立业结合起来。要精心设计全程化职业生涯辅导实施方案，按照不同年级开展有针对性、分层次的指导。辅导员要主动做好毕业生的就业推荐工作。

八、注重发掘校友中的先进典型，树立正确择业就业榜样。各高校要积极利用形式多样的宣传方式，大力宣传毕业生到基层、到西部、到祖国最需要的地方建功立业的先进典型，如邀请成功校友回母校开展讲座、座谈、联谊、论坛等，积极宣传和报道在各行各业作出贡献的优秀毕业生的先进事迹，营造良好的舆论氛围。

九、支持高校学生求职类社团建设，充分发挥学生自我教育、自我服务作用。各高校要鼓励和支持学生成立以提高职业发展能力和就业能力为目标的社团。要加强对求职类学生社团建设的指导，使学生通过参与社团的活动和实习，更加明确未来发展和奋斗的目标，有针对性地进行专业知识的积累，提高职业技能、择业技能、求职技能，为求职择业奠定更加坚实的基础。

十、系统开展毕业生文明离校教育，组织好毕业典礼。各高校可开展制作毕业纪念册、撰写毕业家书、毕业留念墙以及毕业生捐赠活动，举行赴国家西部地区、重要行业和领域以及到基层工作的毕业生欢送表彰会、优秀毕业生代表座谈会、毕业生主题班会等活动，校领导要积极出席相关活动。要大力宣传选择到西部、基层、艰苦地区和行业工作的优秀毕业生。设计组织好毕业典礼，发挥典礼仪式的育人作用。采取多项措施，引导学生文明离校。

今年4月为高校学生就业教育活动月，请各地各高校围绕上述要求，组织开展系列活动，有关情况及时报送我部思想政治工作司。

二〇〇九年三月二十五日

教育部办公厅关于当前做好高校困难毕业生就业帮扶工作的通知

（教学厅［2009］7号）

各省、自治区、直辖市教育厅（教委），新疆生产建设兵团教育局，有关部门（单位）教育司（局），部属各高等学校：

为贯彻落实6月3日国务院第67次常务会议和2009年全国普通高校毕业生就业工作电视电话会议精神，进一步落实相关政策，做好家庭经济困难和就业困难高校毕业生（以下简称高校困难毕业生）的就业帮扶工作，现就有关事项通知如下：

一、以高度的政治责任感做好高校困难毕业生就业帮扶工作。各级教育行政部门和高等学校要把做好高校困难毕业生就业帮扶工作作为当前进一步做好高校毕业生就业工作的重要任务，以高度的政治责任感，加强领导，周密部署，统筹安排，按照“重点关注、重点推荐、重点服务”的原则，抓紧在毕业生离校前的关键阶段，对高校困难毕业生摸清底数，通过“一对一”帮扶、专人辅导、岗位推荐等方式，重点针对困难家庭毕业生、残疾人毕业生以及少数民族毕业生等群体开展就业帮扶工作，尽快帮助他们实现就业。

二、在重大项目组织实施过程中对高校困难毕业生给予适当倾斜。各级教育行政部门在“农村义务教育阶段学校教师特设岗位计划”等中央和地方基层项目中要积极吸纳符合条件的高校困难毕业生，要落实好重大科研项目单位聘用高校毕业生、服务外包企业吸纳毕业生以及高校毕业生入伍预征等有关工作，并将高校困难毕业生群体列为优先推荐对象，予以优先安排。

三、落实有关政策并共同做好专项就业帮扶活动。对困难家庭的高校毕业生，高校可根据实际情况给予适当的求职补贴。各级教育行政部门要积极协调并配合有关部门落实好各级机关考录公务员、事业单位招聘工作人员时免收困难家庭高校毕业生的报名费和体检费等政策。同时，要主动联合当地工会、妇联、残联等部门，积极开展“困难职工家庭高校毕业生阳光就业行动”、“女大学生创业就业行动”和“残疾人毕业生就业援助计划”等专项就业帮扶活动，充分利用多方社会资源，通过组织专场招聘、优先推荐岗位、重点组织培训、加强就业创业指导等措施做好有针对性的帮扶。少数民族地区要特别重视少数民族高校毕业生的就业问题，采取积极有效措施，进一步加大就业帮扶力度。

四、做好高校困难毕业生离校前后的工作衔接。办理高校毕业生就业手续是毕业生离校前的一项重要工作。各地、各高校在办理报到证、档案投递、户口迁移以及改派等手续时要精心实施，简化程序，提高效率，及时做好高校毕业生尤其是高校困难毕业生的就业手续办理工作。对离校后未就业的困难毕业生，要主动配合做好有关衔接工作，使他们离校后能享受到国家和地方的有关优惠政策。

二〇〇九年六月十八日

其　他

教育部　商务部关于加强服务外包人才培养促进高校毕业生就业工作的若干意见

（教高［2009］5号）

各省、自治区、直辖市教育厅（教委）、商务主管部门，新疆生产建设兵团教育局、商务局，教育部直属各高等学校：

为贯彻落实《国务院办公厅关于促进服务业外包产业发展问题的复函》（国办函［2009］9号）和《教育部、国家发展改革委、财政部、人事部、科技部、国资委关于进一步加强国家重点领域紧缺人才培养工作的意见》（教高［2007］16号）的精神，现就加快培养服务外包人才，提升我国服务外包产业人员素质，促进高校毕业生就业提出如下意见：

一、培养服务外包人才的重要意义

服务外包产业是智力人才密集型现代服务业，具有信息技术承载高、附加值大、资源消耗低、环境污染小、国际化水平高等特点。大力培养服务外包人才，提高高校毕业生就业能力，有利于加快经济发展方式的转变，促进区域经济协调发展，优化外贸结构，提高利用外资水平，对全面贯彻落实科学发展观，实现“保增长、扩内需、调结构”的目标具有重要意义。

二、明确服务外包人才培养工作的目标

高校要根据服务外包产业快速发展的需要，调整服务外包人才培养结构，扩大服务外包人才培养规模，着力提高人才培养质量。服务外包产业涉及软件研发、产品技术研发、工业设计、信息技术研发、信息技术外包服务、技术性业务流程外包等领域，各类高校要在相关专业开展服务外包人才培养工作，在高职高专、本科、研究生等层次培养高质量的服务外包人才，力争在5年内培养和培训120万服务外包人才，新增100万高校毕业生就业，实现2013年承接国际服务外包业务300亿美元。

三、建立服务外包人才培养培训体系

商务部和教育部负责联合认定中国服务外包示范城市设立的“服务外包人才培训中心”，并制定“服务外包人才培训中心”、社会培训机构、从业人员等标准。“服务外包人才培训中心”负责组织协调当地高校、社会培训机构、服务外包企业开展服务外包人才培养、培训和实训、实习工作。各地要加强对“服务外包人才培训中心”、高校和社会培训机构的政策支持，采取有效措施提升培养培训质量，满足服务外包企业用人要求。高校和社会培训机构按照相关标准开展服务外包人才培养、培训工作。鼓励服务外包企业组织和接纳高校学生实习和社会实践。商务部和教育部定期公布服务外包企业录用各个高校和经社会培训机构培训的高校学生数量。商务部、教育部会同有关部门建立服务外包人才库，加强服务外包人才储备。

四、调整专业结构适应服务外包产业需要

地方所属高校的计算机科学与技术专业要以造就应用型人才为主要目标，大力培养服务外包人才。示范性软件学院和示范性职业技术软件学院要把培养服务外包人才作为一项十分重要的任务来完成，其中，示范性软件学院以培养高端服务外包人才为主，促进中国服务外包产业的总体创新能力和竞争实力的提升。“中国服务外包示范城市”的各类高校应在服务外包产业所涉及的专业增设服务外包专业方向。

五、采取灵活措施培养服务外包人才

高校要根据服务外包产业所涉及专业的特点，采取灵活措施，按照国际先进技术和全球化的理念，探索多种模式培养服务外包人才。可在原有专业内开设服务外包专业方向，增设服务外包课程。可引入社会培训机构开设服务外包课程。可将服务外包企业的岗位培训前移至校内完成，帮助高校毕业生能够直接上岗工作。

六、加强高校学生实习实训工作

“中国服务外包示范城市”设立的“服务外包人才培训中心”，要按照商务部和教育部联合制定并发布的有关标准，认定符合条件的服务外包企业、社会培训机构和高校为“服务外包大学生实训实习基地”，实习实训质量需得到参加实习实训高校和企业的认可。高校要积极改革原有的实习模式，与服务外包企业共同制订实习方案，共同指导学生实习。要签订学校、企业和学生的三方实习实训协议，保护学生的合法权益，不能加重实习实训学生的经济负担。服务外包企业要积极接收高校学生实习和勤工俭学。商务部、教育部将服务外包企业接收高校学生实习实训工作情况作为服务外包示范城市评价的重要指标之一。

七、深化高校与服务外包企业的合作

教育部和商务部将邀请“中国服务外包示范城市”人民政府、服务外包企业和高校，成立服务外包校企合作联盟，推进企业和高校的战略合作。参加合作联盟的有关企业和高校，在人才培养、产品和技术研发、高校毕业生就业等方面积极开展多边和双边合作。各地要加强对合作联盟的政策支持。合作联盟要促进人才交流，根据校企达成的共识，鼓励企业派遣工作经验丰富的专家到学校兼职，高校派遣教师到服务外包企业挂职。

八、建立服务外包课程教师培训网络平台

教育部将建立服务外包课程教师培训网络平台，充分利用合作联盟企业和高校的优质资源，大力培训服务外包课程教师。高校要将教师参加培训和到企业挂职计入教师工作量。

九、努力做好服务外包人才就业工作

要把推动服务外包产业发展促进高校毕业生就业放在突出重要的位置。各地商务、教育部门要按照每年促进服务外包领域全国新增20万高校毕业生就业的目标，制订本地区的具体工作目标及实施方案。商务部门要切实落实有关优惠政策，加强引导和服务，积极鼓励服务外包企业吸纳高校毕业生。教育行政部门要指导高校广泛联系并吸引服务外包企业到校园开展招聘活动；加强对毕业生的就业指导和宣传引导，积极鼓励高校毕业生到服务外包企业就业。服务外包企业和高校要充分利用全国大学生就业公共服务立体化平台、中国服务外包网等信息发布平台，及时发布高校服务外包相关专业及毕业生情况、服务外包企业招聘信息和接收高校学生实习的信息，增加高校毕业生到服务外包企业的就业机会。

十、加大对服务外包人才培养的财政支持力度

鼓励高校与服务外包企业合作培养服务外包人才。按照《国务院办公厅关于促进服务业外包产业发展问题的复函》（国办函［2009］9号）的要求，对符合条件的技术先进型服务外包企业，每录用1名大专以上学历员工从事服务外包工作并签订1年期以上劳动合同的，给予企业不超过每人4 500元的培训支持；对符合条件的培训机构培训的从事服务外包业务人才（大专以上学历），通过服务外包专业知识和技能培训考核，并与服务外包企业签订1年期以上劳动合同的，给予培训机构每人不超过500元的培训支持。

各地教育、商务部门要结合当地服务外包产业人才需求情况，研究出台支持本地区高校培养服务外包产业人才的政策，促进本地区承接国际服务外包业务持续、协调、有序发展。

二〇〇九年三月十八日

教育部关于加快高等职业教育改革促进高等职业院校毕业生就业的通知

（教高［2009］3号）

各省、自治区、直辖市教育厅（教委），新疆生产建设兵团教育局，有关部门（单位）教育司（局）：

为贯彻《国务院办公厅关于加强普通高等学校毕业生就业工作的通知》精神，切实落实《教育部关于全面提高高等职业教育教学质量的若干意见》要求，以就业为导向，加快高等职业教育教学改革，提高人才培养质量，积极应对当前金融危机对就业形势产生的不利影响，促进毕业生就业，现就有关工作通知如下：

一、积极调整专业方向，优化专业结构，适应就业市场要求

高职院校要按照把教育与经济社会发展紧密结合起来，把人才培养与就业紧密结合起来的要求和国家经济社会发展及拉动内需、产业结构调整的需要，根据岗位要求的变化，及时调整相关专业方向，通过更新、调整及增加必要的专业技术课程和实训实习项目，提高学生的就业能力和适应性。要贴近当前产业转型、调整和企业人力资源需求变化，有针对性地灵活调整专业设置，优化高职院校专业结构，改革人才培养方案，以适应国家经济社会发展对紧缺型高技能人才的需求。

教育部每年一季度为高职院校提供一次针对促进毕业生就业的专业调整备案服务。各地、各部门应根据高职院校申请，审核当年毕业班专业调整需求和实施条件，报教育部备案，并指导学校据此及时进行专业设置结构调整。

二、强化学生毕业前顶岗实习，提高就业能力

高职院校要切实落实高职学生学习期间顶岗实习半年的要求，与合作企业一起加强针对岗位任职需要的技能培训，大力提升毕业生的技能操作水平，提高就业能力。后期调整方向的专业，更要加强与其他高职院校相关专业和企业的联合与协作，尽力获得专业教师、企业技术能手、行业专家顾问的支持，并共享实训实习条件，以弥补本校本专业在师资、实践条件上的不足。高职院校要加强和企业在顶岗实习、教学方案设计与实施、指导教师配备、协同管理等方面的合作，确保顶岗实习的教学效果和岗位技能训练水平，确保学生的生产安全。“国家示范性高等职业院校建设计划”立项建设院校和中央财政支持建设的职业教育实训基地，必须起到模范带动作用，向其他高职院校开放实习实训基地，共享教学资源，帮助本地区、同行业高职院校完成学生顶岗实习前的实训教学。

各地、各部门要利用好就业专项资金、失业保险基金等措施，帮助高职院校建立就业见习制度、劳动预备制度，有效促进就业。

三、实施“双证书”制度，有力推动就业工作

要积极开展工作，切实落实毕业证书和职业资格证书“双证书”制度。高职院校应与企业合作开展专业建设，专业核心课程和教学内容应覆盖相应职业资格要求，通过学中做、做中学，突出职业岗位能力培养和职业素养养成。校专业建设指导委员会应积极吸纳产业、行业、企业、职业技能鉴定机构相关人员参加。高职院校要把相关专业获得相应职业资格证书，作为其学生毕业的条件之一，在颁发专业学历证书前，努力使符合条件的应届毕业生通过职业技能鉴定获得相应职业资格证书。

各地、各部门和高职院校应积极配合人力资源社会保障部门，根据学校教学安排和毕业生需要，充分利用学校实习实训基地、校内职业技能鉴定机构、考务管理等基础条件，帮助、支持人力资源社会保障部门组织好针对高校毕业生的专场职业技能鉴定服务；对符合就业困难人员条件的高职毕业生，要帮助其按规定申请相应的鉴定补贴。

四、大力宣传务实的就业观，鼓励引导毕业生到基层就业

高等职业教育的培养目标是培养面向生产、建设、服务、管理第一线需要的高技能人才。高职院校毕业生到社会主义新农村、城乡社区、军队国防、各类中小企业和非公有制企业等基层工作岗位就业，不仅能够有效改善基层劳动从业人员素质结构和提高部队战斗力，维护社会稳定，而且更有利于促进青年的健康成长。

各地、各部门和高职院校要大力宣传，正确引导高职院校毕业生树立务实的就业观和正确的成才观，使毕业生及其家长的就业预期适应社会需求与现实，激发毕业生到基层就业、服务社会、投身国防事业热情。国家对到基层就业的高校毕业生，将按规定特别给予相应补贴、代偿学费和助学贷款、提供人事户籍管理服务、入伍退役后优先考学升学等优惠引导政策。

组织实施好促进高职院校毕业生就业工作，不仅是应对今年高职院校毕业生就业压力的应急、应变措施，更是高等职业教育以就业为导向办学定位的长效制度建设。各地、各部门要采取切实有效措施，引导高职院校充分利用国家政策和社会资源，紧贴市场需求，解放思想，拓宽就业门路，拓展就业渠道，加强就业服务和指导，形成政府、学校、社会各界齐心协力，努力形成高职院校毕业生就业的良好局面。

二〇〇九年二月二十日

工业和信息化部关于做好高校毕业生就业工作的通知

（工信部企业［2009］201号）

各省、自治区、直辖市、计划单列市、新疆生产建设兵团经贸委（经委）、经济和信息化委（厅、局）、工业和信息化委（厅、局）、中小企业局（厅、办）：

为贯彻落实《国务院办公厅关于加强普通高等学校毕业生就业工作的通知》（国办发［2009］3号）和2009年4月2日国务院高校毕业生就业工作电视电话会议精神，按照国务院就业工作部际联席会议《促进高校毕业生就业工作部门任务分解安排》，现将做好高校毕业生就业工作的相关事宜通知如下：

一、充分认识当前做好高校毕业生就业工作的重要性

2008年以来，由于受国际金融危机影响，我国就业形势十分严峻，特别是高校毕业生就业问题十分突出。对此，党中央国务院出台了一系列促进高校毕业生就业的政策措施。高校毕业生是我国的重要人力资源，各地中小企业主管部门要把思想和认识统一到贯彻落实党中央国务院对促进高校毕业生就业工作部署上来，充分发挥中小企业、民营企业吸纳就业的重要作用，将高校毕业生就业与促进中小企业稳定发展相结合，积极配合有关部门，切实落实好高校毕业生就业工作。

二、促进高校毕业生就业的主要任务

（一）要注重会同有关部门研究加大对产品有市场、有订单的劳动密集型中小企业、民营企业和积极开拓市场、勇于创新、稳定就业岗位的中小企业、民营企业的支持力度，加大支持创业、就业培训工作的力度。研究帮助中小企业解决生产经营中的困难，促进中小企业发展，为创造就业岗位，稳定社会发挥更好、更大的作用。

（二）落实“三年百万”高校毕业生就业见习计划。落实人力资源和社会保障部、教育部、工业和信息化部、国资委、国家工商总局、全国工商联和共青团中央《关于印发三年百万高校毕业生就业见习计划的通知》（人社部发［2009］38 号）。请各地中小企业主管部门积极配合当地人力资源部门，组织一批经营管理规范、效益和信誉好的中小企业申报见习单位。中国中小企业信息网（www. sme. gov. cn）将开辟“三年百万高校毕业生就业见习计划”专栏，请将经当地认定，作为见习单位的中小企业相关信息填写《三年百万高校毕业生就业见习计划——中小企业见习单位名单》（见附件），并上传到中国中小企业信息网。

（三）开展民营企业招聘周活动。根据国务院就业工作部际联席会议的统一安排，5 月中旬开展“2009 全国民营企业招聘周”活动，建立民营企业与高校毕业生供需对接的绿色通道。活动主会场设在北京，届时各地将设立分会场，与主会场同步启动招聘活动。请各地中小企业主管部门配合当地人力资源、教育部门，组织有招聘需求的中小企业、民营企业参加现场招聘活动。

（四）开展就业网络联盟联合招聘周活动。6 月 20 日至 26 日教育部、人力资源和社会保障部、工业和信息化部将联合举办全国高校毕业生就业网络联盟联合招聘周活动。请各地中小企业主管部门继续组织中小企业提供招聘信息，在中国中小企业信息网“2009 年全国中小企业网上百日招聘高校毕业生活动”栏目中发布。“2009 年全国中小企业网上百日招聘高校毕业生活动”延长至 6 月底，作为承接民营企业招聘周、高校毕业生就业网络联盟联合招聘周活动的工作平台。请组织中小企业信息网地方分网同步做好相应工作。

三、工作要求

各地中小企业主管部门要高度重视，增强促就业、保稳定的大局意识，在履行好各自职能的同时，积极配合有关部门，做好组织中小企业吸纳高校毕业生就业、见习的相关工作，并将工作进展情况及时上报我部。

附件：三年百万高校毕业生就业见习计划——中小企业见习单位名单（略）

二〇〇九年四月三十日

农民工就业政策

国务院办公厅关于切实做好当前农民工工作的通知

（国办发［2008］130号）

各省、自治区、直辖市人民政府，国务院各部委、各直属机构：

农民工是我国改革开放和工业化、城镇化进程中涌现的一支新型劳动大军，已成为我国产业工人的重要组成部分，对我国现代化建设作出了重大贡献。农民工工作直接关系农村经济发展和农民增收，关系经济社会发展全局，必须予以高度重视。当前，国际金融危机的影响不断加深，国内部分企业生产经营遇到困难，就业压力明显增加，加上元旦、春节临近，相当数量的农民工开始集中返乡，给城乡经济和社会发展带来了新情况和新问题。根据党中央、国务院关于应对当前经济形势的工作部署，经国务院同意，现就做好当前农民工工作有关事宜通知如下：

一、采取多种措施促进农民工就业

采取更加积极的就业政策，广开农民工就业门路。落实中央关于扩大内需、减轻企业负担、促进经济增长的政策措施，帮助企业解困，在加快发展方式转变和结构调整中创造更多的就业机会。积极扶持中小企业、劳动密集型产业和服务业，增强吸纳农民工就业的能力。发挥政府投资和国有企事业单位对稳定就业的导向作用，尽可能提供较多的就业岗位。对生产经营遇到暂时困难的企业，要引导其与农民工开展集体协商，采取灵活用工、弹性工时、组织培训等办法，尽量不裁员或少裁员，稳定现有就业岗位。引导企业履行社会责任，防止出现大规模集中裁员现象；对可能出现的大规模裁员，要采取有效措施进行调控。对符合享受失业保险待遇条件的农民工，要按规定及时核发一次性生活补助。公共就业服务机构要加强对农民工的就业指导、职业介绍和就业信息服务，收集适合农民工的岗位信息，通过多种渠道及时发布。大力发展劳务经济，加强输出地和输入地的相互协作，开展有组织的培训就业和劳务输出；在有关部门指导下，依托市场机制发展各类培训就业服务组织，多渠道推动农民工就业；积极培育劳务品牌，建设劳务基地，形成示范效应，带动农村劳动力转移就业；积极开展国际合作与交流，促进农民工劳务输出。灾后重建、农田水利、交通能源等重大基础设施建设项目，要尽量多招用因企业关停或减产裁员而失去工作的农民工。

二、加强农民工技能培训和职业教育

加大对农民工培训的投入，改进培训方式，扩大培训效果。各有关部门和教育培训机构要继续做好农村劳动力技能就业计划、阳光工程、农村劳动力转移培训计划、星火科技培训、雨露计划等培训项目的实施工作。要围绕市场需求开展订单培训和定向培训，提高农民工择业竞争能力；围绕产业结构调整和企业技术改造新开工项目开展职业技能培训，提高农民工就业的适应能力；围绕回乡创业组织开展创业培训，提高农民工的自主创业能力；围绕农业现代化、产业化开展农村实用技术培训，提高返乡农民工的农业技能；对青年农民工开展劳动预备制培训，适当延长培训期限，强化职业技能实训，使其至少熟练掌握一项职业技能。在中等职业学校开展面向返乡农民工的职业教育培训，根据返乡农民工的特点开设专业和课程，采取灵活多样的学习方式，突出培训的针对性和实用性。

三、大力支持农民工返乡创业和投身新农村建设

按照国家有关规定，抓紧制定扶持农民工返乡创业的具体政策措施，引导掌握了一定技能、积累了一定资金的农民工创业，以创业带动就业。地方人民政府要在用地、收费、信息、工商登记、纳税服务等方面，降低创业门槛，给予农民工返乡创业更大的支持。推行联合审批、“一站式”服务、限时办结和承诺服务等，开辟农民工创业“绿色通道”。鼓励农民工发展农产品加工业、农村二三产业、生态农业和县域中小企业。做好农民工返乡创业的金融服务工作，鼓励和引导金融机构加大信贷产品支持力度，提供符合农民工返乡创业特点的金融产品，继续加大农民工银行卡特色服务推广力度。农民工返乡创业属于政府贴息的项目要按照规定给予财政贴息，帮助其解决创业资金困难。

结合推进新农村建设，创新农村小型基础设施建设体制机制，采取以工代赈、以奖代补等多种形式，组织引导返乡农民工积极参与农村危房改造、农村中小学和职业学校、乡镇公共卫生院、计划生育生殖健康服务机构、文化设施等建设。利用当前农民工提前返乡、农村劳动力增加的有利时机，将加强农村基础设施建设和促进返乡农民工就业有机结合起来，加快解决农村供水、用电、修路、求学、就医等突出问题，提升农村基础设施水平和公共服务能力。利用冬春农闲时期大规模开展农田水利建设。大力发展县域经济，调整农业产业结构，大力扶持农产品精深加工，支持农村中小企业发展，最大限度吸纳农民就地就近转移就业。

四、确保农民工工资按时足额发放

努力创造有利于农民工稳定就业的良好环境，维护农民工的劳动保障权益。完善工资保证金制度，加强工资保证金账户管理，强化工资支付监控，确保农民工工资发放。制定应急预案，避免和及时处理因欠薪问题导致的各种突发事件。建立劳动保障、建设、公安、工商、金融、工会等有关部门对企业拖欠农民工工资行为的联动防控机制，及时掌握企业拖欠工资的情况。企业关闭破产必须严格依法进行，对恶意欠薪逃匿的业主要依法予以严肃查处。劳动争议调解仲裁机构要妥善处理农民工与用人单位的劳动争议，本着“快立、快办、快结、办好”的原则，对事实清楚、权利义务关系明确的农民工劳动争议案件，尽可能采取简易程序处理，对小额劳动报酬争议案件实行终局裁决。凡符合先予执行条件的案件要依法先予执行。

五、做好农民工社会保障和公共服务

按照国家政策认真做好返乡农民工的社会保障和公共服务。对在输入地受工伤的农民工，农民工输出地劳动保障部门要主动与农民工输入地劳动保障部门进行协调，保障返乡农民工工伤保险权益。抓紧制定农民工社会保险关系异地转移与接续办法。建立健全农民工公共服务体系，做好对农民工的各项公共服务。及时妥善安排返乡农民工子女入学，属于义务教育阶段的要按照就近入学的原则安排，并享受当地义务教育阶段学生的有关待遇，学校不得以任何借口拒绝接收返乡农民工子女入学。教育督导部门要将返乡农民工子女入学情况列入当地教育督导、评估的重要内容。积极引导返乡农民工参加新型农村合作医疗，解决其看病就医问题。加强返乡农民工的疾病预防控制工作，及时做好适龄儿童预防接种的衔接。按照属地化管理的原则，农民工输入地和输出地计划生育管理服务机构要加强协调配合，做好返乡农民工及其随返家属的计划生育服务工作。

做好农民工返乡的管理服务工作。农民工输入地和输出地人民政府要加强相互衔接和协调，及时沟通情况，组织返乡农民工有序流动，帮助他们解决返乡中的实际问题，对困难人员给予适当救助，使农民工顺利回家过节。交通运输部门要针对春运高峰提前的情况，及早制订相应的疏导预案，安排组织好运力，保障交通运输安全。各地区特别是交通枢纽地区要积极做好返乡和回城农民工的交通服务工作，切实维护好车站、码头和客运车船的公共秩序，避免农民工滞留，有效防范、坚决打击侵害农民工人身财产权益的各类违法犯罪活动。

六、切实保障返乡农民工土地承包权益

农民工是流动在城乡之间的特殊群体，耕地仍然是他们的基本保障。违法流转的农民工承包地，农民工要求退还的要坚决退还；因长期占用不能退还的，要负责安排返乡农民工就业。对依据口头协议等方式进行短期流转且农民工要求收回土地承包经营权的，原则上应退还农民工。长期流转又有流转合同的，可依法由双方协商解决；双方有纠纷的，可通过法律程序解决。加强对土地承包经营权流转的管理和服务，农村土地流转要坚持依法、自愿、有偿的原则，任何组织和个人不得强制或限制，也不得截留、扣缴或以其他方式侵占返乡农民工的土地流转收益。积极推进土地承包纠纷调解仲裁工作，切实保障农民工的合法权益。

各地区、各部门要加强组织领导，把做好当前农民工工作作为一项紧迫而重要的任务抓紧抓好。各有关部门要研究制定本部门涉及农民工管理服务的政策措施，各司其职，分工负责，形成合力，共同做好农民工工作。要建立健全农民工统计监测网络，深入调查研究，全面掌握情况。切实做好农民工宣传教育工作，引导农民工正确看待当前的经济形势和企业的经营困难。加强农村地区社会治安和公共秩序管理，维护社会的和谐与稳定。充分发挥农村基层党组织的战斗堡垒作用，帮助农民工解决生产生活中面临的困难和问题。各地农民工工作协调机构要加强组织协调，积极研究解决农民工工作遇到的新情况、新问题，重要情况及时报告国务院农民工工作联席会议办公室。

二〇〇八年十二月二十日

人力资源社会保障部关于做好春节后农民工就业工作有关问题的通知

（人社部发［2009］21号）

各省、自治区、直辖市人事厅（局）、劳动保障厅（局），新疆生产建设兵团人事局、劳动保障局：

春节过后的一个多月内，是农民工进城务工的高峰期。各地要高度重视农民工就业问题，作为当前就业工作的一项重要工作，进一步贯彻落实好《国务院办公厅关于切实做好当前农民工工作的通知》（国办发［2008］130号）的有关要求，从引导农民工有序流动，稳定城市农民工就业，促进返乡农民工就地就近就业和自主创业等几个方面积极开展工作，采取得力措施，确保节后农民工就业局势的平稳，保证城乡社会稳定。为做好节后农民工就业工作，现就有关问题通知如下：

一、结合春风行动的开展，加强输出输入地信息和工作对接，引导农民工有序流动

各地要认真组织实施“春风行动”专项活动，在继续做好政策咨询、职业指导、春风卡发放等就业服务工作的基础上，针对今年农民工就业的新情况，积极举办免费农民工专场招聘会，大力开展送岗位下乡活动，帮助农民工掌握准确的就业信息。输出地和输入地要加强就业信息对接和工作对接，搭建多种劳务对接平台，加强劳务协作，引导农民工按需有序流动。输出地要加强对已返乡农民工情况的调查统计，及时掌握农民工外出意愿和人数等基本情况，并依托基层劳动保障工作机构大力开展就业形势和政策宣传，收集发布适合农民工的岗位信息，积极做好有组织的输出工作，引导农民工尽可能减少盲目外出。输入地要开展企业空岗调查，及时发布用工数量、行业工种、技能要求、工资待遇等需求信息，并积极主动与输出地加强联系，做好外来农民工进城就业工作。

二、结合减轻企业负担稳定就业岗位，稳定农民工就业，防止新的岗位流失

各地要按照《关于采取积极措施减轻企业负担稳定就业局势的通知》（人社部发［2008］117 号）的要求，实施本地区减轻企业负担稳定企业就业岗位的具体办法，落实缓缴社会保险费、降低社会保险费率和扩大失业保险基金支出范围，鼓励企业不裁员或少裁员等政策，稳定在岗农民工的就业岗位。对于返乡过年的在岗农民工，要积极做好春节后回城就业工作。要指导困难企业，特别是建筑业和服务业企业，采取相对缩短工作时间，实行轮班工作、在岗培训、协商薪酬等方法，稳定员工队伍。对于困难企业组织在岗农民工开展技能提升、转业转岗、安全生产等方面职业培训的，要给予支持，加强指导，并落实好对企业职工的培训补贴政策。

三、结合当地经济发展和落实扩大内需各项措施，做好农民工就业服务和培训工作，促进就近就地就业

各地要将开发本地就业岗位作为今年“春风行动”的重要内容，积极采取多种措施，促进返乡农民工就地就近转移就业。要结合国家和地方扩大内需、加强基础设施建设的项目，优先安排返乡农民工就业。要会同有关部门组织返乡农民工参加以工代赈。要积极承接沿海地区产业转移，结合本地产业结构调整，大力扶持中小企业、劳动密集型企业和服务业企业发展，增加当地企业吸纳农民工就业的能力。要按照《关于实施特别培训计划的通知》（人社部发［2009］8 号）和《关于印发全国“百日百万”农民工培训行动计划的通知》（人社厅函［2009］29 号）的要求，根据本地企业用工需求和人力资源市场供求状况，大力开展农民工职业培训，在增强培训的针对性和有效性的基础上，扩大规模，延长时间，提升水平。要依托各类培训机构，广泛组织有培训意愿的农村劳动者参加技能培训，培养一批掌握技能的农民工，提高他们转移就业的能力，并切实落实好对农民工的职业培训补贴政策。各地还可结合实际，加大贫困地区农民工技能培训规模和扶持力度。

四、结合当地优势产业和特色经济，鼓励农民工返乡创业，制定落实扶持政策，促进以创业带动就业

劳务输出地要进一步贯彻落实《国务院办公厅转发人力资源社会保障部等部门关于促进以创业带动就业工作指导意见的通知》（国办发［2008］111号），根据当前新的就业形势，完善支持农民工返乡创业的政策措施。要结合本地实际，将返乡农民工纳入本地创业政策扶持范围，在贷款发放、税费减免、工商登记、信息咨询等方面提供支持，促进其自主创业。对有技术和资金，并有创业意愿的返乡农民工，要组织开展创业培训，提供政策咨询、项目推荐、开业指导、后续支持等创业服务。有条件的地区，要充分利用好创业园区和创业孵化基地，积极吸纳返乡农民工创业，并提供更多的配套服务。

五、结合清理整顿人力资源市场，严厉打击非法职业中介，保障农民工合法权益

各地要贯彻落实《关于开展清理整顿人力资源市场秩序专项行动的通知》（人社部明电［2009］1号）的要求，进一步加强劳动保障执法力度，及时纠正各种侵害农民工合法权益的违法行为。继续开展人力资源市场清理整顿工作，严厉打击和取缔非法职业中介，及时查处和纠正以职业中介为名欺诈、骗取钱财等各类违法违规行为。组织开展“放心职业中介”评比和推荐活动，引导各类职业中介机构规范经营，不断提高对农民工的就业服务水平和质量。

六、加大宣传力度，做好舆论和信息引导工作，为稳定农民工就业局势建立良好的氛围

各地要切实加强农民工就业宣传工作，要宣传准确的就业信息，帮助农民工了解掌握准确可靠的信息后再外出打工。要宣传各级人力资源社会保障部门为农民工提供的免费就业服务和各项扶持政策，使农民工得到更有效的帮助。要宣传提高技能素质和就业能力的重要性，引导更多的农民工积极参加职业技能培训。要宣传各地农民工返乡创业的典型和相关扶持政策，引导返乡农民工自主创业。

各地要按照本通知要求，结合本地实际，研究制定做好农民工就业工作的具体实施方案。我部将于近期组织农民工就业工作调研小组赴部分省市开展调研，了解农民工就业的有关情况，参与和指导地方推动农民工就业工作。

二〇〇九年二月二日

人力资源社会保障部　财政部关于进一步规范农村劳动者转移就业技能培训工作的通知

（人社部发［2009］48号）

各省、自治区、直辖市人力资源社会保障（劳动保障）厅（局），财政厅（局）：

根据《财政部、人力资源社会保障部关于就业专项资金使用管理及有关问题的通知》（财社［2008］269号）和《人力资源社会保障部、国家发展改革委员会、财政部关于实施特别职业培训计划的通知》（人社部发［2009］8号）的要求，针对当前农村劳动者转移就业技能培训工作中存在的培训针对性不强、管理不规范、监管措施不到位、个别地方骗取挪用补贴资金等突出问题，为提高培训质量，确保资金使用安全和使用效益，现就进一步规范人力资源社会保障系统组织实施的农村劳动者转移就业技能培训工作通知如下。

一、实施分类培训，强化培训针对性和有效性

各地要重点面向未能继续升学的农村应届初高中毕业生、进城求职农村劳动者、企业在岗农民工、返乡农民工等人员开展职业技能培训，根据不同群体的特点，分别组织开展实用技能培训、技能提升培训、劳动预备制培训和创业培训，切实提高培训的针对性和有效性。

对进城求职的农村劳动者、返乡农民工，主要依托符合条件的职业培训机构开展1至6个月（不少于120课时）的实用技能培训，重点是根据企业岗位实际需求开展订单培训，结合产业发展振兴的潜在需求开展定向培训。

对用人单位吸纳进城求职的农村劳动者，在劳动合同签订之日起6个月内，由用人单位依托所属培训机构或委托所在地定点培训机构，结合岗位要求和工作需要，组织其参加技能提升培训。

对未能继续升学且有进城求职愿望的农村应届初高中毕业生，主要依托具备相应培训条件的技工院校等职业学校，开展6至12个月（一个学期至两个学期，原则上不少于720课时）的专业技能培训。

对有创业愿望并具备一定创业条件的农村劳动者开展创业培训，提升创业能力，促进其实现自谋职业、自主创业和返乡创业。创业培训主要由符合条件的创业培训机构承担。

在开展相应技能培训的过程中，要突出实际操作技能的训练，并适当增加劳动者权益保护、法律知识、城市生活常识、求职技巧等方面的知识培训。对参加培训合格的，由培训机构颁发相应专业培训合格证书；经职业技能鉴定合格的，由职业技能鉴定机构颁发相应职业资格证书或专项职业能力证书。

二、公开认定定点培训机构，整合优质培训资源

各地必须坚持公开、公平、公正的原则，面向社会各级各类职业院校和职业培训机构，通过招投标方式认定承担各类培训任务的培训单位。各地人力资源社会保障部门要会同同级财政部门，根据《承担农村劳动者转移就业技能培训任务的职业院校、职业培训机构的基本条件》（见附件），组织专家制定和公布本地区承担培训任务的院校和机构的认定标准及认定程序。在招投标过程中，要建立专家评审、纪检监察部门监督、就业联席会议相关成员单位共同参与认定的机制，要对申请承担培训任务的各类培训机构的办学资金、设备设施、教学实训场地、教学计划大纲、师资状况等进行重点考察。各地人力资源社会保障部门要按年度对拟确认承担培训任务的职业培训机构进行公示，公示无异议后，报省级人力资源社会保障部门备案，由省级人力资源社会保障部门将全省定点培训机构的名称、培训专业（工种）及等级、培训期限、收费标准、联系方式等情况统一向社会公布。各地2008年底前认定的培训机构，要按照新确定的定点培训机构标准重新组织认定。对培训质量低劣，尤其是存在骗取、套取培训资金的定点培训机构，要取消其定点资格。

定点培训机构要与当地人力资源社会保障部门签订培训项目合同，明确双方责任、权利和义务。各定点培训机构应结合就业岗位要求，兼顾学员意愿、特点和文化水平，合理安排培训内容，设置培训课程，要将培训专业、培训期限、培训等级、收费标准公开张贴在培训场所显著位置。

三、规范资金使用管理，提高资金使用效率

各地要加大职业技能培训的资金投入力度，根据培训实际情况，按规定从就业专项资金中安排用于进城求职的农村劳动者培训资金。各省级人力资源社会保障部门要会同财政部门，根据培训专业（工种）的培训成本和培训期限，按照培训的课时数合理确定职业培训补贴标准。开展农村劳动者转移就业技能培训的日常工作经费，应从部门预算中安排，不得占用就业专项资金。培训资金的管理和使用情况必须接受审计部门的检查和监督。各地人力资源社会保障部门要会同财政部门采取切实措施，对补贴对象审核、资金拨付等重点环节必须实行公开透明的办法，切实防范骗取、挪用、以权谋私行为发生，确保资金安全。

各地人力资源社会保障部门要会同财政部门建立与培训质量、就业效果挂钩的培训绩效考评机制，严格按照财社［2008］269号文件规定，根据实际情况，按照个人报销、机构报销、用人单位报销的要求，本着方便个人、机构和用人单位的原则，科学制定培训补贴报销程序和办法。申请培训补贴的定点培训机构除按规定提供相关证明材料之外，还必须提供建立本机构职业培训台账和转移就业台账情况。申请培训补贴的用人单位除按规定提供资金申请材料外，还需提供职业培训台账。职业培训台账应记载受训者基本情况（包括参训人员的姓名、年龄、性别、身份证号、联系方式等）及培训专业、培训时间、考核和收费情况；转移就业台账应记载就业岗位、劳动合同签订或企业用工证明以及企业联系方式等情况。

四、强化培训过程监督，确保培训质量和效果

各地人力资源社会保障部门要加强对定点培训机构的管理、指导和服务。要逐步建立全省（市、区）统一的信息管理系统，对定点培训机构实行动态管理，对参训人员实行实名制管理。要会同财政部门建立培训补贴审核公布制度，将通过审核的享受职业培训补贴的人员名单、机构名单和资金补贴数额等按季度向社会公布。

各地人力资源社会保障部门要加强对定点培训机构培训过程监督，可定期通过现场测评、设立举报电话、网上投票、电话访谈等方式，重点了解培训效果、培训后就业率以及培训对象满意程度。有条件的地区，可委托具有资质的社会中介组织进行评估，开展定期检查和教学督导。

各定点培训机构在每期培训班开班前 10 个工作日，必须以书面形式向当地人力资源社会保障部门提交开班申请报告和培训计划和教学大纲。每期培训班结束 5 日前必须以书面形式向当地人力资源社会保障部门提交结业审核申请。

五、完善保障措施，确保工作实效

各级人力资源社会保障部门要高度重视农村劳动者转移就业技能培训工作，将其纳入就业工作目标考核的重要内容，建立领导责任制和目标考核制，健全工作协调机制，落实工作责任，抓好工作落实。要在综合考虑当地农村劳动者转移就业培训实际需求、社会培训资源和能力的基础上，采取先下后上确定培训人数的办法，先由最基层人力资源社会保障部门逐级上报，后由省级人力资源社会保障部门汇总，并统一下达年度培训计划。

人力资源社会保障系统内的就业、培训、鉴定等部门要形成合力，充分发挥各自职能，共同做好农村劳动者转移就业技能培训工作：培训部门要会同就业部门制定培训规划，组织认定定点培训机构，并对培训机构进行动态管理，对培训过程进行监管；就业部门要会同培训部门制定职业培训补贴标准和报销管理办法；职业技能鉴定机构要根据有关规定，积极为参加培训的人员提供有针对性的职业技能鉴定服务；公共就业服务机构要定期调查并公布劳动者市场供求状况，定期公布不同职业（工种）、不同等级的农民工职业供求和工资价位情况。财政部门要按规定审核、拨付培训补贴资金，并加强资金的监管。

各地要根据本通知精神，对本地农村劳动者转移就业技能培训具体办法进行调整完善，并组织实施农村劳动者转移就业技能培训工作。各地工作中有何问题，可与人力资源社会保障部职业能力建设司和财政部社会保障司联系。

附件：承担农村劳动者转移就业技能培训任务的职业院校、职业培训机构的基本条件

二〇〇九年五月五日

附件

承担农村劳动者转移就业技能培训任务的职业院校、职业培训机构的基本条件

一、承担技能培训任务的职业院校和培训机构基本条件

（一）具有独立法人资格，取得人力资源社会保障行政部门或教育行政部门颁发的办学许可证。

（二）遵守国家职业培训法律法规，熟悉国家职业教育方针和就业政策，积极推行国家职业资格证书制度和就业准入制度，热心承担农村劳动者转移培训任务。

（三）具备承担农村劳动者转移就业技能培训相应岗位必备的专业设置、教学设备、训练场所、实训基地和师资力量等基本条件，具备信息化管理条件。

（四）专业和课程设置符合人力资源市场需求，培训方法和形式能满足培训对象需要。

（五）有相对稳定的转移就业信息和渠道，就业指导得力，培训后就业率较高。

（六）熟悉农村劳动者转移就业培训业务，具有较好的培训工作基础和业绩，能够按人力资源社会保障部门审核同意的培训方案组织实施。

（七）规章制度健全，内部管理规范，社会信誉良好，培训收费合理。

（八）近三年来无违反职业培训法律法规被处罚记录。

二、承担劳动预备制培训的职业院校基本条件

（一）具有独立法人资格。

（二）具备承担劳动预备制培训相应的训练场所、教学设施设备、实训基地和师资等基本条件。

（三）学制教育规模达到 1 000 人以上，常设专业不少于 4 个。

（四）学校实行“双证书”制度，学校毕业生毕业率达到 90％以上，90％以上的毕业生能够取得职业资格证书。

（五）有相对稳定的就业渠道，毕业生就业率达到 90％以上。

（六）学校建立由产业界、经济界及有关部门专家组成的学校咨询委员会，指导学校围绕行业企业用工需求，调整学校发展方向和规划，合理确定专业设置和课程安排。

（七）学校建立较为完善的技能人才校企合作培养制度，至少与 5 家企业建立校企合作伙伴关系。

（八）学校管理规范、制度健全、收费合理。

住房城乡建设部　人力资源社会保障部关于做好建筑业农民工技能培训示范工程工作的通知

（建人［2009］123 号）

各省、自治区、直辖市住房和城乡建设厅（建委、建管局）、人力资源和社会保障（劳动保障）厅（局），新疆生产建设兵团建设局、劳动保障局：

为认真贯彻落实《国务院关于做好当前经济形势下就业工作的通知》（国发［2009］4 号）和《财政部、人力资源社会保障部关于就业专项资金使用管理及有关问题的通知》（财社［2008］269 号）、《人力资源和社会保障部、财政部关于进一步规范农村劳动者转移就业技能培训工作的通知》（人社部发［2009］48 号）精神，促进农民工稳定就业，住房和城乡建设部、人力资源和社会保障部决定继续实施建筑业农民工技能培训示范工程（以下简称示范工程）。现将有关事项通知如下：

一、充分认识实施示范工程的重要意义

建筑业是吸纳农村劳动力转移就业的重要行业。目前，全国建筑业约有农民工 3 200 万人，占建筑业从业人员总数的 85%，占全国外出务工农民工总数的 1/4，已经成为建筑产业工人的主体，为经济社会发展作出了巨大贡献。但建筑业农民工就业状况不稳定、技能水平低等问题尚未得到根本解决，迫切需要加大财政投入力度，落实企业责任，创新培训方法，健全培训机制，推进建筑业农民工培训和就业工作。当前形势下，实施示范工程对提高建筑业农民工技能水平，促进就业，增强其稳定就业能力，保证工程质量和安全生产，促进社会和谐稳定具有十分重要的意义。各地住房城乡建设、人力资源社会保障部门要从战略高度认识实施示范工程的重要意义，将示范工程作为农村劳动者转移就业技能培训工作的重要内容，统筹安排，精心组织，扎实做好各项工作。

二、切实加强对示范工程的组织领导

示范工程政策性强，涉及面广，工作复杂。为统筹协调、有力推动示范工程各项工作，住房和城乡建设部、人力资源和社会保障部于2008年成立了全国示范工程工作小组，统一负责全国示范工程的指导和监督工作。各地住房城乡建设、人力资源社会保障部门要在当地政府的领导下，成立相应组织领导机构，加强协调，明确职责，形成合力，充分调动建筑业企业、培训机构和农民工个人的积极性，切实加强组织领导，确保示范工程顺利开展并取得实效。

三、认真做好示范工程组织实施工作

各地住房城乡建设、人力资源社会保障部门要按照《建筑业农民工技能培训示范工程实施办法（试行）》（见附件）要求，结合当地实际情况，制定实施方案，认真做好组织实施工作。示范工程实施主体以建筑企业为主，培训对象原则上以自愿参加培训的建筑业在岗农民工为主。各地住房城乡建设部门要会同人力资源社会保障部门，按照相关要求确定示范工程实施单位，指导实施单位制定培训计划并按要求开展培训工作，加强对培训全过程的管理和监督。各地人力资源社会保障部门要积极配合、大力支持住房城乡建设部门，加强业务指导和沟通协调，保证示范工程规范运作，并按有关规定从就业专项资金中给予相应职业培训和鉴定补贴。各地住房城乡建设、人力资源社会保障部门要认真研究解决工作中存在的实际问题，有关情况及时报告。

请各地将实施示范工程的企业名单和培训人数落实情况，于2009年8月30日前报全国示范工程工作小组（住房和城乡建设部人事司负责工作小组的日常工作）备案，2009年底前将工作进展情况报全国示范工程工作小组。

附件：建筑业农民工技能培训示范工程实施办法（试行）

二〇〇九年七月十六日

附件

建筑业农民工技能培训示范工程实施办法（试行）

第一章 总 则

第一条 为规范建筑业农民工技能培训示范工程（以下简称示范工程）管理，根据就业专项资金使用管理和农村劳动者转移就业技能培训工作的相关要求，制定本办法。

第二条 实施示范工程的总体目标是加强分类指导，统筹培训资源，创新培训方法，提高培训效果，开展建筑业农民工职业技能培训，提高建筑业农民工技能水平，促进稳定就业。

第三条 示范工程坚持企业实施、校企结合的原则。施工总承包企业或劳务企业负责组织实施，培训机构负责提供培训服务，职业技能鉴定机构负责对参加培训的农民工进行鉴定，政府对培训后考核合格的农民工给予培训补贴，并对通过初次技能鉴定（限国家规定的技能人员职业准入类职业）、取得职业资格证书的给予鉴定补贴。

第四条 地级以上住房城乡建设、人力资源社会保障部门应成立示范工程领导小组，负责示范工程的组织领导和监督检查工作。领导小组办公室设在住房城乡建设部门，承担示范工程领导小组的具体工作。

第二章 项 目 申 报

第五条 各省、自治区、直辖市示范工程领导小组根据本地区建筑业农民工用工规模和培训工作进展情况，采取先下后上确定培训人数的办法，先由示范工程实施单位逐级上报，后由省级住房城乡建设部门会同人力资源社会保障部门汇总，统一下达年度培训计划，并报全国示范工程工作小组备案。

第六条 承担示范工程的建设类企业必须具备以下条件：

（一）具有二级以上施工总承包企业资质或一级以上劳务企业资质；

（二）劳动合同签订率较高，各项劳动管理规范，近三年内未拖欠农民工工资；

（三）培训机构健全或与具备相应资质的培训机构建立委托培训关系。

已在示范工程实施地创建农民工业余学校的施工总承包企业，同等条件下优先认定为示范工程实施企业。

第七条 符合条件的施工总承包企业或劳务企业根据用工规模等向工程项目所在地级城市的示范工程领导小组申报。申请报告应当明确培训工种、培训时间、培训人数、培训目标等内容。委托培训机构开展培训的施工总承包企业或劳务企业，还应报送委托培训协议书。

第八条 实施示范工程的地级市应将实施企业名单和培训计划报省级示范工程领导小组。

第九条 示范工程坚持公开、公平、公正的原则，实行公示制度。省、自治区、直辖市示范工程领导小组要将示范工程实施企业名单和培训任务向社会公布，并公布举报电话，接受社会监督。

第三章 培训的组织和管理

第十条 示范工程的培训对象：

（一）在法定劳动年龄内的农村劳动者；

（二）已与建筑企业签订 6 个月以上期限劳动合同，且离签订劳动合同之日不满 6 个月的在岗农民工。

第十一条 示范工程的培训工种以吸纳就业人数较多的工种为主，重点是砌筑工、木工、架子工、钢筋工、混凝土工、油漆工等。

第十二条 示范工程的培训内容依据职业标准、建筑业生产实际和建筑业企业就业岗位需求设置，分基础知识培训和技能操作训练。基础知识包括职业道德、安全知识、基本技能、操作规程等内容，技能操作训练原则上依托施工现场组织进行。

第十三条 示范工程教材应紧密结合建筑业生产实际，适合农民工实际需求，重点突出，通俗易懂，直观生动。教材可采用《建筑业农民工业余学校培训教材》和《建筑业农民工业余学校培训教学片》。示范工程的师资应具有施工生产管理经验和理论教学经验。

第十四条 示范工程培训时间根据各工种岗位实际要求确定，原则上不低于 120 个学时，实际操作时间应不少于总培训时间的 60%。

第十五条 示范工程实施企业在每期培训班开班 10 个工作日前必须以书面形式向当地示范工程领导小组提交开班申请报告，并将培训计划和教学大纲备案，在每期培训班结束 5 日前必须以书面形式向当地示范工程领导小组提交结业审核申请。

第十六条 示范工程培训机构要根据培训教材的内容和委托企业的需求，科学编制培训方案，切实保证培训质量。可采取送教上门的方式，通过建筑工地农民工业余学校开展培训。鼓励符合条件的培训机构按照规定积极承担登记失业人员、进城求职农村劳动者的各项职业培训任务。

第十七条 示范工程培训机构必须建立职业技能培训台账。培训台账记载受训农民工基本情况（包括参训人员的姓名、年龄、性别、身份证号、联系方式等）及培训工种、培训时间和考核情况；同时应当体现就业岗位、劳动合同签订等情况。

第四章　考核验收和鉴定

第十八条 示范工程实施企业负责组织完成培训的农民工参加考

核。考核内容包括职业要求和企业要求，各占 50%。职业要求由省级示范工程领导小组制定，企业要求由示范工程实施企业制定。示范工程领导小组对完成培训的农民工安排考核验收。

第十九条 对参加按国家规定实行就业准入制度工种培训，且未获得过该工种职业资格证书的农民工，示范工程实施企业应当组织其参加职业技能鉴定。

第二十条 职业技能鉴定原则上在施工现场进行，利用施工现场的设施和材料开展鉴定工作。

第二十一条 经技能鉴定合格的农民工，按照规定核发职业资格证书。职业资格证书由农民工本人持有，企业不得扣压或代为保管。

第五章 培训鉴定补贴

第二十二条 参加示范工程培训的农民工培训、鉴定费用由政府、企业和农民工个人共同承担。各地要制定合理、规范、利于监督、便于操作的培训补贴办法和鉴定补贴办法。经考核验收，培训合格的，按照程序给予职业培训补贴；参加职业技能鉴定合格，取得职业资格证书的（限国家规定的技能人员职业准入类职业，且初次获得职业资格证书），给予职业技能鉴定补贴。

第二十三条 各地要按照培训工种类别及培训课时数合理确定职业培训补贴、鉴定补贴标准。对参加培训取得职业培训合格证书（职业技能资格证书）的，按当地规定的职业培训补贴标准给予补贴。参加职业技能鉴定，取得职业资格证书的（限国家规定的实行就业准入制度的指定工种，且初次获得职业资格证书），按当地规定的职业技能鉴定补贴标准给予补贴。

第二十四条 示范工程培训、鉴定资金由实施企业先行垫付，也可采取部分预先拨付、部分垫付的方式。待任务完成并经过考核后，示范工程实施企业凭借职业培训补贴资金申请材料和职业技能鉴定补贴资金申请材料，向当地示范工程领导小组提出申请，经住房城乡建设部门初审归集、人力资源社会保障部门审核、财政部门复核后，按照财政专项资金管理的要求拨入示范工程实施企业或培训机构在银行开立的基本账户。

职业培训补贴资金申请材料包括：培训合格人员名单及其《居民身份证》复印件、培训合格人员的劳动合同复印件、培训机构开具的行政事业性收费票据（或税务发票）等。

职业技能鉴定补贴资金申请材料包括：职业技能鉴定通过人员名单及其《居民身份证》复印件、职业资格证书复印件、职业技能鉴定机构开具的行政事业性收费票据（或税务发票）等。

第二十五条 实施地示范工程领导小组要建立审核公示制度。对申请职业培训、职业鉴定补贴的实施企业相关情况进行公示，及时公布享受补贴的人员、实施企业和资金补贴情况，接受社会监督。

第二十六条 各地应对重点急需工种在培训补贴等方面给予倾斜，可适当提高培训（实训）成本较高的重点急需工种培训补贴标准。

第六章 监督检查

第二十七条 各级住房城乡建设部门、人力资源社会保障部门要相互协作、明确职责，严格落实培训鉴定管理以及补贴对象审核、资金拨付监管等工作责任制，加强与财政部门的沟通联系，搞好示范工程的监督检查，确保培训质量和资金安全。

第二十八条 示范工程实行项目责任制。实施企业要对培训任务的申报、实施和资金使用负责，自觉接受审计监督。对于实施制度不健全、培训质量存在严重问题、财务管理混乱、弄虚作假骗取套取或贪污挪用职业培训鉴定资金的，要追究法定代表人和直接责任人的责任。涉嫌构成犯罪的，依法移交司法机关处理。

第二十九条 实施地示范工程领导小组要对实施企业实行动态管理和退出机制，定期抽查，重点是培训投入、培训效果和培训对象满意程度。对培训效果好的予以表彰奖励；对未正常开展培训、培训对象满意程度低或培训效果不明显的限期整改，整改后仍不合格的取消其示范工程实施资格。

第三十条 实施地示范工程领导小组应在培训任务完成后，组织考核验收，重点查验职业培训台账、补贴资金使用情况。

第三十一条 示范工程年度工作结束后，各省、自治区、直辖市示范工程领导小组要及时汇总本地区示范工程实施情况，报送全国示范工程工作小组。

第三十二条 全国示范工程工作小组对各地示范工程实施情况不定期进行检查，并通报情况。对检查中发现的问题，及时要求限期改正。

第七章 附 则

第三十三条 本办法自发布之日起实施。

人力资源社会保障部办公厅
全国总工会办公厅关于支持
工会开展千万农民工援助行动
共同做好稳定和促进就业工作的通知

（人社厅发［2009］40号）

各省、自治区、直辖市人力资源和社会保障（人事、劳动保障）厅（局）、总工会，新疆生产建设兵团人事局、劳动保障局、工会：

为贯彻落实党中央、国务院关于做好农民工就业工作的要求，并作为有关部门共同开展的2009年就业服务系列活动的重要内容，全国总工会组织开展了“千万农民工援助行动”，在职业培训、岗位开发、生活救助、权益维护等方面为农民工提供服务。为支持工会搞好这项活动，广泛动员社会力量，共同做好当前经济形势下的就业工作，现就有关事项通知如下：

一、共同宣传和落实更加积极的就业政策。各地人力资源社会保障部门在落实各项就业政策过程中，要加强与工会组织的沟通与合作，支持工会组织开展的就业帮扶活动和就业服务工作，并按照规定落实好相关扶持政策。各地工会组织要积极配合人力资源社会保障部门，充分发挥工会新闻媒体和宣传阵地的作用，通过联合举办宣传咨询活动、发放农民工服务手册等多种形式，向广大企业和农民工深入宣传政府促进就业的各项政策措施。

二、共同搞好就业服务系列活动。各地人力资源社会保障部门要把“千万农民工援助行动”的就业服务措施，作为就业服务系列活动的内容，统筹安排计划和资金。有条件的市、县公共就业服务机构，要与当地工会帮扶中心就业服务窗口实现就业信息联网。各地工会组织要积极配合人力资源社会保障部门，共同组织开展好春风行动，免费为农民工提供政策咨询、职业指导、职业介绍等服务。要尽快建立工会就业信息员队伍，完善相关工作制度，广泛收集和发布适合农民工的就业岗位信息，加强农民工输入地与输出地之间的信息对接，组织引导农民工有序流动和外出就业。

三、共同做好返乡和进城农民工职业技能培训工作。各地人力资源社会保障部门要把“千万农民工援助行动”的职业培训措施列入特别职业培训计划，纳入当地就业培训规划统筹安排。要对符合条件的工会所属培训机构及时给予资质认定，指导和支持其开展农民工职业技能培训和创业培训，并按规定由就业专项资金给予补贴；对参加培训且通过职业技能鉴定合格的人员，要及时颁发职业资格证书，并落实职业技能鉴定补贴。各地工会组织要加大对工会兴办职业培训机构和就业帮扶中心的投入力度，改善基础设施条件，提高培训质量和服务水平；要大力开展企业订单式、定向式培训，发展具有地方特色的劳务培训品牌，并及时与当地人力资源社会保障部门沟通培训计划、实施方案和培训成果等进展情况。

四、共同加大促进创业工作力度。各地人力资源社会保障部门要支持和指导工会参与推行项目开发、创业培训、开业指导、小额担保贷款、跟踪扶持等“一条龙”服务模式，进一步完善促进农民工创业的培训和服务工作，提高劳动者创业能力和创业项目成功率。在具备条件的地区，可试行由人力资源社会保障部门派员，指导工会在困难职工帮扶中心开设小额担保贷款服务窗口。各地工会组织要结合当地实际情况，多方筹集资金，通过建立工会担保基金、信用担保等方式，充分发挥小额贷款扶持就业的作用，积极支持农民工个人或集体进行自主创业，为集体创业的农民工提供捆绑式小额贷款担保。

五、共同做好农民工的权益维护工作。各地人力资源社会保障部门要与工会一道加强劳动者维权意识宣传教育，指导帮助农民工与用工单位依法签订和履行劳动合同，支持工会开展“共同约定行动”，督促企业承担社会责任，发展和谐劳动关系。要充分调动工会积极性，共同解决好农民工工资支付、社会保障等方面的问题。各地调解仲裁机构要根据农民工劳动争议“案多、面广、类型复杂”的特点，开辟方便农民工申诉的绿色通道，与工会联动建立法律援助制度，积极吸纳工会符合条件的同志作为兼职仲裁员，本着“快立、快调、快审、快结”的原则处理争议案件。各地工会组织要发挥工会困难职工帮扶中心的作用，对遇到特殊困难的农民工及时提供生活、医疗、子女就学等方面的救助；要发挥工会公职律师的作用，为权益受到侵害的农民工及时提供法律援助。

二〇〇九年三月十九日

人力资源社会保障部办公厅关于印发全国“百日百万”农民工培训行动计划的通知

（人社厅函［2009］29号）

教育部、科技部、人力资源社会保障部、农业部、扶贫办、全国总工会、共青团中央、全国妇联：

为贯彻落实《国务院办公厅关于切实做好当前农民工工作的通知》（国办发［2008］130号）精神，按照国务院农民工工作联席会议领导的指示，国务院农民工办会同各有关部门共同制定了《全国“百日百万”农民工培训行动计划》，现印发你们。请按照行动计划的工作要求组织实施。

二〇〇九年二月一日

全国“百日百万”农民工培训行动计划

为贯彻落实《国务院办公厅关于切实做好当前农民工工作的通知》（国办发［2008］130号）精神，加强农民工职业技能培训和公共教育，提高农民工在就业、创业、维护自身合法权益和融入城市生活等方面的能力，改善我国劳动力市场供求结构、为企业技术升级和经济平稳较快地发展做好人力资源储备，针对今年农民工就业的实际情况，从2月中下旬至5月底，开展“百日百万”农民工培训行动。

一、培训对象

重点是春节后未能再就业的返乡农民工和农村新增劳动力，特别是中西部贫困家庭和零转移就业家庭的农村劳动力。

二、培训内容

（一）围绕市场需求开展订单培训和定向培训，提高农民工择业竞争能力。

（二）围绕产业结构调整和企业技术改造新开工项目开展职业技能培训，提高农民工就业的适应能力。

（三）围绕农民工返乡创业开展创业培训，提高农民工的自主创业能力。

（四）围绕农业现代化、产业化开展农村实用技术培训，提高返乡农民工的农业技能。

（五）围绕农村技能人才储备，对农村新增劳动力和“两后生”开展劳动预备制培训，适当延长培训期限，强化职业技能实训，使其至少熟练掌握一项职业技能。

（六）围绕适应城镇生活和务工需要，开展思想道德、社会保险、公共服务、城市生活、权益维护、社会治安、普法宣传等内容的公共教育培训。

三、任务分工

（一）科技部：星火科技培训10万人。

（二）人力资源社会保障部：农村劳动力技能就业计划培训200万人。

（三）农业部：阳光工程培训50万人。

（四）扶贫办：雨露计划培训10万人。

（五）全国总工会：各种职业技能培训30万人。

（六）共青团中央：各种职业技能培训10万人。

（七）全国妇联：各种职业技能培训20万人。

以上各类农民工培训共计 330 万人。

教育部承担上述各有关部门和地方政府培训任务 240 万人。

以上各类农民工培训人数列入各部门今年农民工培训计划人数之内。

四、工作要求

（一）落实培训任务。请各有关部门抓紧制定工作方案，明确目标任务，并及时将培训任务分解落实到各地，积极组织广大返乡农民工参加培训。同时，将工作方案报国务院农民工办备案。

（二）搞好培训宣传。指导各地广泛宣传党和国家大力培训农民工的相关政策措施，让广大的农村居民充分了解有关培训的内容、经费补助标准、申领使用程序等方面的情况，积极主动参加各种职业技能培训。

（三）规范资金使用。严格审批程序，在设法提高培训资金的使用效益的同时，定期公示培训资金拨付和使用情况，主动接受社会监督，严防套取培训资金等腐败现象的发生。

（四）加强培训管理。针对农民工的特点特别是返乡农民工的实际开设专业和课程，采取灵活多样的学习方式，突出培训的针对性和实用性。根据实际需要，适度扩大培训规模，延长培训期限。做好培训工作的检查验收和相应的职业能力鉴定，保证培训的质量。

（五）做好信息通报。各有关部门要准确地做好农民工培训人数等方面的统计工作，并及时报送国务院农民工办。国务院农民工办在汇总各项培训工作进展情况后报联席会议领导。

减轻企业负担政策

人力资源社会保障部　财政部　税务总局
关于采取积极措施减轻企业负担
稳定就业局势有关问题的通知

（人社部发［2008］117 号）

各省、自治区、直辖市和计划单列市人事、劳动保障、财政厅（局）、国家税务局、地方税务局，新疆生产建设兵团人事局、劳动保障局、财务局：

当前，国际金融危机对我国企业的影响加深，部分企业生产经营遇到困难，就业压力明显增大，就业形势日趋严峻。为贯彻中央经济工作会议精神，帮助受金融危机影响较大的困难企业渡过难关，鼓励困难企业尽量不裁员或少裁员，稳定用工岗位，稳定就业局势，必须采取积极措施，切实减轻企业负担，保就业、保增长、保稳定。经国务院同意，现就有关问题通知如下：

一、允许困难企业在一定期限内缓缴社会保险费。统筹地区在确保社会保险待遇按时足额支付、社会保险基金不出现缺口的前提下，可以对暂时无力缴纳社会保险费的困难企业，允许在一定期限内缓缴社会保险费。缓缴执行期为 2009 年之内，缓缴期限最长不超过 6 个月。经核准缓缴期间，企业应继续按月申报应缴的社会保险费，企业和职工缴费年限连续计算。缓缴的社会保险费不计收滞纳金。经核准缓缴社会保险费的企业，应与社会保险费征收机构签订缓缴及补缴社会保险费的协议，社会保险费征收机构可以要求企业提供担保、抵押。符合条件的困难企业可以提出缓缴社会保险费的申请，经统筹地区劳动保障部门（人力资源社会保障部门，下同）会同财政等有关部门报同级人民政府同意后，报省级人民政府批准。

二、阶段性降低四项社会保险费率。统筹地区人民政府在确保参保人员社会保险待遇水平不降低、保证社会保险制度平稳运行、基金不出现缺口的前提下，可在 2009 年之内适当降低城镇职工基本医疗保险、失业保险、工伤保险、生育保险的费率，期限最长不超过 12 个月。各地不得擅自降低养老保险费率。实行地（市）或县级统筹的，实施方案由统筹地区劳动保障部门会同财政部门报同级人民政府同意后，报省级人民政府批准；涉及全省（自治区、直辖市）统一调整费率的方案，由省级劳动保障部门会同财政部门报省级人民政府批准。各地降低费率的实施方案，由省级劳动保障部门会同财政部门及时报人力资源和社会保障部、财政部备案。

三、使用失业保险基金帮助困难企业稳定就业岗位。失业保险基金结余较多的统筹地区在确保当前和今后一个时期按时足额支付失业保险待遇的前提下，可通过开展扩大失业保险基金使用范围试点，对采取在岗培训、轮班工作、协商薪酬等办法稳定员工队伍，并保证不裁员或少裁员的困难企业，使用失业保险基金支付社会保险补贴和岗位补贴。补贴执行期为 2009 年之内，补贴期限最长不超过 6 个月。社会保险补贴标准参照当地就业资金对就业困难人员的社会保险补贴标准执行，岗位补贴标准参照当地失业保险金标准确定。上述两项补贴，同一企业只能享受一项。已享受缓缴社会保险费的企业不能同时享受社会保险补贴。上述两项补贴由企业按月向统筹地区劳动保障部门提出申请，并附稳定员工队伍计划措施和相关凭证，由劳动保障部门会同经贸（国资）、财政等部门审核批准。岗位补贴资金按月划入企业账户，社会保险补贴资金按月划入社会保险经办机构账户。

统筹地区劳动保障部门要会同财政部门制定周密的失业保险基金使用计划，报当地人民政府批准，并报省级劳动保障部门和财政部门备案。严格基金使用的审批、拨付和监督管理。要将向企业补贴的基金使用情况向社会公布，加强监督和检查，确保基金按规定使用，不出问题。具体实施办法由统筹地区人民政府制定，并报省级人民政府备案。

四、鼓励困难企业通过开展职工在岗培训等方式稳定职工队伍。开展在岗培训所需资金按规定从企业职工教育经费中列支，不足部分可在严格标准和程序的前提下，由就业专项资金予以适当支持。具体办法由省级劳动保障部门商同级财政部门制定。

五、妥善解决困难企业支付经济补偿问题。鼓励和引导职工与企业依法平等协商，采取多种措施共渡难关。对于困难企业经过多方努力仍不得不实行经济性裁员的，可在企业与工会或职工依法平等协商一致后，签订分期支付或以其他方式支付经济补偿的协议。

六、严格界定困难企业范围。本通知所指“困难企业”须同时符合以下几个方面条件：受当前金融危机影响面临暂时性生产经营困难且恢复有望的，已制定稳定就业岗位措施且没有裁员或少裁员的，生产经营活动符合国家及所在区域产业和环保政策的（国家限制的行业和企业除外），已依法参加社会保险并按规定履行缴费义务的，其他由省级人民政府规定的条件。具体认定条件和范围、数量、比例由省级人民政府充分考虑基金支付能力，在突出重点、总量控制、严格把握、动态监管的前提下确定。具体认定工作由统筹地区劳动保障部门会同财政、经贸、国资、税务等部门负责。

各省、自治区、直辖市人力资源社会保障、财政等有关部门要在省级人民政府的统一领导下，切实把思想和行动统一到中央的决策部署上来，把减轻企业负担稳定就业局势作为当前重要工作任务，结合本地实际，既要着眼当前，又要考虑长远，在认真测算、充分论证的基础上，制定具体实施办法。各统筹地区要实事求是，因地制宜，切实贯彻落实好本《通知》精神，确保政策实施效果。各地贯彻落实本《通知》的情况以及工作中遇到的问题，请及时向人力资源和社会保障部、财政部报告。

二〇〇八年十二月二十日

就业服务系列活动

人力资源社会保障部　教育部　全国总工会
共青团中央　全国妇联　中国残联
关于开展2009年就业服务系列活动的通知

（人社部发［2008］116号）

各省、自治区、直辖市人事厅（局）、劳动保障厅（局）、教育厅（教委）、总工会、共青团、妇联、残联，新疆生产建设兵团人事局、劳动保障局、工会、共青团、妇联、残联：

为贯彻落实党的十七届三中全会和中央经济工作会议精神，积极应对经济金融危机，稳定就业局势，全面贯彻落实《中华人民共和国就业促进法》各项规定要求，决定于2009年在全国组织开展“高校毕业生就业服务系列活动”、“就业援助系列活动”、“春风行动系列活动”等公共就业服务专项活动，动员社会各方面力量，为高校毕业生、城镇就业转失业人员和农民工等群体提供及时有效的就业服务，促进各类群体实现就业再就业。现就有关事项通知如下：

一、总体安排

（一）高校毕业生就业服务系列活动

1. 服务对象：尚未落实工作岗位的应届高校毕业生和离校未就业高校毕业生，重点是其中的困难毕业生。

2. 工作目标：一是力争应届普通高校毕业生初次就业率达到70%左右；二是毕业生登记失业后半年内就业率达到60%以上；三

是建立家庭经济困难毕业生登记认定制度，登记后半年内就业率达到90%以上。

3. 活动要求：各地要在为高校毕业生提供日常免费就业服务的基础上，针对不同时期毕业生求职就业的需求特点，确定每一时期的重点工作和专项服务活动内容。在应届毕业生离校前，重点做好适合于毕业生就业的岗位信息收集、组织企业进校园、召开专场招聘会、开展网络招聘等帮助毕业生求职的服务活动；在应届毕业生离校后，重点做好登记求职和登记失业毕业生的就业见习、职业培训、职业介绍、创业服务和落实相关扶持政策等服务活动；对离校未就业毕业生和困难毕业生，政府就业服务机构、人才服务机构和毕业生就业指导机构要加强配合，提供有效的就业服务，并做好困难毕业生登记认定工作和就业援助工作。

（二）就业援助系列活动

1. 服务对象：就业困难人员和零就业家庭，以及因企业关闭、停产或裁员而失去工作的城镇新失业人员，重点是其中新出现的就业困难人员和零就业家庭。

2. 工作目标：一是使每一个新出现的符合认定条件的就业困难人员和零就业家庭能够及时在街道、社区公共就业服务机构登记，并得到就业援助；二是帮助登记的就业困难人员在规定时间内通过企业吸纳、公益性岗位安置或灵活就业等方式实现就业；三是保证每一个零就业家庭在规定时间内至少一人实现就业；四是帮助符合条件人员落实社保补贴、岗位补贴等就业扶持政策。

3. 活动要求：各地要在进一步加强日常就业援助工作的同时，更多地开发公益性岗位，并及时掌握本地区企业裁减人员的情况，将因企业关闭停产或裁员而失去工作的城镇新失业人员及时纳入服务范围。春节前，要依托街道、社区公共就业服务机构，普遍开展一次入户家访活动，建立健全就业困难人员和零就业家庭登记认定制度和“一对一帮扶”援助制度。春节后，要重点结合本地区受世界经济金融危机影响的具体情况，针对城镇新登记失业人员和就业困难人员的特点和就业需求，加大公益性岗位开发力度，组织开展相应的职业培训、创业服务和落实相关扶持政策，并在不同时期有针对性地安排相应的专项服务活动。

（三）春风行动系列活动

1. 服务对象：农民工和农村富余劳动力，重点是其中新失去工作的农民工和被征地农民。

2. 工作目标：一是新失去工作岗位后仍留在城市的农民工能够得到公共就业服务机构提供的免费就业服务；二是准备进城务工的农民工可以得到免费、有效的就业信息和就业服务，并可以参加到有组织的劳务输出活动中；三是有培训意愿的农民工可以参加享受政策补贴的职业培训；四是组织一批农村富余劳动力在当地企业或公共基础设施建设项目中实现转移就业。

3. 活动要求：各地要在进一步加强农民工就业服务日常工作的同时，将因失去工作而返乡或流动的农民工，特别是其中的被征地农民，纳入重点服务对象范围，组织开展不同时期的重点工作和专项活动。春节前，重点做好新失去工作农民工的职业介绍服务工作，同时积极开展企业用工需求和返乡农民工就业需求摸查工作，为节后提供服务做好准备。春节后，要普遍免费发放“春风卡”，介绍主要输入地区用工需求形势、进城务工基本常识、维权注意事项、公共就业服务机构和合法民办职业中介机构的联系方式等，帮助农民工求职；要组织农民工参加职业技能培训或创业培训，促进其实现转移就业或返乡创业；要建立劳务输出地与输入地之间的就业信息沟通机制，为准备外出求职的农民提供准确的就业信息，并通过有组织的劳务输出，帮助农民有序外出就业；要通过当地企业和公共基础设施建设项目吸纳等方式，帮助一批农村富余劳动力就地就近转移就业。

（四）统一组织的专项行动

在各地开展就业服务系列活动过程中，将适时组织一些全国性的统一行动。近期全国性统一行动安排如下：

1. “就业援助周”活动。2009 年 1 月 10 日至 16 日，由人力资源社会保障部、全国总工会、共青团中央、全国妇联、中国残联共同组织各地统一开展“就业援助周”活动，通过开展入户家访掌握就业困难人员情况，制定计划开展“一对一”重点援助，切实帮助一批就业困难人员和零就业家庭成员实现就业再就业，并落实相关就业扶持政策。

2. “春风送岗位”活动。2009 年 2 月第 3 周，由人力资源社会保障部、全国总工会、共青团中央、全国妇联共同组织各地统一开展“春风送岗位”活动，组织公共就业服务机构和有关社会团体的基层组织、服务机构，提前收集适合的就业岗位信息，建立全国范围的沟通平台，通过信息发布、召开专场招聘会、组织送岗下乡等方式，集中帮助一批进城务工妇女、青年等各类农民工实现转移就业。

3. “民营企业招聘周”活动。2009 年 3 月第 4 周，由人力资源社会保障部、教育部、全国总工会、全国工商联共同组织各地统一开展民营企业招聘周活动，以高校毕业生为重点对象，搭建民营企业与各类劳动者间的供需对接平台，帮助高校毕业生到民营企业就业。

有关其他全国性统一行动，将根据实际情况确定并另行通知。

二、组织协调

（一）各地要依托政府就业工作联席会议制度，在省、市两级成立就业服务系列活动领导小组，确定成员分工和联系人，负责协调组织各部门、团体联合行动，保障工作顺利开展。各省（自治区、直辖市）重点负责就业服务系列活动的统一部署，各市（地）重点负责本地区系列活动的具体组织实施。

（二）各省（自治区、直辖市）系列活动领导小组要按照全国统一要求，制定本地区系列活动总体工作方案，各市（地）系列活动领导小组要结合本地实际，从附件 1 所列各项活动中选择确定本地区开展的具体活动，同时可以创设新的活动，并制定三个系列活动不同时期的具体实施计划，明确其中各个具体活动的实施时间、进度安排、工作目标要求、责任部门和责任人，形成目标任务明确、工作责任落实、工作结果有评估检查的机制。

（三）各级劳动保障部门要会同有关部门落实相关政策、资金，并指导所属就业服务机构重点负责“就业援助系列活动”和“春风行动系列活动”，配合做好“高校毕业生就业服务系列活动”；各级人事部门要指导所属人才服务机构，重点组织开展“高校毕业生就业服务系列活动”；各级教育部门要指导所属高校和毕业生就业指导机构，重点组织开展在校应届高校毕业生的就业服务活动；各级工会组织要以就业困难人员、城镇新失业人员和农民工为重点组织开展相关就业服务活动；各级共青团组织要以高校毕业生和青年农民工为重点开展相关就业服务活动；各级妇联组织要以女大学生、失业或被征地妇女、返乡妇女和进城务工妇女为重点开展相关的就业服务活动；各级残联组织要指导残疾人就业服务机构，重点组织开展残疾人大学毕业生、就业困难残疾人和零就业家庭中残疾人员的就业援助活动。鼓励民办职业中介机构积极参与就业服务系列活动，为劳动者和用人单位提供诚信、高效的职业中介服务。

（四）各级人事部门、劳动保障部门、教育部门以及工会、共青团、妇联和残联组织要按照统一部署、分工合作、联合行动的原则，对于同一服务对象，主要通过联合行动的方式共同开展服务活动，形成就业服务系列活动的联合工作机制。

三、保障措施

（一）各地在组织开展系列活动过程中，要将全面贯彻落实就业促进法的有关规定和我国现行就业政策作为重要内容，并可以结合本地区实际情况制定专门的政策和工作措施，保证系列活动开展的实效。

（二）各级劳动保障部门要按照就业促进法和财政部、人力资源社会保障部下发的《关于就业专项资金使用管理及有关问题的通知》（财社［2008］269号）的有关规定，会同当地财政部门，将就业服务系列活动所需各项资金作为公共就业服务项目经费，统一纳入同级财政预算，并落实所涉及的各项政策补贴资金，保证资金及时到位。对于未纳入财政补助的公共就业服务机构，可暂按职业中介机构申领职业介绍补贴的规定申领职业介绍补贴。要加强对系列活动所需各项资金的管理。要对提供公益性就业服务的职业中介机构按规定申请享受职业介绍补贴政策给予及时的指导帮助。

（三）各省（自治区、直辖市）就业工作联席会议办公室要协调组织专门力量，抽调专人负责，对本地区就业服务系列活动开展情况进行跟踪问效和监督检查，及时解决工作中遇到的新情况、新问题。要确定3至5个工作任务重的城市，作为重点联系城市，对其系列活动开展情况给予重点指导和帮助。

（四）各地要充分利用各种媒体，加大对系列活动的宣传工作，重点宣传国家应对世界经济金融危机稳定就业局势的重要部署、促进就业的社会经济政策、为高校毕业生及就业困难人员和农民工提供就业服务和就业援助的具体措施。要加强社会舆论导向工作，营造全社会关心就业工作，互帮互助、共渡难关的良好氛围。

（五）各地要建立定期上报工作进展情况的工作制度。请各省（自治区、直辖市）系列活动领导小组于2008年12月31日前将领导小组联系人和联系电话报人力资源社会保障部，于2009年1月10日前上报本地区2009年就业服务系列活动的整体工作方案，以及本地区重点联系城市的具体工作计划，并按季度汇总上报各个系列活动的统计报表（附件2、3、4）。各省（自治区、直辖市）教育部门和工会、共青团、妇联、残联组织要及时收集汇总上报本部门、本系统相关工作进展情况。人力资源社会保障部、教育部、全国总工会、共青团中央、全国妇联、中国残联将共同建立相应的情况通报制度，并不定期对全国各主要城市就业服务系列活动的实施开展情况进行督查。

附件：1. 2009年就业服务系列活动参考内容

2. 高校毕业生就业服务系列活动统计报表（略）

3. 就业援助系列活动统计报表（略）

4. 春风行动系列活动统计报表（略）

二〇〇八年十二月十九日

附件 1

2009 年就业服务系列活动参考内容

一、高校毕业生就业服务系列活动

1. “校企对接”活动。组织开展用人单位进校园送岗位、院校进企业送人才、毕业生专场招聘会等活动，完善落实鼓励高校毕业生到非公有制企业、中小企业就业的各项人事管理政策、户籍管理政策等，并加强对企业签订劳动合同、兑现劳动报酬和缴纳社会保险费情况的监督指导。

2. “寒假招聘会”活动。在寒假期间，以中小城市为重点，组织一批本地企业招聘信息，组织开展针对回到家乡应届毕业生的专场招聘活动，鼓励他们服务家乡、服务基层。

3. “民营企业招聘周”活动。以高校毕业生为重点服务对象，组织以民营企业为主的各类用人单位，提供适合大中专毕业生就业的岗位信息，并通过专场招聘、现场服务的形式，搭建民营企业与高校毕业生间的供需平台。

4. “网络大招聘”活动。在每季度继续组织开展全国综合性、大规模高校毕业生就业网络联盟“网络招聘”活动的基础上，深化网络服务功能，分行业、分专业地组织毕业生信息、岗位信息和相关政策信息，组织开展专业化的“网络大招聘”活动，保障信息质量，提高网络招聘成功率。

5. “创业助我行”活动。组织开展校园内的创业计划竞赛、创业培训和创业实训活动，培养高校毕业生创业意识和创业能力；组织实施高校毕业生创业的项目开发、开业指导、政策咨询、跟踪辅导等“一条龙”服务；落实创业培训补贴，对自主创业高校毕业生按规定免收有关行政事业性收费，提供小额担保贷款及贴息等扶持政策。

6. “女大学生创业导师”活动。选择一批有实力、有经验的女企业家，与女大学生结对帮扶，提供就业培训、创业指导和实践场所，帮助一批高校女毕业生提前了解就业环境，转变择业观念，提高创业和就业技能，提升创业、就业的成功率。

7.“残疾大学生就业对接服务”活动。广泛收集残疾大学生就业岗位信息，掌握普通高校和特教学院应届残疾大学毕业生基本情况，开展针对性就业前指导、岗位快递、专场招聘、特殊就业扶助等活动，帮助其实现就业，并为其稳定就业提供延伸专业服务和物质支持，以帮助其适应学校环境转向职业环境转换对接，保障机会均等，避免就业歧视。

8.“基层公共服务岗位推广”活动。根据本地区城乡基层生产服务、生活服务、公共服务、社会管理等方面的实际需要，重点开发一批城镇养老服务、医护服务和廉租房配套服务等公共社会服务岗位，以及农村文化、教育、医疗卫生、社会保障、基础设施和环境建设、扶贫开发、防灾减灾、社会管理等公共事业服务岗位，安排一批高校毕业生，特别是困难毕业生上岗就业，并按规定落实相应扶持政策。

9.“工作岗位见习”活动。进一步完善毕业生见习制度，积极组织企业等各类用人单位，建立和拓展一批高校毕业生就业见习基地，组织一批毕业生上岗见习，落实见习毕业生的基本生活补助资金来源，并结合本地实际适当延长见习时间，鼓励见习单位优先录用见习毕业生。

10.“政策促就业”活动。全面检查梳理现有鼓励和引导高校毕业生到西部和边远地区就业、到基层就业高校毕业生再次择业、高校毕业生面向基层就业专门项目等领域的政策落实情况，逐一落实相关政策，不留政策死角。

11.“帮您努力找工作”活动。进一步完善高校毕业生登记失业制度，落实职业培训补贴、小额担保贷款、税费减免、培训补贴、免费保存档案等相关扶持政策。对于就业困难毕业生，要及时纳入就业困难人员范围，实施“一对一”的就业援助，并落实相应的社保补贴、岗位补贴等政策。

二、就业援助系列活动

1. “逐户家访”活动。重点依托基层公共就业服务机构，普遍开展入户家访活动，了解情况，及时将城镇就业转失业人员纳入失业登记范围，对其中属于就业困难人员的及时纳入援助范围，提供重点帮扶。

2. “一对一帮扶”活动。大力开发公益性岗位，对就业困难人员提供公益性岗位援助和就业政策援助。对尚未落实相关扶持政策的就业困难人员，要逐一落实政策，稳定就业。

3. “就业能力提升”活动。组织有培训意愿人员参加享受补贴的职业培训。对其中的就业转失业人员，按有关政策从失业保险金中列支相关培训经费；对于就业困难人员，从就业专项资金中列支培训补贴经费。

4. “创业一条龙服务”活动。为有创业意愿的困难人员提供“一条龙”创业服务，全面落实市场准入、场地安排、收费减免、小额担保贷款及贴息等扶持政策。

5. “零就业家庭专项援助”活动。进一步建立健全零就业家庭动态管理和动态援助制度，努力实现本地区零就业家庭的动态清零。

6. “公益岗位助残就业”活动。发挥残疾人就业保障金作用，通过重点开发社区服务业和社区残疾人事务工作等适合于残疾人就业的专项公益岗位，帮助一户多残、零就业残疾家庭和重残无业等就业困难残疾人员实现就业，并落实岗位补贴政策。

7. “残疾人网络创业”活动。依托中国残疾人信息无障碍技术系统、残疾人电子商务网络创业计划和盲人万人远程网络培训计划等业务平台，组织有创业意愿的残疾人参加免费培训，提供技术和设备支持，帮助各类残疾人尤其是盲人在网络创业中实现就业。

三、春风行动系列活动

1. “技能帮我找工作”活动。组织新失去工作的返乡或流动农民工就地参加职业技能培训，落实职业培训补贴资金来源，切实帮助一批农民工提高职业技能，增强就业能力。

2.“春风送岗位”活动。针对包括进城务工妇女、青年在内的各类农民工的特点，组织一批合适的岗位信息，通过召开专场招聘会、组织就业信息下乡等方式，为农民工提供有针对性的就业服务。

3.“就业信息对接”活动。农村劳动力的主要输出地与输入地间建立就业信息沟通机制，及时发布就业信息，方便农民工求职务工。

4.“帮您维护劳动权益”活动。为已经外出或准备外出的农民工提供劳动就业政策和相关法律咨询指导，大力宣传相关政策和政府有关部门的工作措施，加大人力资源市场查处力度，打击一批非法用工单位和“黑职介”。

5.“诚信服务”活动。推荐一批服务规范、群众满意的各类职业中介机构作为“放心职业中介服务机构”，并广泛宣传，引导农民工到守法、诚信的职业中介机构求职。

6.“以工代赈”活动。将返乡农民工和农村富余劳动力，特别是其中的被征地农民，组织到当地的基础建设工程项目中，明确岗位的基本性质，落实相关岗位补贴经费。

7.“组织起来转移就业”活动。根据用工需求信息，开展有组织的劳务输出，重点强化有组织的就地就近就业工作，帮助农村劳动者实现就地转移就业。

特别职业培训计划

人力资源社会保障部　发展改革委　财政部关于实施特别职业培训计划的通知

（人社部发［2009］8号）

各省、自治区、直辖市劳动保障厅（局）、发展改革委、财政厅（局）：

为应对世界金融危机对我国经济的影响，保持就业局势稳定，充分发挥职业培训对于促进全方位就业和服务经济稳定发展的重要基础作用，按照党中央、国务院的总体部署，决定实施特别职业培训计划。现就有关事项通知如下：

一、指导思想和目标任务

实施特别职业培训计划，要深入贯彻落实党的十七届三中全会和中央经济工作会议精神，按照科学发展观的要求，围绕受金融危机影响的各类劳动者的就业需求，依托技工院校和各类职业培训机构，大力开展有针对性的技能培训，扩大培训规模，延长培训期限，加大培训投入，提升培训能力，进一步提高劳动者就业、再就业和创业能力，努力保持就业局势的稳定。

从2009年至2010年，利用2年左右时间，集中对困难企业在职职工开展技能提升培训和转岗转业培训，帮助其实现稳定就业；对失去工作返乡的农民工开展职业技能培训或创业培训，促进其实现转移就业或返乡创业；对失业人员（包括参加失业登记的大学毕业生、留在城里的失业农民工）开展中短期技能培训，帮助其实现再就业；对新成长劳动力开展储备性技能培训，提高其就业能力。

二、积极组织开展四类培训

（一）对困难企业职工开展在岗培训和转岗培训。对符合人力资源社会保障部、财政部、国家税务总局《关于采取积极措施减轻企业负担稳定就业局势有关问题的通知》（人社部发［2008］117号，以下简称《通知》）规定的条件，并经当地政府有关部门认定的困难企业，可组织在岗职工开展技能提升、转业转岗、安全生产等方面的职业培训，提升职工的职业技能和职业素养。各地劳动保障部门要充分发挥企业的主体作用，鼓励困难企业通过开展职工在岗培训等方式稳定职工队伍，指导企业制定和完善职工培训计划，依托企业职工培训机构或技工院校组织实施。培训所需资金按规定从企业职工教育培训经费中列支，不足部分可由企业所在地政府从就业专项资金予以适当支持。申请使用就业专项资金对企业职工开展在岗职业技能培训的困难企业，应按国家规定提取职工教育培训经费，并积极开展职工教育培训工作。困难企业如申请在岗培训补贴，就不能同时申请《通知》规定的岗位补贴或社会保险补贴，在岗培训补贴的执行期为2009年之内。困难企业应制定具体的在岗培训计划，培训结束被培训职工取得职业培训合格证书（职业技能资格证书）后，可凭培训人员名单、劳动合同复印件等材料，向当地人力资源社会保障部门提出申请，经人力资源社会保障部门审核、财政部门复核后，由当地财政部门按最高不超过培训费用50%的标准，将补贴资金直接拨入企业在银行开立的基本账户。困难企业在岗职工职业培训补贴具体办法和标准由省级财政、人力资源社会保障部门确定。

（二）对失去工作返乡的农民工开展实用技能培训。对失去工作返回家乡的农民工，根据其转移就业要求和劳务输出意愿，由所在地劳动保障部门组织开展相关培训。要紧密结合当地产业结构调整、企业技术改造和新开工建设项目的需求，重点围绕国家支持的铁路、交通、建设、电力及灾区建设等领域以及劳务输出的订单需求，组织相应的培训项目，提升农民工技能水平。对有技术和资金，并有创业意愿的农民工，组织开展创业培训，加强项目开发、开业指导、小额贷款、后续扶持等“一条龙”服务，帮助其自谋职业和自主创业。农民工参加各类职业培训，按规定由就业专项资金和相关专项资金中给予补贴。

（三）对城镇失业人员开展技能就业培训。对城镇中就业转失业人员（包括在城镇继续找工作的失业农民工），各地劳动保障部门要结合本地实际和失业人员特点，组织其参加3至6个月的再就业培训。要紧密结合当地重点拓展的就业领域、符合产业调整政策的行业和需要发展的职业（工种），重点开发面向城市社区就业的服务类技能培训项目，采取灵活多样的培训形式和手段，突出培训的实用性和适用性。对参加失业登记的大学生，各地劳动保障部门要结合其专业背景，组织其参加相关领域的技能培训，突出操作技能训练，提高其就业能力；对有创业意愿和需求的失业人员，组织参加创业培训，促进其自主创业。对上述人员开展培训所需的资金，按规定由就业专项资金和失业保险基金中给予补贴。

（四）对新成长劳动力开展技能储备培训。对农村应届初、高中毕业生未能继续升学的人员（农村“两后生”），组织其参加6至12个月的劳动预备制培训，提升技能水平和就业能力。各地劳动保障部门要采取措施，扩大技工院校招生规模，加大校企合作力度，通过订单、定向培训等方式，强化职业技能实训，有计划地加快培养一批高素质的后备技能人才。对上述人员开展培训所需资金，按规定由就业专项资金中给予补贴。

三、进一步落实保障措施

（一）提高思想认识，加强组织领导。各地劳动保障部门要按照科学发展观的要求，充分认识职业培训在特定时期对促进就业、稳定就业的重要地位，充分发挥职业培训服务经济发展、维护社会稳定的重要作用，将实施特别职业培训计划作为近期服务企业、服务劳动者的一项重要民生工程，纳入当地促进经济发展的总体部署，抓好工作落实。要在当地政府的指导下，抓紧制定本地特别职业培训计划，报当地政府批准后实施。要落实目标任务，完善政策措施，强化工作考核，大力抓好组织实施。

（二）落实资金政策，强化监督检查。各地劳动保障部门要加强与财政部门的协调，对实施特别培训计划的资金给予保证。要加强对各类资金的监管，杜绝任何机构和个人截留、挤占、挪用、套取、骗取补助资金。要加强对培训过程的监督检查，做到事前、事中、事后全过程监督，发现问题及时处理。要规范职业培训补贴资金的管理和使用，提高补贴资金使用的安全性、有效性。要督促各培训机构建立培训台账，将培训计划、培训人员名单等及时向社会公开。

（三）发挥资源优势，加强服务工作。各地劳动保障部门要依托街道乡镇劳动保障工作平台，了解劳动者培训需求，摸清底数。要广泛动员技工院校和各类职业培训机构，落实好培训师资、教学场地、培训计划等工作。充分发挥工会、妇联、共青团等群团组织的作用，并按规定对其所属符合条件的培训机构落实相关政策。发改委等部门，继续加强中等职业教育基础能力建设，对承担培训任务的技工院校，在改善办学条件方面给予支持，推动培训计划顺利实施。各级职业技能鉴定机构要为劳动者提供公平、公正、便捷的技能鉴定服务，按规定落实就业困难人员、进城务工农村劳动者的职业技能鉴定补贴，并适当减免鉴定费用。公共就业服务机构要根据企业用工和劳动者就业状况，通过多种渠道及时发布用工信息，提供政策咨询、职业指导和职业介绍等就业服务。

（四）加强技术支持，提高培训质量。各地劳动保障部门要充分依托行业、企业做好培训需求预测工作。根据培训需求做好培训项目开发和培训教材、课程的研究开发工作，提高教材适应技术进步和技能人才培养需要的水平。加强技工院校和职业培训机构教师队伍建设，通过聘请企业高技能人才、大学生志愿服务者等多种渠道，扩充师资数量，采取轮训、定期培训、业务进修等方式，切实提高教师专业素质和技能水平。

各地要根据本通知精神，结合地区实际情况，尽快研究制定特别职业培训计划实施方案，并于2009年1月底前报人力资源社会保障部、发展改革委和财政部，具体实施情况请及时上报三部委。

二〇〇九年一月七日

其　他

财政部　税务总局关于延长下岗失业人员再就业有关税收政策的通知

（财税［2009］23 号）

各省、自治区、直辖市、计划单列市财政厅（局）、国家税务局、地方税务局，新疆生产建设兵团财务局：

为进一步促进下岗失业人员再就业，根据《国务院关于做好当前经济形势下就业工作的通知》（国发［2009］4 号）精神，现就延长下岗失业人员再就业有关税收政策问题通知如下：

一、对持《再就业优惠证》人员从事个体经营的，3 年内按每户每年 8 000 元为限额依次扣减其当年实际应缴纳的营业税、城市维护建设税、教育费附加和个人所得税。

二、对符合条件的企业在新增加的岗位中，当年新招用持《再就业优惠证》人员，与其签订 1 年以上期限劳动合同并缴纳社会保险费的，3 年内按实际招用人数予以定额依次扣减营业税、城市维护建设税、教育费附加和企业所得税。定额标准为每人每年 4 000 元，可上下浮动 20%。由各省、自治区、直辖市人民政府根据本地区实际情况在此幅度内确定具体定额标准，并报财政部和国家税务总局备案。

三、上述税收优惠政策的审批期限为 2009 年 1 月 1 日至 2009 年 12 月 31 日。具体操作办法继续按照《财政部国家税务总局关于下岗失业人员再就业有关税收政策问题的通知》（财税［2005］186 号）和《国家税务总局劳动和社会保障部关于下岗失业人员再就业有关税收政策具体实施意见的通知》（国税发［2006］8号）的相关规定执行。

请遵照执行。

二〇〇九年三月三日

人力资源社会保障部 财政部关于延长东部7省（市）扩大失业保险基金支出范围试点政策有关问题的通知

（人社部发［2009］97号）

北京市、上海市、江苏省、浙江省、福建省、山东省、广东省人力资源社会保障（劳动保障）厅（局）、财政厅（局）：

为应对国际金融危机，进一步发挥失业保险基金预防失业、促进就业的作用，根据国务院常务会议决定，现就延长北京、上海、江苏、浙江、福建、山东、广东等东部7省（市）扩大失业保险基金支出范围试点政策有关问题通知如下：

一、延长原劳动保障部、财政部《关于适当扩大失业保险基金支出范围试点有关问题的通知》（劳社部发［2006］5号）政策执行时间，期限为1年。

二、江苏、浙江、福建、山东、广东5省可以参照北京、上海两市做法，在符合劳社部发［2006］5号文件规定条件的前提下，根据本地实际情况，适当增加支出项目，主要用于预防失业、促进就业项目支出，具体项目由省级人民政府统一制定，报国务院备案。增加的支出项目，不得用于人员经费、公用经费、差旅费和会议费等应由部门预算安排的支出，不得用于房屋建筑物购建和交通工具购置等基本建设支出。上述支出由各地按规定予以安排。7省（市）要进一步规范失业保险基金管理，不断提高失业保险基金使用效益。

三、江苏、浙江、福建、山东、广东5省要努力提高失业保险基金统筹层次，实现设区的市全市统筹。继续完善省级调剂金制度，加大省级调剂金筹集和调剂使用力度。

延长东部7省（市）扩大失业保险基金支出范围试点政策，是国务院应对国际金融危机、稳定就业局势作出的重大决策，各地要高度重视，加强领导，精心组织，密切配合，规范操作，确保失业保险基金在保障失业人员基本生活、预防失业和促进就业方面发挥更大的作用。工作中遇到的重大情况，及时向人力资源社会保障部、财政部报告。

二〇〇九年七月三十一日

人力资源社会保障部　全国总工会
中国企业联合会/中国企业家协会
关于应对当前经济形势
稳定劳动关系的指导意见

（人社部发［2009］18号）

各省、自治区、直辖市劳动保障厅（局）、总工会、企业联合会/企业家协会：

为积极应对当前经济形势对劳动关系的影响，加强劳动关系协调工作，经国家协调劳动关系三方会议研究，现提出以下意见。

一、高度重视国际金融危机对我国劳动关系的影响

去年以来，受国际金融危机的影响，我国企业特别是以出口为主的劳动密集型中小企业出现经营困难，部分企业停产关闭，劳动关系领域出现了一些新的变化。企业用工需求减少，规模裁员和职工待岗歇业现象逐步增多，欠薪、断保甚至欠薪逃匿问题不断发生，劳动关系的不稳定性增加，劳动争议和举报投诉案件数量上升，发展和谐劳动关系面临新情况新问题。各级协调劳动关系三方要密切关注和高度重视劳动关系领域出现的新变化，按照党中央、国务院应对当前经济形势的决策部署，将工作重点放到稳定劳动关系上来，深入研究分析当前经济形势对劳动关系的影响，准确判断和掌握劳动关系中的突出矛盾，通过加强三方协商对话和共同行动，在保企业、保就业、保稳定中充分发挥三方机制的独特作用。要在当地党委、政府领导下，认真研究困难条件下企业劳动关系的新特点，增强工作的预见性、针对性和灵活性，结合实际制定切实可行的政策措施，注意政策措施的配套衔接，形成政策合力和工作合力，增强政策的有效性，确保各项政策措施落到实处，见到实效。要深入开展创建劳动关系和谐企业活动，进一步明确目标任务，建立健全和谐稳定劳动关系的长效机制。

二、积极支持和鼓励劳动关系双方共同稳定就业局势

各级协调劳动关系三方要把帮助企业渡过难关、稳定就业局势作为当前头等大事来抓，将促进企业发展和保障职工权益有机结合起来，支持、鼓励和引导劳动关系双方相互合作，共渡难关。各级人力资源和社会保障部门要认真落实各项就业扶持政策和有关减轻企业负担稳定就业局势的政策措施，加强就业服务工作，发挥失业保险促进就业的作用，帮助和鼓励困难企业尽量稳定用工岗位。各级企业联合会要会同有关企业组织，积极引导和鼓励企业切实承担社会责任，通过加强管理、技术创新主动应对金融危机的影响，并根据实际采取在岗培训、轮岗轮休、协商薪酬等措施，尽最大努力不裁员或少裁员，特别是引导国有大中型企业带头不裁员，为保持经济平稳较快增长、缓解社会就业压力作出努力。各级工会组织要积极引导和鼓励职工关心企业的生存与发展，坚持依法推进、互利共赢、共同协商、因地制宜的原则，大力开展工会、职工与企业的“共同约定行动”，引导职工理解并支持企业采取弹性工时、在岗培训、协商薪酬等措施，动员广大职工为企业发展献计出力，努力提高劳动生产率，降低生产经营成本，与企业同舟共济，共克时艰，共谋发展。各级三方要推动落实特别职业培训计划，搞好职工特别是农民工培训，提升职工的技能素质，为企业走出困境和实现新发展储备技能人才。

三、推动企业加快建立集体协商机制

各级协调劳动关系三方要把集体协商作为职工与企业凝聚合力、共担风险、共渡难关、共谋发展的制度保障，大力实施集体合同制度“彩虹计划”，以工资集体协商为重点，进一步推动扩大集体合同制度覆盖面，增强集体协商的针对性和实效性。要积极支持劳动关系双方开展集体协商要约行动，指导生产经营正常的企业通过集体协商合理确定职工工资水平和增长幅度，让职工共享发展成果。生产经营困难的企业可通过与包括农民工在内的广大职工进行集体协商，采取灵活用工、弹性工时、弹性工资、组织培训等措施，共同应对当前经济困难，稳定就业岗位和劳动关系。

四、加强对困难企业经济性裁员的指导和管理

各级协调劳动关系三方要加强对企业裁员事前指导、事中监督和事后服务工作，规范企业裁员行为，切实维护职工合法权益。指导、督促因生产经营困难需要裁员的企业依法制定裁员方案，履行法定程序，并及时向当地人力资源和社会保障部门报告。加强对企业裁员规模的调控，避免将职工集中推向社会。指导企业妥善处理被裁减员工的劳动关系，依法支付经济补偿金、清偿拖欠职工工资等债务，避免引发劳动纠纷。对确实无力一次性支付经济补偿的困难企业，可引导企业与工会或职工协商，分期或以其他形式支付经济补偿。做好被裁减员工的社会保险接续和再就业服务工作，通过加强技能培训，落实再就业和自主创业优惠政策等措施，为职工实现再就业创造条件。

五、积极预防和妥善处理企业工资拖欠问题

各级协调劳动关系三方要共同推进建立工资支付保障机制，指导、督促企业依法支付职工工资。进一步建立工资保证金制度，将工资保证金制度的实施范围由建设领域逐步扩大到其他领域。加强对企业工资支付的监控，发现欠薪苗头及时向企业发出预警，对发现的拖欠工资行为依法进行处理。基层工会要充分发挥密切联系职工群众的优势，及时掌握工资发放情况，发现拖欠工资问题及时要求企业纠正。进一步建立健全企业欠薪报告制度，企业确因经营困难等原因须延期支付工资的，要征得本企业工会或职工代表同意，并向当地人力资源和社会保障部门报告。要依法及时处理因拖欠工资引发的劳动争议，按照“快立、快调、快审、快结”的原则，及时受理，及时调解或裁决，及时申请人民法院优先执行。

六、建立健全解决劳动关系重大问题的沟通协调制度

各级协调劳动关系三方在协调劳动关系工作中，既要充分发挥各自优势，认真履行职责，又要加强沟通协调，共同研究解决劳动关系的重大问题。要建立健全劳动关系调处应急机制，认真总结近年来处理因劳动关系问题引发群体性事件工作的经验，进一步完善应急预案，加强三方的信息沟通和协调处置工作，妥善处理因企业无力支付工资或欠薪逃匿等引发的重大群体性事件。要注意共同分析研究当前劳动关系中带有倾向性、苗头性的问题，对重大劳动关系隐患做到早发现、早报告、早处理，掌握协调劳动关系的主动权。对社会影响较大的突发性劳动关系问题，三方要统一研究应对措施，协调采取一致行动，及时妥善化解矛盾。

二〇〇九年一月二十三日

启动实施就业促进法政策及配套文件

国务院文件

国务院关于做好促进就业工作的通知

（国发〔2008〕5号）

各省、自治区、直辖市人民政府，国务院各部委、各直属机构：

近年来，各地区和有关部门认真贯彻落实党中央、国务院关于就业再就业的方针政策，取得显著成绩，体制转轨遗留的下岗失业人员再就业问题基本解决。当前及今后一个时期，我国劳动者充分就业的需求与劳动力总量过大、素质不相适应之间的矛盾依然存在，促进就业任务十分繁重。党的十七大提出坚持实施积极的就业政策，实现社会就业更加充分的奋斗目标。就业促进法对促进就业工作作出了法律规范。各地区、各部门要根据新的形势和工作要求，切实做好促进就业工作。现就有关问题通知如下：

一、明确就业工作目标任务，强化政府促进就业的领导责任

（一）强化政府责任，把扩大就业放在经济社会发展的突出位置。坚持劳动者自主择业、市场调节就业、政府促进就业的方针，努力创造公平就业环境。县级以上人民政府要把扩大就业作为经济和社会发展的重要目标，纳入国民经济和社会发展规划，并制定促进就业的中长期规划和年度工作计划，在发展经济和调整产业结构、规范人力资源市场、完善就业服务、加强职业教育和培训、提供就业援助等方面制订具体措施，努力实现社会就业更加充分的目标。

（二）实施积极的就业政策，多渠道增加就业岗位。贯彻实施鼓励、支持和引导个体、私营等非公有制经济发展以及加快发展服务业等一系列有利于促进就业的政策措施，促进非公有制经济和第三产业有序发展。采取有效措施，促进中小企业发展，鼓励发展劳动密集型产业，广开就业门路。鼓励和规范灵活就业形式。拓宽就业渠道，统筹做好城镇新增劳动力就业、农业富余劳动力转移就业和失业人员就业工作。

（三）改善创业环境，促进创业带动就业。完善支持自主创业、自谋职业政策体系，建立健全政策扶持、创业服务、创业培训三位一体的工作机制。简化程序，规范操作，提高效率，增加融资渠道，放宽市场准入限制，加强信息服务。加强创业意识教育，转变就业观念，营造鼓励自主创业的社会环境，使更多的劳动者成为创业者。

（四）积极做好高校毕业生就业工作。把高校毕业生就业纳入就业工作总体部署，明确目标，落实责任，健全工作机制，进一步加强对高校毕业生的公共就业服务，广泛开展技能培训和就业见习，提高高校毕业生实践能力和就业能力，引导高校毕业生面向基层就业和创业。

（五）加强失业调控，努力减少失业。县级以上人民政府在安排政府投资和确定重大建设项目时，要按照科学发展观的要求，更加注重对就业的影响，处理好宏观调控与增加就业岗位的关系，妥善做好相关人员的安置工作。要建立健全失业预警制度，对因国内国际经济形势发生重大变化直接影响就业的行业和企业，以及失业问题突出的困难地区、困难行业，制订失业调控预案，实施失业预防、调节和控制，保持就业局势稳定。

（六）健全就业工作目标责任制度。把城镇新增就业、控制失业率、失业人员就业、就业困难人员就业及减少有劳动能力长期失业人员、城市居民最低生活保障人员作为就业工作主要目标任务，逐级分解，建立目标责任体系，并作为政府政绩考核的重要指标。要将统筹城乡就业、建立社会保障与促进就业联动机制纳入政府就业工作目标责任。县级以上人民政府要按照目标责任制度的要求，依法加强对所属有关部门和下一级人民政府的考核、检查和监督。

二、完善政策支持体系，进一步实施积极的就业政策

（七）妥善处理现行政策与法律规定的衔接问题。按照法律要求，对政策进行完善和规范，明确政策支持对象和内容，调整完善操作办法，解决政策落实中的难点问题，提高政策的实施效果。

（八）《国务院关于进一步加强就业再就业工作的通知》（国发［2005］36号）规定的各项税收政策继续有效，审批截止日期为2008年底，2009年以后的税收政策另行规定。登记失业人员创办企业的，凡符合相关条件，可按国家规定享受税收优惠政策。符合有关残疾人就业优惠条件的，可以享受现行增值税、营业税、企业所得税、个人所得税等税收优惠政策。

（九）登记失业人员和残疾人从事个体经营的，按规定免收属于管理类、登记类和证照类的各项行政事业性收费，政策扶持期限最长不超过三年。具体政策由财政部、发展改革委制定。

（十）进一步完善小额担保贷款政策，创新小额担保贷款管理模式。各地可根据实际情况适当提高小额担保贷款额度和扩大贷款范围。经办银行可将小额担保贷款利率在人民银行公布的贷款基准利率的基础上上浮3个百分点，其中微利项目增加的利息由中央财政负担。小额贷款担保基金由地方财政安排。中央财政要进一步拓宽贴息资金的使用渠道，从贴息资金中安排部分资金支持完善担保基金的风险补偿机制和贷款奖励机制。推动信用社区与经办银行加强合作，鼓励担保机构降低反担保门槛或取消反担保。进一步加大对符合条件的劳动密集型小企业的贷款贴息支持力度，鼓励利用小额贷款担保基金为劳动密集型小企业提供贷款担保服务。具体政策由人民银行、财政部、劳动保障部制定。对2007年底前核准的小额担保贷款项目仍按原政策执行。

（十一）扶持就业困难人员就业。就业困难人员一般指大龄、身有残疾、享受最低生活保障、连续失业一年以上，以及因失去土地等原因难以实现就业的人员。具体范围和申请认定程序，由各省、自治区、直辖市人民政府根据本地实际情况规定。对各类企业招用就业困难人员，签订劳动合同并缴纳社会保险费的，在相应期限内给予基本养老保险、基本医疗保险和失业保险补贴；各地政府投资开发的公益性岗位，要优先安排符合岗位要求的就业困难人员，并视其缴纳社会保险费的情况，在相应期限内给予基本养老保险、基本医疗保险和失业保险补贴以及适当的岗位补贴；对就业困难人员灵活就业后申报就业并缴纳社会保险费的，给予一定数额的社会保险补贴。社会保险补贴和岗位补贴期限，除对距法定退休年龄不足五年的人员可延长至退休外，其余人员最长不超过三年。

（十二）国发［2005］36 号文件规定的对持《再就业优惠证》人员的各项社会保险补贴、岗位补贴政策继续执行，审批截止到 2008 年底，期限最长不超过三年。

（十三）县级以上人民政府要根据就业状况和就业工作目标，加大资金投入，在同级财政预算中安排就业专项资金用于促进就业工作。就业专项资金用于职业介绍、职业培训、公益性岗位、职业技能鉴定、特定就业政策和社会保险等的补贴，小额贷款担保基金和微利项目的小额担保贷款贴息，以及扶持公共就业服务等。特定就业政策需经国务院批准。对各地职业介绍补贴、职业培训补贴、公益性岗位补贴、职业技能鉴定补贴、特定就业政策补助、社会保险补贴，以及扶持公共就业服务资金，中央财政继续通过专项转移支付的方式给予适当补助，并对中西部地区和老工业基地给予重点支持。对微利项目的小额担保贷款，中央财政按规定据实贴息。就业专项资金的使用管理办法，由财政部、劳动保障部制订。失业保险基金用于促进就业的支出，按有关规定执行。

三、进一步加强就业服务和管理，健全面向全体劳动者的职业技能培训制度

（十四）各地要按照建立统一开放、竞争有序的人力资源市场的要求，加强部门协调，完善管理制度，维护人力资源市场的良好秩序。县级以上人民政府要加强人力资源市场信息网络及相关设施建设，建立健全人力资源市场信息服务体系，完善市场信息发布制度。鼓励社会各方面依法开展就业服务活动，加强对职业中介机构的管理，提高其服务质量。对为登记失业人员提供就业服务并实现就业的各类职业中介机构，按规定给予职业介绍补贴。

（十五）县级以上人民政府要建立健全公共就业服务体系，规范公共就业服务机构，明确服务职责和范围，合理确定各级公共就业服务机构的人员编制，加强公共就业服务能力建设，将公共就业服务经费纳入同级财政预算，保障其向劳动者提供免费的就业服务。县级以上公共就业服务机构要建立综合性服务场所，为劳动者和用人单位提供“一站式”就业服务；街道、社区公共就业服务机构要设立服务窗口，开展公共就业服务。要规范公共就业服务机构服务流程和标准，提高服务质量和效率。

（十六）各地要建立健全就业登记和失业登记制度。公共就业服务机构负责为劳动者免费办理就业登记和失业登记，并做好登记统计工作。登记失业人员应当积极求职，参加公共就业服务机构安排的就业服务活动，并定期向公共就业服务机构报告就业失业状况。各省、自治区、直辖市在本行政区域内实行统一的就业失业登记证（以下简称登记证），向劳动者免费发放，并注明可享受的扶持政策。登记失业人员凭登记证在核发证件的省（区、市）内享受公共就业服务和就业扶持政策，对就业困难人员在登记证上予以注明。就业登记、失业登记的具体程序和登记证的样式，由各省、自治区、直辖市制订。要切实加强登记证发放和使用的管理。

（十七）建立健全面向全体劳动者的职业技能培训制度。鼓励支持各类职业院校、职业技能培训机构和用人单位依法开展就业前培训、在职培训、再就业培训和创业培训；鼓励劳动者参加各种形式的培训。对失业人员、符合条件的进城务工农村劳动者参加职业培训的，按规定给予职业培训补贴，具体办法由财政部、劳动保障部等制订。对就业困难人员、进城务工农村劳动者通过初次职业技能鉴定（限国家规定实行就业准入制度的特殊工种），取得职业资格证书的，给予一次性的职业技能鉴定补贴。要根据职业培训的实际需要，合理确定补贴标准；现行补贴标准不足弥补实际培训成本的，可提高补贴标准。完善职业培训补贴办法，建立健全职业培训补贴与培训质量、促进就业效果挂钩机制，提高劳动者参加培训和各类职业教育培训机构提供培训的积极性。要完善劳动预备制度，对有就业要求和培训愿望的初高中毕业生实行 3 个月以上、12 个月以内的预备制培训，使其取得相应的职业资格或者掌握一定的职业技能。积极探索职业培训项目化运作模式，将补贴资金与项目运作紧密结合起来，提高职业培训的针对性和有效性。

四、进一步完善面向所有就业困难人员的就业援助制度，及时帮助零就业家庭解决就业困难

（十八）各地要进一步建立健全就业援助制度，积极帮助和扶持有就业愿望和就业能力，且积极求职的就业困难人员就业。要通过公益性岗位援助等多种途径，对所有就业困难人员实行优先扶持和重点帮助。

（十九）加强对零就业家庭的就业援助。各地要依托街道社区公共就业服务机构进一步完善零就业家庭申报认定制度，规范审核认定程序，建立专门台账，及时接受零就业家庭的就业援助申请。要多渠道开发就业岗位，提供有针对性的职业介绍、职业培训等就业服务和公益性岗位援助，通过多种形式帮扶零就业家庭人员实现就业。对其中符合条件的就业困难人员，要及时兑现各项扶持政策。建立动态管理、动态援助的长效工作机制，确保城市有就业需求的家庭至少有一人就业。

（二十）鼓励资源开采型城市和独立工矿区发展与市场需求相适

应的接续产业，引导劳动者转移就业。对因资源枯竭或者经济结构调整等原因造成就业困难人员集中的地区，上级人民政府应当给予必要的扶持和帮助。

五、进一步加强组织领导，切实做好就业促进法的贯彻实施工作

（二十一）各地要进一步加强对促进就业工作的组织领导，建立健全促进就业工作协调机制，巩固和加强县级以上人民政府就业工作联席会议制度，强化统一领导、分工协作的工作机制。各有关部门要按照职责分工，切实履行职能，并加强协调配合，及时交流情况，解决问题。要进一步发挥工会、共青团、妇联、残联以及其他社会组织的作用，共同做好就业再就业工作。

（二十二）各地要充分利用各种新闻媒介，深入做好就业宣传工作。大力宣传国家促进就业的法律法规和经济社会政策，宣传各地区、各有关部门和单位促进就业的好做法，宣传劳动者转变就业观念、自主创业、自谋职业和用人单位承担社会责任、促进就业的典型经验。各级人民政府和有关部门要对在促进就业工作中取得显著成绩的单位和个人给予表彰和奖励，为就业工作营造良好的舆论环境和社会氛围。

（二十三）各地区、各有关部门要加强干部的法律知识培训，不断提高依法行政的能力和水平。要抓紧制定配套法规和政策，使法律的原则、要求具体化，增强法律的可操作性。要加强就业促进法实施情况的督促检查，采取有效措施，确保各项工作落实到位。

（二十四）各地劳动保障、民政、财政等部门要密切协作，促进失业保险、社会救助与促进就业工作的有机结合。完善失业保险和社会救助制度，形成促进就业的激励约束机制。严格失业保险金、城市居民最低生活保障金的申领条件和程序，在准确区分申请人员有无劳动能力的基础上，将申领条件与接受职业介绍、职业培训以及参加公益性劳动情况相挂钩，逐步形成促进就业的政策导向。要将享受失业保险待遇人员和有劳动能力、有就业愿望的城市居民最低生活保障人员组织到职业介绍、职业培训、公益性劳动等活动中，采取多种措施，鼓励和吸引其积极就业。

（二十五）各地区、各有关部门要结合实际，抓紧研究制订贯彻本通知的具体办法，确保本通知精神落到实处。对工作中的重大问题，及时报告国务院。

二〇〇八年二月三日

部门文件

劳动保障部关于贯彻实施《国务院关于做好促进就业工作的通知》的通知

（劳社部发［2008］8号）

各省、自治区、直辖市劳动和社会保障厅（局）：

2008年2月3日，国务院下发了《国务院关于做好促进就业工作的通知》（国发［2008］5号，以下简称《通知》），按照党的十七大精神和《就业促进法》的要求，对进一步做好就业再就业工作提出了明确要求。为切实做好《通知》的贯彻实施工作，现就有关问题通知如下：

一、充分认识《通知》的重要意义，认真学习、深刻领会《通知》精神

《通知》是贯彻落实党的十七大精神，坚持实施积极就业政策的具体体现；是贯彻落实《就业促进法》，将法律精神具体化、明确化的重要举措；是继《中共中央、国务院关于进一步做好下岗失业人员再就业工作的通知》（中发［2002］12号）和《国务院关于进一步加强就业再就业工作的通知》（以下简称国发［2005］36号）之后，又一个促进就业工作的纲领性文件。在前两个文件的基础上，《通知》将工作重点从着力解决下岗失业人员的再就业问题拓展到统筹做好城乡各类群体的就业工作，并相应扩大了扶持对象范围、延长了政策时间、加大了工作力度，对新时期就业再就业工作提出了新的更高的要求，为加快建立促进就业的长效机制创造了有利条件。《通知》的下发，充分体现了党中央、国务院对促进就业和改善民生的高度重视。各地劳动保障部门要充分认识《通知》的重要意义，以贯彻实施《通知》为动力，全面加强就业再就业工作。要积极会同联席会议各成员单位，抓紧向省（自治区、直辖市）党委、政府汇报《通知》的精神实质和具体要求，与贯彻落实《就业促进法》相结合，尽快研究制定贯彻落实的工作计划，并采取切实有效的措施，将各项工作安排落实到位。

要制定好本地区的学习计划，认真组织好劳动保障机关、公共就业服务机构、职业培训机构以及街道社区基层公共就业服务工作人员的学习培训，进一步认识我国就业矛盾的严峻性、长期性和复杂性，增强做好就业工作的责任感和使命感，明确就业工作的新任务、新要求，准确把握《通知》的主要内容和精神实质，不断提高工作能力和水平。

二、抓紧制定出台实施意见，进一步提高政策措施的针对性、有效性

按照《通知》要求，国务院就业工作部际联席会议有关成员单位将研究制定行政性收费减免、小额担保贷款、就业专项资金使用管理等配套文件，细化完善各项政策的操作办法，妥善处理好与现行政策的衔接问题，进一步提高政策的实际效果。各地劳动保障部门也要结合本地实际，抓紧协调组织制定本地区贯彻落实《通知》的实施意见及其配套文件，完善各项政策的操作程序，进一步提高政策的针对性和实效性。同时，要加强对地市工作的督促指导，确保6月底之前地市一级普遍出台实施意见及其配套文件，并全面开展新政策的贯彻实施工作。在此过程中，还要继续加强国发［2005］36号文件规定政策的落实工作，妥善处理好政策衔接和工作衔接，确保政策落实不断档，扶持对象不受影响。

三、进一步加强各项基础工作，为政策落实提供保障

各地劳动保障部门要按照《就业促进法》和《通知》要求，进一步建立健全就业登记和失业登记制度，完善就业和失业管理。根据

《就业服务与就业管理规定》（劳动和社会保障部令第 28 号）的具体规定，抓紧制定具体办法，明确全省统一的就业失业登记证样式和申领发放程序，并向符合条件的失业人员免费发放，为《通知》的贯彻落实打下坚实基础。同时，切实加强登记失业统计工作，密切关注政策扶持对象调整和失业登记的对象范围调整对登记失业统计数据的影响。

要进一步健全公共就业服务体系，完善服务机构功能，提高服务效率，落实免费服务要求，积极协调公共就业服务经费纳入同级财政预算和申请就业专项资金用于扶持公共就业服务，推动公共就业服务体系在政策落实中发挥更大作用。进一步加大职业培训工作力度，完善职业培训补贴办法，充分调动劳动者参加职业培训的积极性，切实增强职业培训的针对性和有效性，并按规定落实职业培训补贴和职业技能鉴定补贴政策。进一步加强失业调控工作，加强对关闭破产、淘汰落后产能和节能减排等企业职工安置情况的监控，深入研究宏观调控及相关法律实施等因素对本地区就业工作的影响，及时向政府或就业工作联席会议报告，并及早制定相关工作预案，建立健全失业预警制度。

四、进一步加强组织领导，加大政策宣传力度

各地劳动保障部门要在政府的统一领导下，进一步建立健全促进就业工作的协调机制，巩固和加强就业工作联席会议制度。加强信息沟通和政策协调，强化分工协作、共同推进的工作机制，切实做到各司其职、协调配合。进一步发挥就业工作联席会议的作用，充分调动工会、共青团、妇联、残联以及其他社会组织的积极性，共同做好就业再就业工作。继续加强对就业再就业目标任务和各项政策落实情况的督促检查，确保各项工作和政策落实到位。

要结合本地实际和《就业促进法》的宣传计划，深入做好《通知》精神的宣传工作。要充分利用街道社区公共就业服务机构贴近群众、服务群众的优势，以及各种新闻媒介和各项就业服务专项活动，采取通俗易懂、形式多样的宣传方式，重点宣传我国就业矛盾的长期性和复杂性，宣传《通知》的主要政策内容和具体工作措施，宣传各地各部门贯彻落实积极就业政策的典型事迹和经验，为贯彻实施《通知》精神、落实各项政策创造良好的环境。

二〇〇八年二月二十九日

财政部　发展改革委关于对从事个体经营的有关人员实行收费优惠政策的通知

（财综［2008］47号）

国务院各部委、各直属机构，各省、自治区、直辖市财政厅（局）、发展改革委、物价局，新疆生产建设兵团财务局、发展改革委：

为鼓励自主创业和自谋职业，进一步促进失业人员再就业工作，根据《残疾人就业条例》（国务院令第488号）、《国务院关于做好促进就业工作的通知》（国发［2008］5号）、《国务院关于鼓励支持和引导个体私营等非公有制经济发展的若干意见》（国发［2005］3号）、《中共中央办公厅、国务院办公厅关于引导和鼓励高校毕业生面向基层就业的意见》（中办发［2005］18号）、《国务院办公厅转发民政部等部门关于扶持城镇退役士兵自谋职业优惠政策意见的通知》（国办发［2004］10号）的有关规定，经国务院批准，现将对从事个体经营的有关人员实行收费优惠政策等问题通知如下：

一、登记失业人员、残疾人、退役士兵以及毕业2年以内的普通高校毕业生，凡从事个体经营（除建筑业、娱乐业以及销售不动产、转让土地使用权、广告业、房屋中介、桑拿、按摩、网吧、氧吧等，下同）的，自其在工商部门首次注册登记之日起3年内免收管理类、登记类和证照类等有关行政事业性收费。

二、上述免交的收费项目具体包括：

（一）工商部门收取的个体工商户注册登记费（包括开业登记、变更登记、补换营业执照及营业执照副本）、个体工商户管理费、集贸市场管理费、经济合同鉴证费、经济合同示范文本工本费；

（二）税务部门收取的税务登记证工本费；

（三）卫生部门收取的行政执法卫生监测费、卫生质量检验费、预防性体检费、卫生许可证工本费；

（四）民政部门收取的民办非企业单位登记费（含证书费）；

（五）人力资源和社会保障部门（原劳动保障部门）收取的职业资格证书工本费；

（六）国务院以及财政部、发展改革委批准设立的涉及个体经营的其他登记类、证照类和管理类等行政事业性收费；

（七）各省、自治区、直辖市人民政府及其财政、价格主管部门按照管理权限批准设立的涉及个体经营的登记类、证照类和管理类等有关行政事业性收费项目。

三、财政部门应统筹安排相关部门的经费预算，以保证其正常履行职责。

四、各省、自治区、直辖市人民政府及其财政、价格主管部门应制定本行政区域内支持就业工作减免行政事业性收费的具体政策措施，并报财政部、发展改革委备案。

五、各省、自治区、直辖市财政、价格主管部门要通过多种新闻媒体，向社会公布支持就业工作免收的各项行政事业性收费项目，使登记失业人员、残疾人、退役士兵、符合条件的普通高校毕业生等充分了解和享受有关收费优惠政策。

六、工商、税务、卫生、民政、人力资源和社会保障等各有关部门应督促本系统内相关收费单位认真落实上述收费优惠有关规定，加强对相关人员享受优惠政策的登记备案管理，确保符合条件的人员享受自主创业收费优惠政策。

七、各省、自治区、直辖市财政、价格主管部门要加强对上述收费优惠政策执行情况的监督检查，切实保障政策落实到位。对不按规定落实收费优惠政策的部门和单位，要按照相关法律、行政法规规定予以严肃处理。

八、本通知自发布之日起实施。

二〇〇八年七月八日

发展改革委　旅游局
人力资源社会保障部　商务部
财政部　人民银行关于印发
《关于大力发展旅游业促进
就业的指导意见》的通知

（发改就业［2008］2215 号）

各省、自治区、直辖市发展改革委、旅游局、人事厅（局）、劳动保障厅（局）、商务主管部门、财政厅（局），中国人民银行上海总部，各分行、营业管理部，各省会（首府）城市中心支行，各副省级城市中心支行：

为贯彻落实《国务院关于做好促进就业工作的通知》（国发［2008］5 号）精神，进一步发展旅游业促进就业，国家发展和改革委员会、国家旅游局、人力资源和社会保障部、商务部、财政部、中国人民银行共同制定了《关于大力发展旅游业促进就业的指导意见》，经国务院同意，现印发你们，请按照执行。

附件：关于大力发展旅游业促进就业的指导意见

二〇〇八年八月二十一日

附件

关于大力发展旅游业促进就业的指导意见

旅游业是国民经济的重要产业，是扩大就业的重要渠道。随着人民生活水平不断提高，旅游消费需求迅速增长，旅游就业发展空间广阔。但是，目前旅游就业还存在一些薄弱环节，就业增长与产业发展不协调、从业人员素质不高、公共服务和政策引导不到位等问题仍然存在，必须采取有效措施加以解决。根据党的十七大关于实施扩大就业发展战略的目标要求，为贯彻落实《国务院关于做好促进就业工作的通知》（国发［2008］5号）精神，进一步发展旅游业促进就业，经国务院同意，现提出以下意见：

一、指导思想、总体目标与基本原则

（一）指导思想

以党的十七大精神为指导，按照科学发展观和全面建设小康社会的总体要求，围绕建设世界旅游强国，在切实保护生态环境、耕地资源、文化自然遗产和旅游资源前提下，加快旅游经济发展。通过建立和完善发展旅游业促进就业的政策体系，广开就业渠道，优化就业结构，完善就业服务，强化就业管理，以旅游产业的发展推动就业增长，支持实施扩大就业的发展战略。

（二）总体目标

在国家产业政策和就业政策指导下，到2015年，建立健全与就业形势相协调的旅游产业体系和政策支撑体系；建立和完善适应旅游业特点的劳动用工管理、公共就业服务、人力资源开发制度，形成就业与产业协调发展的机制；旅游就业规模不断扩大，从目前的6 000万人增加到1亿人左右。

（三）基本原则

坚持以市场为导向。充分发挥市场和企业在发展旅游业促进就业中的主体作用和基础性作用，调动各方面积极性。发挥政府的引导作用，整合现有资源。

坚持因地制宜和分类指导。从实际出发，发挥不同地区的优势，开发适应市场需求的旅游产品。加大对欠发达地区和就业困难人员的扶持力度。

坚持可持续发展。产业发展要与保护资源环境相结合，促进旅游产业和扩大就业的可持续发展。

坚持改革和创新。深化体制改革，探索和建立适应旅游业发展特点的就业管理体制和机制。

二、主要任务

（一）加快发展旅游产业，扩大旅游就业规模。努力保持旅游业持续快速增长，进一步发挥旅游业在国民经济中的重要作用，以产业发展带动就业增长。加快完善旅游产业体系，推进旅游要素体系、旅游目的地体系、旅游产品体系、旅游安全与质量保障体系建设。鼓励旅游新领域、新业态发展，充分发挥旅游业在休闲产业中的主体作用，加快休闲度假、修学旅游、自驾车旅游、健康旅游、生态旅游、工农业旅游、红色旅游等新产品开发，鼓励开辟交通运输旅游航线，大力培育旅游电子商务等新业态。鼓励社会资本投入旅游业，扶持非公有制旅游企业和中小型旅游企业加快发展，培育一批拥有知名品牌、具有较强竞争力的大型旅游企业和企业集团。在国家产业政策鼓励和支持的范围内，建设一批就业容量大、符合市场需求、可持续发展的大型旅游项目。

（二）拓展旅游产业链条，优化旅游就业结构。全面推进旅游业转型升级，处理好提升产业素质与扩大产业规模的关系。继续发展旅游住宿、景区、餐饮、旅行社服务和交通服务等相关企业。加快发展旅游商品生产销售、旅游文化娱乐、旅游装备工业等，增加就业比重。提高旅游业创新能力，鼓励创业和发展灵活就业。鼓励发展旅游咨询、规划设计、广告营销等，开发知识技术含量较高的旅游产品与就业岗位。

（三）培育规范旅游市场，挖掘旅游就业潜力。深化国家法定节假日制度改革，落实职工带薪年休假制度。鼓励有条件的地区制定国民旅游计划，推动社会公益性场所逐步实行面向全民的票价优惠或免费开放。建立和完善旅游行业诚信体系，加强旅游市场质量规范与管理，充分挖掘旅游市场的就业潜力。鼓励灵活多样的信用消费方式，增设小额外币兑换点，发行便利旅游者的差旅交通卡、游览连锁优惠卡等，推广便利的电子支付手段。积极发展国际旅游市场，加强国际旅游服务，不断提高服务质量，吸引更多的境外游客到国内旅游。

（四）加强人力资源开发，提高旅游就业能力。加大对新成长劳动力、农民工、妇女、贫困地区劳动者和失业人员旅游就业培训力度，对有创业愿望、具备一定创业能力的人员开展创业培训。加快培养中高级人才、复合型人才、技能型人才和急需人才，壮大旅游职业经理人队伍。加强旅游行政、企业、院校骨干人员的教育培训，培养一批与国际接轨的高素质人才。加强对旅游从业人员的培训，规范职业资格认证，健全人才激励机制。整合各类教育资源，鼓励高等学校、中等职业学校和职业培训机构建立教育基地，逐步形成普通教育、职业教育和培训相结合的旅游教育培训体系。鼓励高等学校根据市场需要调整专业方向，提高旅游教育培训的质量与针对性，培育一支多层次多专业的旅游人才队伍。

（五）完善相关配套措施，改善旅游就业环境。把发展旅游业促进就业纳入各地就业发展规划和旅游业发展总体规划，建立和完善旅游就业指标统计制度。深化旅游企业劳动用工和收入分配制度改革，依法规范旅游业从业人员特别是导游人员的劳动用工管理，建立和完善工资形成机制和正常增长机制，规范工资支付方式。加强从业人员社会保障，做好职业指导、信息服务、职业介绍、创业服务等就业服务工作。搭建旅游要素流通平台，促进旅游要素的合理流动和优化配置。进一步消除城乡分割、区域分割和部门分割，发挥市场在劳动力资源配置过程中的基础性作用。

（六）实施就业行动计划，开展旅游就业试点。鼓励各地根据自身实际需要和现实条件，因地制宜制订和实施旅游就业行动计划，重点促进农村劳动力转移就业、大中专毕业生就业、妇女就业、残疾人就业和失业人员就业，制订旅游人力资源开发与教育创新、旅游就业服务与保障、旅游就业国内对口支援与国际合作等行动计划。鼓励各地探索各类旅游就业试点，选择有条件的地方，开展不同领域、层次和形式的试点工作。

三、主要政策措施

（一）加大财税政策支持。县级以上人民政府根据就业状况和就业工作目标，在财政预算中安排专项就业资金用于促进就业。就业专项资金可按规定用于旅游从业人员的职业介绍补贴、职业培训补贴、社会保险补贴、小额贷款贴息等。积极研究完善旅游相关税收政策，认真落实国家促进就业以及鼓励西部地区旅游业发展的税收政策。

（二）加强基础设施建设。加强旅游就业的信息网络、培训基地、服务场所以及旅游景点交通运输等基础设施建设，重点扶持中西部地区、东北等老工业基地和欠发达地区。加强对就业容量大的旅游新领域、新业态的引导，通过多种方式支持拉动就业效果明显的旅游景区发展。鼓励有条件的地方建设一批功能完善、特色突出、就业潜力大的旅游项目和旅游综合服务设施。

（三）完善金融扶持政策。进一步改进金融服务，创新金融产品，完善信贷管理制度，对符合信贷条件的旅游企业或项目提供信贷支持。引导和鼓励民间资本加大对旅游业的投入。拓宽旅游企业融资渠道，进一步加大对符合条件的非公有制旅游企业和中小旅游企业的金融支持。发挥小额担保贷款的积极作用，支持以创业带动就业，促进旅游业加快发展。

（四）积极提供旅游就业援助。对就业困难人员从事旅游业的，可按规定通过贷款贴息、社会保险补贴、岗位补贴等办法，给予扶持和帮助。通过开发公益性旅游服务岗位等多种方式，重点解决就业困难人员就业。鼓励资源开采型城市和独立工矿区因地制宜发展特色旅游产业，引导劳动者转移就业。因资源枯竭或经济结构调整等原因就业困难人员较集中的地区，有条件发展旅游业的，有关部门应当给予必要的扶持和帮助。

四、加强组织实施

国家旅游局、人力资源和社会保障部、国家发展和改革委员会、商务部、财政部、中国人民银行等有关部门要根据职责分工，加强对发展旅游业促进就业工作的组织实施。根据旅游业地域和行业差异大、就业方式灵活多样的实际情况，采取相关措施，明确工作重点，推动旅游就业工作的稳步发展。

各地要进一步强化工作职责，统筹产业政策和就业政策，建立和完善相应制度，形成统一领导、统筹协调、分工协作的工作机制。要抓紧制定贯彻本指导意见的具体办法和实施细则，精心组织、周密部署、扎实推进，确保各项政策措施落到实处。

人民银行 财政部 人力资源社会保障部关于进一步改进小额担保贷款管理积极推动创业促就业的通知

（银发［2008］238号）

中国人民银行上海总部，各分行、营业管理部，各省会（首府）城市中心支行，各副省级城市中心支行，各省、自治区、直辖市、计划单列市财政厅（局）、人事厅（局）、劳动保障厅（局），财政部驻各省、自治区、直辖市、计划单列市财政监察专员办事处，各国有商业银行、股份制商业银行、中国邮政储蓄银行：

为落实《中华人民共和国就业促进法》和《国务院关于做好促进就业工作的通知》（国发［2008］5号）精神，进一步改进下岗失业人员小额担保贷款（以下简称小额担保贷款）管理，积极推动创业促就业，经国务院同意，现就有关事项通知如下：

一、进一步完善小额担保贷款政策，创新小额担保贷款管理模式和服务方式

（一）允许小额担保贷款利率按规定实施上浮。自2008年1月1日起，小额担保贷款经办金融机构（以下简称经办金融机构）对个人新发放的小额担保贷款，其贷款利率可在中国人民银行公布的贷款基准利率的基础上上浮3个百分点。其中，微利项目增加的利息由中央财政全额负担；所有小额担保贷款在贷款合同有效期内如遇基准利率调整，均按贷款合同签订日约定的贷款利率执行。本通知发布之日以前已经发放、尚未还清的贷款，继续按原贷款合同约定的贷款利率执行。

（二）扩大小额担保贷款借款人范围。在现行政策已经明确的小额担保贷款借款人范围的基础上，符合规定条件的城镇登记失业人员、就业困难人员，均可按规定程序向经办金融机构申请小额担保贷款。小额担保贷款借款人的具体条件由各省（自治区、直辖市）制定。其中，对申请小额担保贷款从事微利项目的，中央财政给予贴息。具体贴息比例和办法，由财政部会同有关部门制定。

（三）提高小额担保贷款额度。经办金融机构对个人新发放的小额担保贷款的最高额度为5万元，还款方式和计、结息方式由借贷双方商定。对符合条件的人员合伙经营和组织起来就业的，经办金融机构可适当扩大贷款规模。

（四）创新小额担保贷款管理模式和服务方式。鼓励有条件的地区积极创新、探索符合当地特点的小额担保贷款管理新模式。各经办金融机构在保证小额担保贷款安全的前提下，要尽量简化贷款手续，缩短贷款审批时间，为失业人员提供更便捷、更高效的金融服务。对信用记录好、贷款按期归还、贷款使用效益好的小额担保贷款的借款人，银行业金融机构要积极提供信贷支持，并在资信审查、贷款利率、贷款额度和期限等方面予以适当优惠。

二、改进财政贴息资金管理，拓宽财政贴息资金使用渠道

（一）完善小额贷款担保基金（以下简称担保基金）的风险补偿机制。各省级财政部门（含计划单列市，下同）每年要安排适当比例的资金，用于建立和完善担保基金的持续补充机制，不断提高担保基金的代偿能力。中央财政综合考虑各省级财政部门当年担保基金的增长和代偿情况等因素，每年从小额担保贷款贴息资金中安排一定比例的资金，对省级财政部门的担保基金实施奖补，鼓励担保机构降低反担保门槛或取消反担保。

（二）建立小额担保贷款的有效奖补机制。中央财政按照各省市小额担保贷款年度新增额的一定比例，从小额担保贷款贴息资金中安排一定的奖补资金，主要用于对小额担保贷款工作业绩突出的经办金融机构、担保机构、信用社区等单位的经费补助。具体奖补政策和担保基金的风险补偿政策由财政部根据小额担保贷款年度发放回收情况、担保基金的担保绩效等另行制定。

（三）进一步改进财政贴息资金管理。各省级财政部门要管好用好小额担保贷款财政贴息资金，保证贴息资金按规定及时拨付到位和专款专用。小额担保贷款贴息资金拨付审核权限下放至各地市级财政部门。各地市级财政部门要进一步简化审核程序，加强监督管理，贷款贴息情况报告制度由按月报告改为按季报告。

三、加大对劳动密集型小企业的扶持力度，充分发挥其对扩大就业的辐射拉动作用

（一）放宽对劳动密集型小企业的小额担保贷款政策。对当年新招用符合小额担保贷款申请条件的人员达到企业现有在职职工总数30％（超过100人的企业达15％）以上、并与其签订1年以上劳动合同的劳动密集型小企业，经办金融机构根据企业实际招用人数合理确定小额担保贷款额度，最高不超过人民币200万元，贷款期限不超过2年。

（二）经办金融机构对符合上述条件的劳动密集型小企业发放小额担保贷款，由财政部门按中国人民银行公布的贷款基准利率的50％给予贴息（展期不贴息），贴息资金由中央和地方财政各负担一半。经办金融机构的手续费补贴、呆坏账损失补贴等仍按现行政策执行。

（三）鼓励各省级和省级以下财政部门利用担保基金为符合条件的劳动密集型小企业提供贷款担保服务。具体管理政策由各省级财政部门牵头制定，并报财政部备案。

四、进一步完善“小额担保贷款＋信用社区建设＋创业培训”的联动工作机制

（一）各地要积极依托社区劳动保障平台，进一步做好创业信息储备、创业培训、完善个人资信、加强小额担保贷款贷后跟踪管理等工作，促进“小额担保贷款＋信用社区建设＋创业培训”的有机联动。对经信用社区推荐、参加创业培训取得合格证书、完成创业计划书并经专家论证通过、符合小额担保贷款条件的借款人，要细化管理，积极推进降低反担保门槛并逐步取消反担保。

（二）认真落实《中国人民银行、财政部、劳动和社会保障部关于改进和完善小额担保贷款政策的通知》（银发［2006］5号）的有关规定，进一步细化和严格信用社区标准和认定办法，加强对信用社区的考核管理工作，及时总结信用社区创建工作好经验、好做法，逐步建立和完善有效的激励奖惩机制。具体考核指标和考核办法由各省级财政部门牵头制定。

（三）各地人力资源社会保障、财政部门和中国人民银行分支机构要进一步密切协作，充分利用当地就业工作联席会议制度，建立信用社区建设联动工作机制，积极健全和完善“人力资源社会保障部门组织创业培训—信用社区综合个人信用评级—信用社区推荐—经办金融机构发放贷款—信用社区定期回访”的小额担保贷款绿色通道。

除本通知外，中国人民银行、财政部、原劳动和社会保障部等部门已经发布的有关小额担保贷款的相关规定继续执行。与本通知政策规定不一致的，以本通知为准。

请中国人民银行各分支机构联合当地财政、人力资源社会保障部门将本通知速转发至辖区内相关金融机构。

二〇〇八年八月四日

财政部关于积极发挥财政贴息资金支持作用切实做好促进就业工作的通知

（财金［2008］77号）

各省、自治区、直辖市、计划单列市财政厅（局），财政部驻各省、自治区、直辖市、计划单列市财政监察专员办事处：

为贯彻落实《国务院关于做好促进就业工作的通知》（国发［2008］5号）的有关规定，进一步发挥财政资金的支持作用，积极促进就业工作，现就做好下岗失业人员小额担保贷款（以下简称小额担保贷款）及财政贴息工作的有关事项通知如下：

一、切实贯彻落实小额担保贷款政策，积极推动促进就业工作的开展

小额担保贷款政策是促进就业工作的一项重要内容，国发［2008］5号文件对进一步完善小额担保贷款政策、创新小额担保贷款管理模式提出了具体要求。各级财政部门要认真学习和执行相关政策规定，抓紧开展各项工作。一是落实好有关资金，保证小额担保贷款工作需要。地方各级财政部门要提前做好资金安排，及时补充担保基金，加强对中央财政贴息资金的管理，保证小额担保贷款贴息资金的及时到位和专款专用。二是齐心协力，共同做好小额担保贷款工作。地方各级财政部门要在地方政府的统一领导下，主动加强与金融、劳动等部门的沟通和配合，协调一致，形成合力，齐心把工作做好。工作中要注重提高效率，强化责任意识，严格监督管理，加强指导督促，更好地发挥小额担保贷款对促进就业工作的推动作用。

二、扩大财政贴息资金用途，进一步发挥财政贴息资金对小额担保贷款工作的支持作用

（一）进一步加大小额担保贷款财政贴息力度。从2008年1月1日起，各地可根据实际情况适当提高小额担保贷款额度和扩大贷款范围。经办银行可将小额担保贷款利率在人民银行公布的贷款基准利率基础上上浮3个百分点，其中微利项目贷款由中央财政据实全额贴息（不含东部7省市）。

（二）完善担保基金的风险补偿机制。地方各级财政部门要安排相应资金，建立小额贷款担保基金持续补充机制，不断提高担保基金的代偿能力。对于担保基金规模当年增长5%以上的地方，中央财政将按当年新增担保基金总额的5%给予资金支持。有关资金于全年工作结束并经审核确认后拨付，全部补充担保基金，用于鼓励担保机构降低反担保门槛或取消反担保。

（三）建立小额担保贷款奖励机制。按各地当年新发放小额担保贷款总额的1%给予奖励性补助资金，中央和省级财政各承担0.5%，所需资金全部从贴息资金中安排。有关资金于全年工作结束并经审核确认后拨付，由地方财政管理，用于小额担保贷款工作突出的经办银行、担保机构和信用社区等单位的工作经费补助。奖补标准按照贷款发放规模及回收情况、担保基金增长、担保放大倍率、促进就业效果等指标综合确定，由省级财政部门会同当地劳动、金融等部门，根据当地实际情况制定奖补办法。

（四）加大对小企业的扶持力度。对符合促进就业工作要求的劳动密集型小企业，地方各级财政部门除按中国人民银行公布的贷款基准利率给予小额担保贷款贴息外，同时要积极创造条件，鼓励担保基金为其申请小额担保贷款提供担保服务，充分发挥劳动密集型小企业对促进就业工作的辐射带动作用。

其他有关小额担保贷款及财政贴息工作的各项政策，按中国人民银行、财政部、人力资源社会保障部的现行规定执行。

二〇〇八年六月二十四日

财政部　人民银行
人力资源社会保障部关于印发
《小额担保贷款财政贴息资金
管理办法》的通知

（财金［2008］100号）

各省、自治区、直辖市、计划单列市财政厅（局）、人事厅（局）、劳动保障厅（局），财政部驻各省、自治区、直辖市、计划单列市财政监察专员办事处，中国人民银行上海总部、各分行（营业管理部）、各省会（首府）城市中心支行、各副省级城市中心支行，各国有商业银行、股份制商业银行、中国邮政储蓄银行：

为做好促进就业工作，加强对小额担保贷款财政贴息资金的管理，现将《小额担保贷款财政贴息资金管理办法》印发给你们，请遵照执行。自本文印发之日起，《财政部、中国人民银行、劳动保障部关于印发〈下岗失业人员从事微利项目小额担保贷款财政贴息资金管理办法〉的通知》（财金［2003］70号）废止。

附件：小额担保贷款财政贴息资金管理办法

二〇〇八年八月二十八日

附件

小额担保贷款财政贴息资金管理办法

第一章　总　则

第一条　为做好促进就业工作，加强下岗失业人员小额担保贷款（以下简称小额担保贷款）财政贴息资金的管理，提高财政贴息资金的使用效益，根据《中华人民共和国就业促进法》、《国务院关于做好促进就业工作的通知》（国发［2008］5 号）及有关小额担保贷款政策的文件规定精神，制定本办法。

第二条　本办法所称小额担保贷款财政贴息资金（以下简称贴息资金），是指国家对符合规定条件的小额担保贷款借款人（以下简称借款人）用于从事微利项目的小额担保贷款、经办银行对符合规定条件的劳动密集型小企业（以下简称小企业）发放的小额担保贷款给予的财政贴息资金。

根据国家规定，贴息资金可用于支持完善地方担保基金的风险补偿机制和小额担保贷款奖励机制。

第三条　本办法所称微利项目，由各省、自治区、直辖市人民政府结合当地实际情况确定，并报财政部、中国人民银行、人力资源和社会保障部备案。

本办法所称贷款，是指按照《下岗失业人员小额担保贷款管理办法》（银发［2002］394 号，以下简称《小额贷款办法》）等文件规定，由经办银行发放的小额担保贷款。

本办法所称担保机构，是指按照《小额贷款办法》的规定，受托运作小额贷款担保基金的担保机构。

本办法所称经办银行，是指与担保机构签订合作协议的国有独资商业银行、股份制商业银行、城市商业银行、城乡信用社等金融机构。

第二章　贴息资金的预算管理

第四条　除东部沿海七省市（北京、上海、山东、江苏、浙江、福建、广东，以下简称七省市）外，其他省（区、市）所需贴息资金中由中央财政负担部分，由财政部根据贷款预计发放额度和国家规定的贴息标准，安排专项资金，列入中央财政预算；贴息资金中由地方负担部分，由地方财政预算安排。

七省市所需贷款贴息资金，由地方财政预算安排。

第五条　财政部根据各省级财政部门（含计划单列市，不含七省市，以下简称省级财政部门）申请，经审核后向申请地方预拨贴息资金，年终进行清算。省级财政部门按季向地市财政部门预拨贴息资金。

第六条　全国各级财政部门要根据国家关于就业专项资金管理的规定，做好贴息资金的决算。

省级财政部门应于年度终了后2个月内编制贴息资金年度决算，并附财政部驻当地财政监察专员办事处（以下简称专员办）审核意见，报财政部审核清算。

七省市财政部门应于年度终了后2个月内编制贴息资金年度决算，并附专员办审核意见，报财政部备案。

第七条　根据各省（区、市）小额担保贷款年度决算情况，经审核确认后，中央及省级财政从贴息资金中安排担保基金的风险补偿资金和贷款奖励性补助资金。

第三章　贴息贷款的申请和审核

第八条　小额担保贷款展期和逾期不贴息。

小额担保贷款贴息，在规定的借款额度和贴息期限内，按实际借款额度和计息期限计算。

第九条　借款人和小企业须凭劳动保障部门审核确认意见，向经办银行办理贴息贷款申请。

第十条　经办银行对借款人和小企业的贷款申请进行审核，符合有关规定的，发放贴息贷款，在贷款合同中加盖贴息贷款专用章，并在与担保机构签订的担保合同中注明。

第四章　贴息资金的审核和拨付

第十一条　经办银行按照国家财务会计制度和小额担保贷款政策有关规定，计算微利项目和小企业小额担保贷款应贴息金额。计算贴息的时间按照经办银行贷款的结息时间确定。

第十二条　经办银行按季向财政部门申请贴息资金。

第十三条　贴息资金的申请、审核与拨付按如下程序办理：

（一）每季度结息日后 5 个工作日内，地市级经办银行将贴息资金申请和明细表报送地市财政部门，并附微利项目和小企业贷款计收利息清单。

贴息资金申请应包括贷款发生额、季初余额、季末余额、贷款发生笔数、申请贴息资金额等内容。明细表包括每笔贷款的项目名称、贷款金额、发放时间、期限、借款人名称和户籍所在地等内容。

（二）地市财政部门收到经办银行申请后的 5 个工作日内审核拨付贴息资金，同时将贴息资金的拨付使用情况上报省级财政部门和专员办备案。

（三）年度终了后 20 日内，地市经办银行将上一年度贴息资金申领汇总情况及明细表报送地市财政部门；担保机构将按经办银行分类汇总的小额贷款担保发放情况表报至地市财政部门审核清算。

小额贷款担保发放情况表包括每笔贷款担保的项目名称、贷款金额、担保金额、发放时间、期限、借款人名称和户籍所在地等内容。

（四）地市财政部门收到经办银行和担保机构的材料后，在 10 个工作日内对有关情况进行审核出具意见，并附经办银行和担保机构材料，报省级财政部门和专员办。

（五）省级财政部门和专员办对地市财政部门报送的材料进行审核出具意见，在年度终了后 2 个月内编制贴息资金年度决算报财政部审核清算。

第五章 奖补资金的审核和拨付

第十四条 根据各省（区、市）小额担保贷款年度决算情况，经审核确认后，对于担保基金规模年度增长达到一定比例的地方，中央财政将按年度新增担保基金总额的一定比例，从中央贴息资金预算中安排拨付一部分作为风险补偿资金。风险补偿资金由地方财政管理，全部补充地方担保基金，用于鼓励担保机构降低反担保门槛或取消反担保。

第十五条 根据各省（区、市）小额担保贷款年度决算情况，经审核确认后，按照年度新发放小额担保贷款的一定比例给予奖励性补助资金，由中央和省级财政各承担一半，其中中央财政承担部分从中央贴息资金预算中安排拨付。奖补资金由地方财政管理，用于小额担保贷款工作突出的经办银行、担保机构和信用社区等单位的工作经费补助。

第六章 报告制度

第十六条 省级财政部门和七省市财政部门应按季向财政部报送贴息贷款发放情况统计表，反映本地区贴息贷款的季度发生额、余额、发放笔数、本年累计发放笔数、应贴息金额、实际贴息金额和按照经办银行类型分类的明细情况，以及中央财政拨付或七省市预算安排的贴息资金使用和结余情况。报送时间为下一季度15日之前。

地市财政部门应比照前款规定，按季向省级财政部门报送贴息贷款发放情况统计表。报送时间为下一季度10日以前。

第十七条 省级财政部门和七省市财政部门每半年对本地区贴息贷款发放和贴息资金的审核拨付情况以及存在的问题进行认真分析，以书面形式报财政部。

第七章 监督管理和责任

第十八条 经办银行应认真履行以下职责：

（一）对贷款项目是否属于贴息项目进行审核；

（二）对贴息贷款的使用方向进行监督，确保贴息贷款用于微利项目和符合要求的小企业；

（三）单独设置贴息贷款业务台账，妥善保管贷款合同及相关业务凭证，配合有关部门检查；

（四）认真做好贷款贴息的审核、申报工作；

（五）根据有关规定需要履行的其他职责。

第十九条 担保机构应积极做好对借款人的担保服务工作，对担保的贷款项目、贷款金额、发放时间、期限、利率等进行认真核对和确认。

第二十条 财政部门应认真履行以下职责：

（一）指导辖区内贷款贴息的申请、审核工作。

（二）做好与有关部门及经办银行的协调、配合工作。

（三）按有关规定认真审核贴息申请，及时拨付贴息资金，提高贴息资金使用效率。

（四）加强对贴息资金的监督与管理，保证贴息资金专款专用。定期或不定期检查贴息资金使用情况，及时处理和反映工作中存在的问题，确保贴息政策落到实处。

（五）加强对担保基金风险补偿资金和贷款奖励性补助资金的管理。

（六）根据规定需要履行的其他职责。

第二十一条 专员办负责对当地贴息资金拨付和使用情况的监督管理，不定期地开展检查。

第二十二条 借款人和小企业提供虚假证明材料，劳动保障部门和经办银行等有关机构未能认真履行审核职责，导致骗取财政贴息资金的，由劳动保障部门和经办银行等机构按各自的职责承担责任，并共同负责追回贴息资金，登记借款人和小企业的不良信用记录。

第二十三条 对经办银行虚报材料，骗取财政贴息资金的，财政部门应追回贴息资金，同时按国家有关规定进行处罚，并通过媒体予以曝光。

第二十四条 各级财政部门和担保机构未认真履行职责，或虚报材料、骗取挪用财政贴息资金的，财政部将采取责令纠正、追回已贴息资金等措施，并按国家有关规定进行处罚。

第八章 附 则

第二十五条 各省、自治区、直辖市、计划单列市财政部门可会同专员办及有关部门，根据本办法和其他有关文件精神，结合当地实际情况制定贴息资金、担保基金风险补偿资金和贷款奖励资金管理的具体操作办法，并报财政部备案。

第二十六条 中国人民银行、财政部、原劳动和社会保障部等部门已经发布的有关小额担保贷款的相关规定，如与本办法规定不一致的，以本办法为准。

第二十七条 本办法自印发之日起施行。

财政部　人力资源社会保障部　人民银行　全国妇联关于完善小额担保贷款财政贴息政策推动妇女创业就业工作的通知

（财金［2009］72号）

各省、自治区、直辖市、计划单列市财政厅（局）、人力资源社会保障（人事、劳动保障）厅（局）、妇联，财政部驻各省、自治区、直辖市、计划单列市财政监察专员办事处，中国人民银行上海总部、各分行、营业管理部、省会（首府）城市中心支行、大连、青岛、宁波、厦门、深圳中心支行，各国有商业银行、股份制商业银行、中国邮政储蓄银行：

为深入贯彻落实党的十七届三中全会和中央农村工作会议精神，加快实施扩大就业发展战略，进一步完善下岗失业人员小额担保贷款（以下简称小额担保贷款）财政贴息政策，保障妇女发展权利，做好妇女创业就业工作，经国务院同意，现就有关事项通知如下：

一、对符合现行小额担保贷款申请人条件的城镇妇女，小额担保贷款经办金融机构（以下简称经办金融机构）新发放的个人小额担保贷款最高额度为8万元，还款方式和计、结息方式由借贷双方商定。对符合条件的妇女合伙经营和组织起来就业的，经办金融机构可将人均最高贷款额度提高至10万元。农村妇女贷款额度参照城镇妇女执行，申请人具体条件由各省（自治区、直辖市）财政部门、人力资源社会保障部门、中国人民银行分支机构、妇联组织共同确定。

二、自2009年1月1日起，经办金融机构对符合条件的城镇和农村妇女新发放的微利项目小额担保贷款，由中央财政据实全额贴息（不含东部七省市），展期逾期不贴息。东部七省市贴息资金由地方财政预算安排。本通知印发之日前已经发放、尚未还清的贷款，已结息部分不作追溯调整。

三、妇联组织要充分发挥贴近基层、贴近妇女、贴近家庭的优势，做好农村妇女申请小额担保贷款登记服务，协助经办担保机构和金融机构做好个人资信评估、贷款发放和回收工作，切实防范和控制贷款风险。对妇联组织推荐的借款人，财政部门和人力资源社会保障部门要督促经办担保机构和金融机构简化程序，缩短审批时间，尽快办理担保和贷款发放手续。经办担保机构原则上不要求借款人提供反担保。

四、农村妇女按照自愿原则向当地妇联组织申请小额担保贷款，并经人力资源社会保障部门审核。妇联组织应对借款人申请进行调查，深入了解借款人的生产生活状况，对借款人的贷款需求和信用状况进行评估，按照审慎原则出具贷款推荐意见。对符合条件的借款人，妇联组织应及时提交经办担保机构和金融机构审核。

五、各地人力资源社会保障部门要在现有社区劳动保障平台的基础上，积极探索发挥妇联组织在促进城镇妇女小额担保贷款发放中的作用，进一步做好城镇失业妇女申请小额担保贷款登记服务工作。城镇妇女可以向当地妇联组织申请小额担保贷款，并经人力资源社会保障部门审核。

六、妇联组织要配合人力资源社会保障部门、经办担保机构和金融机构，做好贷前服务、贷中管理和贷后核查工作。加大创业就业妇女培训力度，指导妇女选择合适的创业项目，跟踪项目实施，做到家庭情况清、贷款项目清、贷款数额清、还贷能力清，积极帮助解决承贷妇女困难，切实增强妇女创业就业和增收致富能力。

七、各地财政部门、人力资源社会保障部门、中国人民银行分支机构要高度重视妇女小额担保贷款工作，切实利用妇联组织的组织优势、宣传优势和载体优势，落实好小额担保贷款政策，做好妇女创业就业工作。各级财政部门要对当地妇联组织开展小额担保贷款工作给予经费保障。

八、对基础管理工作扎实、贷款管理工作尽职、小额担保推荐贷款回收率高的妇联组织，纳入现行小额担保贷款奖励机制，由省级财政部门会同人力资源社会保障部门、中国人民银行分支机构、妇联组织等确定考核和奖励标准。奖励资金用于地方各级妇联组织的工作经费补助。

九、各地财政部门、人力资源社会保障部门、中国人民银行分支机构、妇联组织要加强部门沟通协作，建立基层妇联组织小额担保贷款工作联动机制。省级妇联组织要加强对基层妇联组织的考核管理，及时总结地方各级妇联组织开展小额担保贷款工作的好经验、好做法，逐步建立和完善有效的激励约束机制。

请各地财政部门联合当地人力资源社会保障部门、中国人民银行分支机构将本通知速转发至行政区域内相关金融机构。

二〇〇九年七月二十七日

财政部　人力资源社会保障部关于就业专项资金使用管理及有关问题的通知

（财社［2008］269号）

各省、自治区、直辖市、计划单列市人民政府，新疆生产建设兵团：

为贯彻落实《中华人民共和国就业促进法》和《国务院关于做好促进就业工作的通知》（国发［2008］5号），经国务院同意，现就就业专项资金使用管理及有关事宜通知如下：

一、资金安排。县级以上人民政府要根据就业状况和就业工作目标，在财政预算中安排就业专项资金用于促进就业工作。

失业保险基金用于促进就业的支出，按国家有关规定执行。

二、资金使用范围。就业专项资金用于职业介绍补贴、职业培训补贴、社会保险补贴、公益性岗位补贴、职业技能鉴定补贴、特定就业政策补助、小额贷款担保基金和小额担保贷款贴息，以及扶持公共就业服务等。

各地确需增加新的支出项目的，须经省级人民政府批准，并报财政部、人力资源社会保障部备案。

三、中央财政补助。对各地职业介绍补贴、职业培训补贴、社会保险补贴、公益性岗位补贴、职业技能鉴定补贴、特定就业政策补助，以及扶持公共就业服务资金，中央财政通过专项转移支付的方式给予适当补助，并对中西部地区和老工业基地给予重点支持。中央财政就业专项转移支付资金的分配与各地就业状况、地方财政投入（包括公共就业服务保障情况）、就业工作绩效等因素挂钩，补助资金实行年初和年中分两次拨付、年度全面考评、全年重点跟踪检查的办法。中央财政对符合条件的小额担保贷款按规定据实贴息。

四、预算管理。各级人力资源社会保障部门要根据财政部门规定的预算编制要求，向同级财政部门申请就业专项资金年度预算，经同级财政部门审核后列入年度财政预算并报同级人民代表大会批准。就业专项资金要严格按照批准的预算执行。执行中确需调整预算的，要按照国家预算管理制度的有关规定办理。

五、资金申请及支付管理。

（一）职业介绍补贴。职业中介机构可按经其就业服务后实际就业的登记失业人员人数向当地人力资源社会保障部门申请职业介绍补贴。职业中介机构在申请职业介绍补贴时，按每位符合免费服务条件的人员每年享受一次职业介绍补贴计算，不得重复申请。职业介绍补贴资金申请材料应附：经职业中介机构就业服务后已实现就业的登记失业人员名单、接受就业服务的本人签名及《居民身份证》复印件、就业失业登记证（以下简称登记证）复印件、劳动合同等就业证明材料复印件、职业中介机构在银行开立的基本账户等凭证材料。经人力资源社会保障部门审核、财政部门复核后，按规定将资金支付到职业中介机构在银行开立的基本账户。

对纳入财政补助的公共就业服务机构，地方各级财政部门要根据其享受财政补助编制内实有人数，并结合考虑其承担的免费公共就业服务工作量，安排人员经费、工作经费（含设备购置、修缮、基本建设等支出）和项目经费，上述经费由同级财政在部门预算中统筹安排（包括公共就业服务机构上缴财政的服务收费收入）。对未纳入财政补助的公共就业服务机构，可暂按职业中介机构申领职业介绍补贴的规定申请职业介绍补贴。公共就业服务机构享受职业介绍补贴政策的执行期限不超过2011年底。公共就业服务机构是指县级以上地方人民政府设立的，依据《中华人民共和国就业促进法》第三十五条规定，为劳动者提供免费就业服务的机构。公共就业服务机构不得从事经营活动。地方各级人民政府要按照统一、规范和效能的原则，整合公共就业服务机构、资产、人员、服务和信息等资源，合理布局公共就业服务机构。

职业介绍补贴的具体标准由省级财政、人力资源社会保障部门确定。

（二）职业培训补贴。登记失业人员、进城求职农村劳动者参加职业培训的，根据其参加培训和就业状况，可向职业培训所在地人力资源社会保障部门申请职业培训补贴。每人每年只能享受一次职业培训补贴，不得重复申请。享受职业培训补贴的培训期限最长不超过12个月。

登记失业人员、进城求职的农村劳动者培训后申请职业培训补贴的，可凭借职业培训补贴申请材料，向当地人力资源社会保障部门提出申请，经人力资源社会保障部门审核、财政部门复核后，直接将补贴资金支付给申请者本人。对用人单位吸纳进城求职的农村劳动者并与其签订6个月以上期限劳动合同，在劳动合同签订之日起6个月内由用人单位组织到职业培训机构进行培训的，对用人单位给予一定的职业培训补贴。用人单位凭借职业培训补贴资金申请材料，向当地人力资源社会保障部门提出申请，经人力资源社会保障部门审核、财政部门复核后，由财政部门将资金直接拨入用人单位在银行开立的基本账户，并同时将资金支付情况抄送人力资源社会保障部门。对进城求职农村劳动者中的应届初高中毕业生申请职业培训补贴的，可采取由职业培训机构代为申请的办法，职业培训机构代为申请必须与申请人签订代为申请协议书。职业培训机构凭借职业培训补贴资金申请材料，向所在地人力资源社会保障部门提出申请，经人力资源社会保障部门审核、财政部门复核后，由财政部门将资金直接拨入职业培训机构在银行开立的基本账户，并同时将资金支付情况抄送人力资源社会保障部门。职业培训补贴资金申请材料应附：本人《居民身份证》、登记证等复印件、职业培训合格证书（职业技能资格证书）或劳动合同复印件等培训或就业证明等材料、职业培训机构开具的行政事业性收费票据（或税务发票）等。对用人单位集中申请的，申请材料还应附培训人员名单、劳动合同复印件等。对职业培训机构代为申请的，申请材料还应附培训人员名单、代为申请协议等。

各地要根据培训专业（工种），合理确定职业培训补贴标准。对登记失业人员、进城求职农村劳动者参加职业培训后，取得职业培训合格证书（职业技能资格证书），6个月内没有实现就业的，按最高不超过职业培训补贴标准的60%给予补贴；对6个月内实现就业的，按职业培训补贴标准的100%给予补贴。对用人单位组织到职业培训机构进行培训，并取得职业培训合格证书（职业技能资格证书）的，职业培训补贴标准最高不超过培训费用的50%。职业培训补贴具体办法和标准由省级财政、人力资源社会保障部门确定。各地要按照公开、公平、公正的原则，面向社会各级各类职业培训机构，通过招投标方式确定承担培训任务的职业培训机构。要建立职业培训机构动态管理机制和退出机制，加强对职业培训机构的监督管理。

（三）社会保险补贴。对就业困难人员的社会保险补贴实行先缴后补的办法。就业困难人员是指由省级人民政府依据《中华人民共和国就业促进法》第五十二条确定的人员。

1. 企业（单位）吸纳就业困难人员的社会保险补贴。对各类企业（单位）招用就业困难人员，与之签订劳动合同并缴纳社会保险费的；以及在公益性岗位安排就业困难人员，并缴纳社会保险费的，按其为就业困难人员实际缴纳的基本养老保险费、基本医疗保险费和失业保险费给予补贴，不包括就业困难人员个人应缴纳的基本养老保险费、基本医疗保险费和失业保险费，以及企业（单位）和个人应缴纳的其他社会保险费。社会保险补贴期限，除对距法定退休年龄不足5年的就业困难人员可延长至退休外，其余人员最长不超过3年。

企业（单位）应按规定按时足额缴纳各项社会保险费，在申报缴费时应将符合享受社会保险补贴条件人员的缴费情况单独列出。每季度终了后，按规定向当地人力资源社会保障部门申请对上季度已缴纳的社会保险费给予补贴。社会保险补贴资金申请材料应附：符合享受社会保险补贴条件的人员名单及登记证复印件、劳动合同等就业证明材料复印件、社会保险征缴机构出具的上季度企业（单位）为这部分人员缴纳有关社会保险费的明细账（单）、企业（单位）在银行开立的账户等凭证材料，经人力资源社会保障部门审核、财政部门复核后，按规定将资金支付到企业（单位）银行账户。

2. 对灵活就业的就业困难人员的社会保险补贴。对就业困难人员灵活就业后申报就业并以个人身份缴纳社会保险费的，给予一定数额的社会保险补贴，补贴数额原则上不超过其实际缴费的2/3。具体补贴标准由省级财政、人力资源社会保障部门确定。社会保险补贴期限，除对距法定退休年龄不足5年的就业困难人员可延长至退休外，其余人员最长不超过3年。各地要加强对灵活就业人员社会保险补贴的审核管理。

就业困难人员实现灵活就业后，要向街道（社区）申报就业。灵活就业人员应按规定按时足额缴纳社会保险费。每季度终了后，按规定向当地人力资源社会保障部门申请对上季度已缴纳的社会保险费给予补贴。社会保险补贴资金申请材料应附：由本人签字、人力资源社会保障部门盖章确认的、注明具体从事灵活就业的单位、岗位、地址等内容的相关证明材料，本人《居民身份证》复印件、登记证复印件、社会保险征缴机构出具的上季度社会保险费缴费单据等凭证材料，经人力资源社会保障部门审核、财政部门复核后，按规定将资金支付给申请者本人。

（四）小额贷款担保基金和小额担保贷款贴息。有关小额贷款担保基金和小额担保贷款贴息资金的具体管理办法按财政部、人民银行有关规定执行。

（五）公益性岗位补贴。对在公益性岗位安排就业困难人员就业的单位，按其实际安排就业困难人员人数给予适当额度的岗位补贴。公益性岗位补贴期限，除对距法定退休年龄不足5年的就业困难人员可延长至退休外，其余人员最长不超过3年。

在公益性岗位安排就业困难人员就业的单位，可按规定向当地人力资源社会保障部门申请公益性岗位补贴。公益性岗位补贴资金申请材料应附：符合享受公益性岗位补贴条件的人员名单及登记证复印件、上季度为这部分人员发放工资的明细账（单）、单位在银行开立的账户等凭证材料，经人力资源社会保障部门审核、财政部门复核后，按规定将资金支付到单位在银行开立的账户。

公益性岗位补贴的具体标准由省级财政、人力资源社会保障部门确定。

（六）职业技能鉴定补贴。就业困难人员、进城务工的农村劳动者通过初次技能鉴定（限国家规定实行就业准入制度的指定工种）、取得职业资格证书的，可向职业技能鉴定所在地人力资源社会保障部门申请一次性职业技能鉴定补贴。职业技能鉴定补贴资金申请材料应附：本人《居民身份证》复印件、登记证复印件、职业资格证书复印件、职业技能鉴定机构开具的行政事业性收费票据（或税务发票）等凭证材料，经人力资源社会保障部门审核、财政部门复核后，按规定将资金支付给申请者本人。

职业技能鉴定补贴的具体标准由省级财政、人力资源社会保障部门确定。

（七）特定就业政策补助。现行特定就业政策是指经国务院批准，各级人民政府对国有困难企业与下岗职工解除劳动关系给予的经济补偿金补助和为国有困难企业“4050”下岗职工缴纳社会保险费给予补助的政策。其中经济补偿金补助政策执行到2008年底，社会保险费补助政策的执行期限不超过2011年底。地方国有困难企业享受特定就业政策的具体办法由省级财政、人力资源社会保障部门确定。中央困难企业享受特定就业政策的具体办法另行制定。

（八）扶持公共就业服务。县级以上财政可安排扶持公共就业服务资金，对下级公共就业服务机构用于加强其人力资源市场信息网络方面的支出（具体包括计算机及网络硬件、软件购置，以及开发应用支出）给予必要支持。扶持公共就业服务资金作为就业专项资金的组成部分，必须单独安排，单独核算，单独管理，不得与其他就业专项资金相互调剂使用。2008年各级财政用于扶持公共就业服务的支出，列入《2008年政府收支分类科目》中第2080701项“劳动力市场建设”科目。2009年开始，各级财政用于扶持公共就业服务的支出列入《2009年政府收支分类科目》中第2080701项“扶持公共就业服务”科目。以后年度政府收支分类科目如有修改，扶持公共就业服务的支出相应列入每年修改后的科目中。

各地应逐步建立健全人力资源信息网络系统，实现各级公共就业服务机构的信息联网，为求职者、用人单位等提供方便快捷的信息服务。要以此加强对各级各类职业培训、职业中介、公共就业服务等机构、用人单位和享受政府就业扶持政策人员就业状况的监督管理，杜绝各种弄虚作假行为的发生。

上述各项资金的支付管理，按照国家财政国库管理制度的有关规定执行。

六、决算管理。各地人力资源社会保障部门在年度终了后，要认真做好就业专项资金的清理和对账工作，并按规定向同级财政部门报送就业专项资金年度资金使用情况和说明，就业专项资金使用说明要做到内容完整、数据真实、报送及时。各地人力资源社会保障、财政部门要将审核汇总后的就业专项资金年度决算及时报送上级人力资源社会保障、财政部门。

就业专项资金年度终了如有结余，需详细说明原因，经财政部门批准后，按规定结转下一年度继续使用。

七、账户管理。各地财政部门要按规定将财政预算安排的就业专项资金及时转入“社会保障基金财政专户”，按具体用途进行分账核算。

八、监督管理。就业专项资金必须坚持专款专用的原则，严格按照规定的范围、标准和程序使用，不得用于人员经费、公用经费、差旅费、会议费等应由部门预算安排的支出，严禁用于或变相用于房屋建筑物购建、交通工具购置等各项基本建设支出。各级财政部门要切实履行职能，加强财政管理和监督，建立和完善就业专项资金支出绩效评估机制，努力提高就业专项资金使用管理的规范性、安全性和有效性。

各地财政、人力资源社会保障部门要建立健全财务管理规章制度，强化内部财务管理和审计监督。要以建立和完善职业介绍补贴、职业培训补贴、社会保险补贴等各项就业专项资金发放台账为重点，进一步加强资金使用管理的基础工作。通过建立享受各项补贴补助政策人员、单位的基础信息和数据系统，有效甄别享受补贴政策人员、单位的真实性，防止出现造假行为。每年年中，各地人力资源社会保障部门要通过适当方式向社会公开本地上年度各项就业专项资金的使用管理情况（包括享受补助的单位名称、享受补助的人数、具体补助数额等），并自觉接受监察、审计部门的监督检查。对有虚报、套取、私分、挪用各种补贴资金等行为的单位和个人，要按有关规定严肃处理。对审核不严，违规操作的，要按有关规定追究相关部门和单位的责任。涉嫌犯罪的，要依法移交司法部门处理。

各地财政、人力资源社会保障部门要密切配合、通力合作，及时掌握和通报有关情况，定期向上级财政、人力资源社会保障部门报告就业人数、就业专项资金管理使用等有关情况，定期对就业专项资金管理使用情况进行检查，共同研究解决就业专项资金管理使用中存在的实际问题。

九、《国务院关于进一步加强就业再就业工作的通知》（国发［2005］36号）规定的对持《再就业优惠证》人员的社会保险补贴、公益性岗位补贴政策继续执行，审批截止到2008年底，期限最长不超过3年。其所涉及的社会保险补贴、公益性岗位补贴资金管理事宜，按本通知有关规定执行。

十、各省、自治区、直辖市以及计划单列市财政、人力资源社会保障厅（局）可根据本通知规定，结合本地实际制定具体实施办法，并报财政部、人力资源社会保障部备案。

十一、本通知自发布之日起执行。《财政部、劳动保障部关于进一步加强就业再就业资金管理有关问题的通知》（财社［2006］1号）同时废止。

二〇〇八年十一月十九日

启动实施就业促进法政策体系

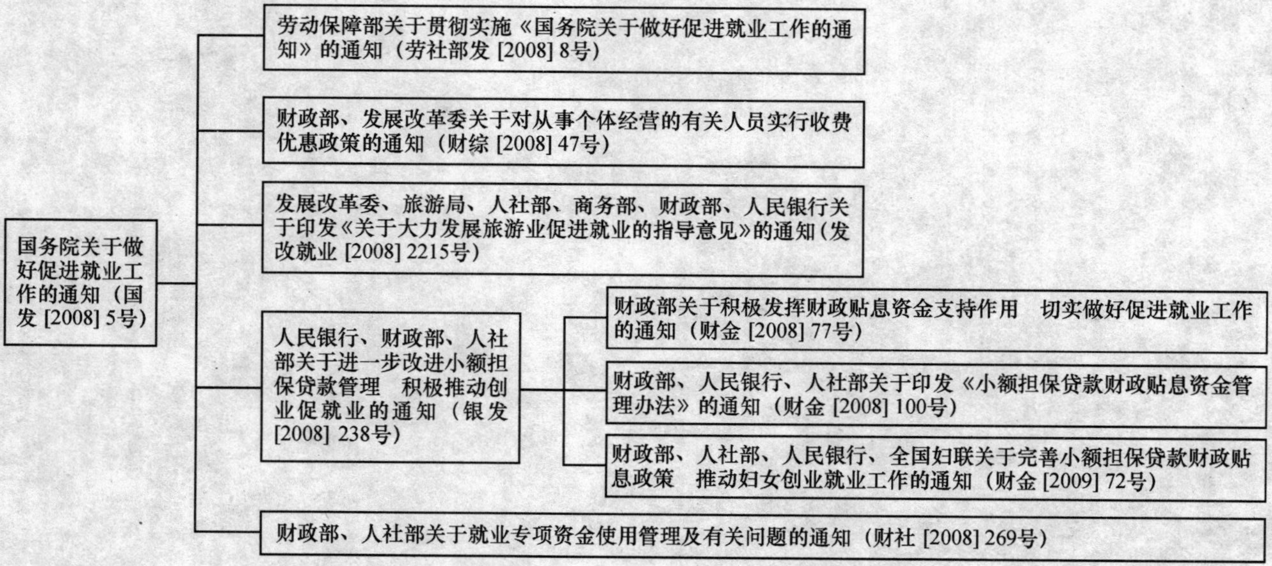

第三部分　研究报告

为了深入分析国际金融危机对我国就业的影响，科学评估现行政策成效，并进一步研究如何实现财政、货币、产业政策与就业政策的协调，人力资源和社会保障部组成了专题组，完成了三个研究报告和两个附报告。现将中国就业应对国际金融危机方略系列研究报告的主要成果报告如下：

报告之一：金融危机对我国就业产生的冲击、重大挑战和新机遇

报告之二：应对金融危机就业政策的评估

报告之三：财政、货币和产业政策与就业政策的协调

附报告一：4万亿元投资能够拉动多少就业岗位？

附报告二：“中国就业应对国际金融危机的方略”高层研讨会专家观点

报告之一

金融危机对我国就业产生的冲击、重大挑战和新机遇

席卷全球的金融危机给我国就业带来了前所未有的冲击和挑战，也孕育着新的机遇。正确评估当前就业面临的冲击和挑战，分析和把握其中蕴藏的机遇，意义重大。

一、金融危机对就业的冲击

（一）发生于美国的金融危机，通过投资、消费和产业链传导到欧盟、日本等国家，并进一步传导到实体经济，在引发世界经济危机的同时，对就业产生了巨大的冲击。

1. 金融危机首先冲击了美国金融业及其就业。

金融危机于 2006 年春季在美国开始显现。究其根源，有社会收入分配不均、虚拟经济过度扩张、超前消费文化等多方面原因，但更直接的起因是美国采取的长期扩张性货币政策，导致市场上流动性过剩，推动信贷盲目扩张，形成大量潜在不良房地产信贷资产，即所谓的“次贷”。这些潜在不良资产通过投资银行的包装在资本市场出售，投资高度杠杆化①及定价机制的缺陷导致资产泡沫迅速放大。在利率提高导致还贷困难、作为抵押物的房地产价格突降的情况下，大量次贷不能偿还，部分银行及保险公司出现巨额亏损和倒闭。同时，在资本市场上与次贷相关联的金融产品价格大幅下跌，波及更多的金融机构和投资人，金融机构纷纷亏损倒闭，员工大量失业。

---

① 美国投资银行有 1 美元的本金，可以进行投资 30 美元以上的投资，杠杆比为 1∶30。意味着证券市场投资若亏损 3.33%，则这笔投资全部亏损。

2. 金融危机通过资金和产业链影响美国其他产业及其就业，导致失业率上升，消费严重萎缩，演变为经济危机和就业危机。

一方面，由资本市场上资产价格暴跌，金融机构大面积倒闭或陷入巨额亏损，引起资金链断裂和资产损失，使房地产、钢铁、汽车、IT 等行业的企业大量亏损和倒闭，员工大量失业；另一方面，危机还通过资金链、产业链迅速传导到更多产业并影响其就业。到 2008 年底，美国按年率计算的经济增长由第一季度的 0.87%下降到第四季度的－6.5%，制造业企业家信心指数也由 1 月份的 50.7 下降到 12 月份的 32.4，调查失业率由 1 月份的 5.4%迅速增加到 12 月的 7.1%（见表 1—1)。2009 年 6 月份美国失业率达到创纪录的 9.5%，为 26 年以来的最高点。

美国失业率的上升导致了居民消费的萎缩，最终引起实体经济的全面衰退，演变为经济危机。金融危机发生后，由于居民个人的金融资产受损严重，加上劳动者大量失业，收入骤减，不仅影响了民众的消费，更增加了他们对经济走势的悲观预期，消费者信心指数由 2008 年 1 月的 88.5 迅速下降到 12 月的 67.9，社会消费大幅萎缩，使金融危机的影响通过消费迅速扩展到整个经济体系，引发严重的实体经济危机和就业危机（见表 1—1）。

表 1—1　　2007—2009 年美国宏观经济运行情况

	GDP 增速（%，可比价，年率）	调查失业率（%）	消费者信心指数（%，2005 年为基数）	制造业企业家信心指数（%）
2007 年 9 月	—	4.5	94.2	50.5
2007 年 10 月	—	4.4	91.4	50.4
2007 年 11 月	—	4.5	85.9	50
2007 年 12 月	－0.17	4.8	85.3	48.4
2008 年 1 月	—	5.4	88.5	50.7
2008 年 2 月	—	5.2	80	48.3
2008 年 3 月	0.87	5.2	78.5	48.6

续表

	GDP 增速（%，可比价，年率）	调查失业率（%）	消费者信心指数（%，2005 年为基数）	制造业企业家信心指数（%）
2008 年 4 月	—	4.8	70.7	48.6
2008 年 5 月	—	5.2	67.5	49.6
2008 年 6 月	2.80	5.7	63.7	50.2
2008 年 7 月	—	6	69.1	50
2008 年 8 月	—	6.1	71.1	49.9
2008 年 9 月	−0.51	6	79.4	43.5
2008 年 10 月	—	6.1	65	38.9
2008 年 11 月	—	6.5	62.5	36.2
2008 年 12 月	−6.50	7.1	67.9	32.4
2009 年 1 月	—	8.5	69.1	35.6
2009 年 2 月	—	8.9	63.6	35.8
2009 年 3 月	−6.29	9	64.7	36.3

数据来源：中国经济信息网数据库，http://www.cei.gov.cn/index/index.asp。其中 GDP 增速数字为季度环比年率数。

3. 金融危机通过投资、消费和产业链向欧洲、日本和世界其他地区迅速蔓延，引发全球就业危机。

由于美元的国际货币地位，美国经济与世界各国的联系紧密，欧洲、日本及世界其他地区的虚拟经济和实体经济受到直接的冲击。一方面，欧盟和日本的金融业受损严重，金融机构大量倒闭或陷入困境，从业者大量失业；另一方面，由于资金链断裂、外需锐减，使制造业和服务业受到强烈冲击，一批企业倒闭，一批企业陷入不景气，失业率上升，进一步使社会投资和消费大幅度萎缩，整体经济陷入衰退。

欧盟 27 个成员国的 GDP 增长年率由 2008 年第一季度的 2.2% 降至第四季度的 −6.08%，失业率升至 7.4%，较上年同期提高了

0.5 个百分点[①]。日本 2008 年第四季度国内生产总值按年率计算下滑 −12.7%，失业率升至 4%，较上年同期提高了 0.2 个百分点[②]。2009 年第一季度日本 GDP 年增长率进一步下滑到 −15.2%，创 50 多年以来的最深跌幅。

（二）金融危机对我国就业的冲击之大，前所未有。

1. 国际金融危机传导到我国，一开始就严重冲击了实体经济和就业。

一方面，危机首先影响外向型企业和外部投资及其就业。由于外部需求骤降，订单锐减，出口增速迅速下降。增长率由 2008 年 3 月的 30.6%，下降到 2009 年 3 月的 −17.1%，下降了 47.7 个百分点（见表 1—2）。按照出口每变化 1 个百分点影响 20 万就业机会来计算，相当于减少了 950 万个就业机会。表现为大量出口加工型企业和外贸企业受到直接冲击后陷入经营困境，部分抗风险能力差的中小企业倒闭，一大批工人失业或放长假。同时，由于资金链的断裂，外部投资也大幅减少（见表 1—2），使外商在建和拟建投资项目受到影响，对实体经济和就业也产生了不利影响。

表 1—2　我国 GDP 增长、外贸进出口及实际使用外资情况

	国内生产总值增速（累计）（%）	进出口额当月同比增速（%）	出口额当月同比增速（%）	实际使用外资同比增速（%）
2007 年 12 月	13	23.3	21.6	49.5
2008 年 3 月	10.6	27.8	30.6	50.16
2008 年 6 月	10.4	23.1	17.2	44.95
2008 年 9 月	9.9	21.4	21.5	26.03
2008 年 12 月	9	−11.1	−2.8	−54.35
2009 年 3 月	6.1	−20.9	−17.1	−9.5

数据来源：第 2～4 列数据：中经网统计数据库（http://db.cei.gov.cn）；第 5 列数据：商务部网站（http://www.mofcm.gov.cn）。

① 数据来源：中国经济信息网数据库（http://www.cei.gov.cn/index/index.asp）。
② 新华网 http://www.xinhuanet.com.cn，2009 年 7 月 6 日。

另一方面，危机通过产业链迅速向实体经济蔓延。我国作为出口产品的生产方，在出口企业受到严重影响的同时，为其提供能源、原材料、物流和服务的企业也随之受到影响，其中资源性行业因国际大宗商品市场价格的大幅下滑和国内需求的减弱受损较大，不少企业陷入困境。进而通过产业链和消费等途径迅速波及房地产、建筑、建材、钢铁、纺织、装备制造及旅游等行业，通过沿海地区向内陆地区扩展，对我国经济和就业造成严重冲击。

2. 金融危机影响的突发性与我国经济结构中固有矛盾的叠加，使就业矛盾更加尖锐突出。

金融危机对我国经济和就业的影响具有突发性的特点，在2008年下半年集中爆发，适逢我国经济出现下行苗头，加上我国经济体系自身存在的产能过剩、对外需依赖过高、中小企业生存环境不良、抗风险能力弱等固有矛盾，使金融危机对经济和就业的影响进一步加剧。

从就业方面看，我国人力资源市场的供求本来就相当紧张，失业人员再就业、城镇新增劳动力就业和农业富余劳动力转移就业形成的“三峰叠加”；而就业结构中能够大量吸纳就业的第三产业发展迟缓，劳动力素质不适应企业需求问题突出，就业的总量矛盾和结构性矛盾在中长期内难以缓解。在金融危机突如其来的冲击下，使本来已经十分突出的就业矛盾骤然加剧，异常尖锐。

3. 金融危机导致企业现有就业岗位大约减少8%，城镇失业率上升，这是最近6年来未出现过的情况。

受金融危机影响，企业现有就业岗位大幅减少。人力资源和社会保障部对部分省区的抽样调查显示，2008年10月至2009年1月，平均有40%的企业出现过岗位净减，全部监测企业的岗位增减相抵为净减，减幅达到-8.1%。

在金融危机对我国就业的冲击中，农民工首当其冲。农民工占第二产业全部从业人员的58%，占加工制造业从业人员的68%，特别是沿海出口加工型企业的农民工就业人数众多，因金融危机造成的失业、待岗或返乡情况严重。据国家统计局的调查，2009 年春节前，有 1 200 多万农民工因受金融危机的影响暂时失去就业岗位返乡，占外出农民工总量的 8.5%。

城镇失业率上升，困难群体就业更加困难。2008 年末，城镇登记失业率同比上升 0.2 个百分点（见图 1—1），较上年增加了 56 万人，为近 3 年来的最高点。企业在金融危机的影响中往往是最先裁掉灵活就业群体，大量灵活就业人员转为失业，而经济形势的不好进一步导致他们再就业困难程度加深。

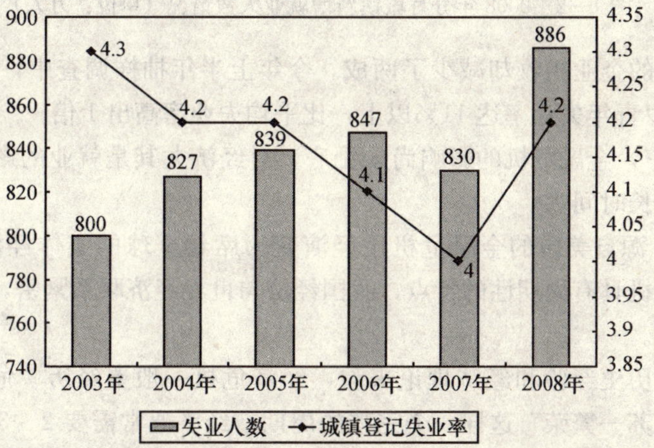

图 1—1　城镇登记失业人数和登记失业率情况（单位：万人，%）

4. 城镇新增就业同比大幅下降，就业需求空间急剧压缩。

2002 年以来，我国每年新增就业岗位为 1 000 多万个，就业岗位连续保持了净增长。金融危机导致的外需下降，生产萎缩，人员失业，直接影响到新增就业。2008 年 8 月后全国城镇新增就业出现持续大幅下降态势，12 月份城镇新增就业人数仅为 38 万人，比 1 月份下降 54.2%（见图 1—2）。2008 年第四季度人力资源市场岗位空缺与求职人数比下降到 0.85，是近 10 年以来的最低点。

城镇就业需求的减少导致大学生就业矛盾更加突出。2009 年，高等院校毕业生达到 610 万人的新高，比 2008 年高出 9%，而就业

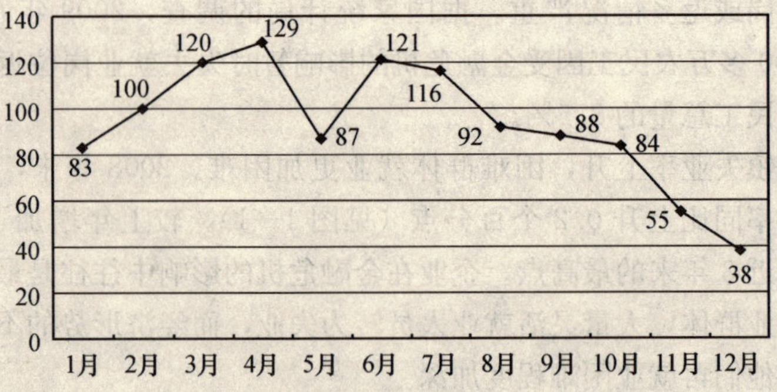

图 1—2　2008 年分月城镇新增就业人数情况（单位：万人）

主渠道的企业招收却减少了两成。今年上半年抽样调查中，城镇 16 到 24 岁青年失业率达 11%以上，比平均失业率高出 1 倍。

（三）金融危机的影响尚未见底，对经济尤其是就业的影响仍将持续较长时间。

1. 源自美国的金融危机已经演变为席卷全球的实体经济危机，经济危机具有周期性的特点，我国经济与世界经济联系紧密，难以独善其身。

从历史经验和经济理论来看，经济危机一般要经历“危机—萧条—复苏—繁荣”这样一个完整的周期，经济通常需要 2～3 年或更长时间才能进入恢复阶段。从目前情况看，外部经济特别是各主要经济体的下滑尚未见底，外需短期内难以回升，而要恢复到前几年处于膨胀时期的投资和消费的难度就更大了，因而我国出口的恢复将是长期的过程。

总体来看，我国国民经济正处于趋稳回升的重要阶段，但部分经济指标（如外贸增长率、CPI、用电量等）仍然处于同比下滑或波动较大阶段，回升过程中还存在不确定、不稳定的因素，加上外需持续疲软、国内消费不足、财政投入拉动缺乏持续性、民间投资还没有启动，以及出现通货膨胀的预期等，都给未来经济走势增加了不确定性。

同时，中西部所受的影响开始显现出来，一些新的问题开始暴露。在河北、云南等地，金融危机的影响呈现“来得晚、影响深、走得迟”的特点，大范围的资源型企业陷入困境。就全国范围看，钢铁、纺织等几个主要行业的下滑尚未见底，出口型加工业企业仅30%恢复到正常生产水平。中小企业陷入困境，工业和信息部调查表明，2009年1—3月份部分中小企业订单同比下降20%～30%，有些甚至达到50%。

2. 我国经济无论短期恢复还是长期可持续发展，只能主要依靠扩大内需来实现，而失业的增加、收入的减少，不仅直接造成生产和消费的减少，还将影响我国调整内需的战略，在短期和长期均对经济和就业的增长形成负面影响。

当前就业表现为三个特点：一是新增就业岗位被企业岗位流失抵消。2008年10月份到2009年6月份，全国企业岗位流失率为8%，推算大约有620万人失去工作岗位，而新增就业750万人，增减相抵，仅增加130万个工作岗位。二是工作收入的减少。大批返城实现就业的农民工中，普遍存在就业岗位不稳定、报酬减少的现象。三是就业状况虽有好转，但基础不稳固。新增就业人员中，灵活就业人员占30%～40%，这一群体的社保覆盖面仅一半左右，没有社保支撑的群体就业处于不稳定状态。

由于就业岗位和工作时间的同时减少，导致劳动者收入下降，从而引发消费的萎缩，进一步影响就业和重振信心。一方面，随着劳动者因就业和工时减少导致的收入减少，造成消费萎缩，必然进一步引起经济的衰退和就业的减少；另一方面，大量失业人员的存在，对就业者形成巨大压力，直接影响了他们的就业预期，进而缩减自身消费，也影响了经济增长的基础。

3. 应对危机的政策落实及效果显现需要一段时间，经济走势对就业的影响也具有滞后性，就业形势恢复到常态尚需时日。

一是从中央政策到地方具体落实需要一定时间。中央制定的经济发展和就业新政需要层层落实，各地也需根据本地区的具体情况加以调整和补充并具体实施，客观上需要一定时间才能将各项政策真正落实到位，充分发挥应有作用。

二是应对危机经济政策的效果显现具有延展性。一般而言，投资对经济的影响除了当期影响外，还有一年左右的延展期，等项目最终完成才会真正发挥作用。而货币政策作为总量调控政策，往往要经过更长时间才会发生作用。

三是从历史经验和理论研究来看，经济走势对就业的影响具有滞后性。就业总量通常比经济增长、发电量等指标滞后一个季度，而外贸对就业的影响则会滞后 3～4 个季度才能显现出来。

4. 失业率的变化是经济变化的“晴雨表”，当前世界各主要经济体的主要经济指标和失业率均处于下降通道，金融危机的影响尚未见底。

美联储预计 2009 年经济下滑幅度为－1％到－1.5％之间，失业率将达到 10.1％[①]。欧盟委员会发布的报告估计，欧盟经济在 2009 年将缩减－4％，预计欧元区经济 2010 年将萎缩－0.1％，欧盟 27 个国家的失业人数在 2010 年将达到 10.9％[②]。

据国际劳工组织最新报告估计[③]，2009 年全球失业率从 2007 年的 5.7％升至 2009 年的 6.5％～7.4％，全球失业人数将上升至 2.10 亿～2.39 亿人，比 2007 年增加了 2 900 万～5 900 万人。同时，估计全球一半工作岗位受到严重冲击，工作中的贫困人口比 2007 年约增加 2 亿人。

针对金融危机引发的实体经济危机在全球蔓延，导致全球失业人数大幅上升，国际劳工组织总干事胡安·索马维亚认为，相对于经济的全面恢复，就业率要恢复到危机前的水平通常需要多花 4 到 5 年的时间，因此，由金融危机引发的就业和社会保障危机将会持续 6～8 年之久。

---

① 数据来源：新华网 http://news.xinhuanet.com，2009 年 7 月 19 日。

② 新华网 http://www.xinhuanet.com.cn，2009 年 7 月 6 日。

③ 见国际劳工组织网（http://www.ilo.org），Global Employment Trends，May 2009 Update。

二、金融危机对我国就业提出的重大挑战

挑战之一：金融危机对我国就业的冲击凸显就业供大于求的总量性矛盾，并使得结构性矛盾尖锐化，急需出台组合性的政策予以解决。

一方面，我国就业的总量和结构性矛盾本来就十分突出，在金融危机的冲击下，上述矛盾骤然爆发，异常尖锐。

作为有13亿人口的大国，又处在经济体制深刻变革、社会结构深刻变动的关键时期，各种矛盾和问题交汇到一起，就业形势十分严峻，表现为“四大一突出”，即人口基数大，劳动年龄人口总量大，农业富余劳动力规模大，就业困难群体数量大，就业的结构性矛盾越来越突出，这是长期存在的矛盾和问题。与此同时，我国就业所面临的转轨就业、青年就业和农村转移就业同时出现、相互交织的“三碰头”局面，决定了就业问题之复杂，就业工作任务之艰巨，是世界任何国家都未有过的。

金融危机对就业的冲击表现在四个方面：一是企业岗位大量流失，大批农民工失去原有工作岗位。虽然大部分农民工已重新就业，但薪酬下降，工作不稳定的情况普遍存在。下半年500万～600万农村新生劳动力进入就业市场，农村劳动力的供需矛盾十分突出。二是需求减少使城镇新增劳动力的就业渠道堵塞，加剧了大学生及其他城镇群体的就业困难。当前尚有30%多的大学生尚未找到工作，今后几年进入劳动力市场的大学生数量还将不断增加，各地一批国有集体企业破产人员安置问题不断出现，其他城镇新生劳动力及困难群体的就业压力也很大。三是灵活就业群体受到冲击较大。灵活就业群体的市场需求下降，新增就业中30%～40%是灵活就业，主要得益于社保补贴支撑，但目前只有约半数享受社保补贴。四是在就业总量供需矛盾增大的同时，结构性矛盾更加突出，加大了解决问题的难度。当前高校毕业生数量不断增多，但其能力结构、就业取向与实际市场需求存在较大差距。当前市场上技能劳动者的需求量大，但大量劳动者由于缺乏技能就业难、工作稳定性较差。就业的结构性矛盾反映出我国教育培训体制的许多深层次问题，如高等教育功能定位不清，扩张

过快；职业教育发展不足，职业培训体系不健全、培训水平不高；技工学校发展的环境有待改善等问题。

另一方面，面对严峻而错综复杂的就业局面，常态下解决就业、失业的政策措施明显不足，急需采取宏观与微观、应急和长效、直接和间接等多种组合性政策措施和渠道解决诸多就业难题。

既要从启动内需、减缓冲击影响、保持经济持续平稳增长的宏观经济角度入手，通过保增长来保就业，又要在保增长的各项政策中，充分体现就业优先的原则，通过保企业、特别是扶持中小企业和发展劳动密集型企业来实现稳定和促进就业；既要根据实际需要，制定和采取各种临时性措施满足当前的迫切需要，又要从长计议，扩大和深化教育培训，提高劳动者素质，解决结构性矛盾；既要关注经济发展，又要努力提高人力资源和社会保障工作水平，加强服务能力建设。做好上述工作，特别是搞好政策的总体组合和长短结合，相当重要而紧迫，这对我们应对危机的能力构成重大挑战。

挑战之二：对外需和投资过高依赖的经济发展模式难以为继，加快调整转向以内需为支撑的经济发展模式势在必行，这对就业工作提出了新的更高的要求。

过高依赖外需和外部投资的经济发展模式已到非改不可之时。我国外贸加工业的主要市场是欧美、日本等发达国家和地区，相当部分外部投资也来源于此。而欧美、日本等发达国家和地区是本次金融危机的重灾区，金融危机已演变为实体经济危机，普遍出现经济停滞和衰退、投资和消费锐减的情况。由于经济危机具有自身的规律性，经济在短期内难以走出困境，恢复到正常水平尚需时日。特别是在经历金融危机过程中，西方社会对于超前消费文化进行了认真反思，社会公众的储蓄意识增强，这势必导致社会整体消费水平受到抑制。最近美国财政部负责“中美战略与经济对话”以及中国事务的执行秘书兼高级协调员洛文杰指出[①]，美国经济结构正在发生根本性变化，美国

① 据财经网 2009 年 7 月 24 日消息。

家庭的储蓄率明显上升，美国人大肆消费的时代已经过去。他说：“美国经济复苏将是缓慢的过程，中国需要做好准备，不要指望一两年内美国经济会走老路，而中国又能继续依赖美国消费者。中国要面对新现实，即中国要更多依赖内需，特别是消费引导增长。”这意味着我国外需和外部投资在短期内难以恢复到以往水平，中长期内也很难获得快速增长。

我国对外出口中很大一部分是低端加工产品，而支撑这一格局的劳动力成本的比较优势在未来也会逐步失去。发展中国家工业化的过程，也是社会整体劳动生产率逐步提高的过程。经济学告诉我们，在存在企业竞争和劳动力自由流动的条件下，工资必然要反映劳动生产率状况，因此，劳动力成本必然不断上升。以劳动力成本优势为支撑的低端出口加工业将逐渐丧失竞争优势，以外需为主要支撑的经济发展模式必然随之改变，提高内需在经济发展中的作用成为不二选择。

推动出口产品结构调整、推动产业升级成为必然选择。在全球经济一体化日益深化的背景下，我国参与国际产业分工的基本趋势不会改变，保持对外贸易的稳健增长仍然是经济发展的必然要求。但在劳动力成本不断上升的趋势下，保持对外贸易比较优势的途径是保持劳动生产率与工资的同步增长。这就要求我国调整出口产品结构，提高出口产品的附加值，以相同的人工成本创造更多价值。这意味着当前调整产业结构、推动产业升级的必然性，对劳动者的素质提出了更高要求。

经济增长方式的转变将对就业结构产生重大影响。外需行业和企业需要大规模转移到内需行业和企业，除了企业重组和产品结构、技术、市场的变化外，劳动者的生产转向、岗位转移也在所难免，大大增加了结构性失业的风险。努力培育新的内需行业就业市场，大力发展劳动密集型产业特别是第三产业，扶持中小企业特别是小企业的发展，拓展就业空间就显得极为重要。

经济发展模式的转变，对就业工作提出了新的更高的要求。在适应产业结构调整升级要求，加大职业培训力度解决结构性失业问题的同时，还需要努力开发新的经济增长点；在鼓励劳动者创业的同时，还需要不断加强就业服务促进劳动者就业；在扶持灵活就业的同时，还需要加强社会保障能力建设提高覆盖面。

挑战之三：在新增就业受到影响的同时，如何稳定就业、减少岗位流失成为影响全局的重要问题。

严峻就业形势充分说明，稳定就业与新增就业同等重要。一是在金融危机的冲击下，我国企业就业存量在去年底减少了8%，企业就业岗位增减相抵为净减少。新增就业的成果大部分被存量流失抵消。二是在实体经济下滑的情况下，增加就业本身就十分困难。因此，采取积极措施稳定现有就业岗位，是稳定就业局势的关键。三是就业与经济发展关系密切，经济增长是拉动就业的引擎，就业也是支撑经济发展的重要力量。维持就业存量，保住就业岗位，是维持社会产能、保民生促消费的重要途径，也是保稳定的基础。

近10年来，在经济增长向好的背景下，促进就业关注的重点是新增就业，对稳定就业的关注不够，相关政策措施缺乏。面对严峻的现实，必须将稳定就业放在与新增就业同等重要的位置，制定和采取相应的政策措施，加大保存量、保岗位的力度。特别需要指出的是，中小企业是吸纳就业的主力，但在危机的背景下，大量中小企业深陷困境，发展环境紧缩，政策关注不够，必然影响就业的稳定和扩大。

挑战之四：金融危机的冲击暴露出人力资源和社会保障工作能力的严重不足，能否适应新形势和新要求，加强人力资源和社会保障工作能力建设成为重大挑战。

一方面，危机中公众对就业服务和职业培训提出了更高要求。一是当前就业市场信息和监控不足。如灵活就业、正规就业部门中的非正规就业群体的就业稳定性差，处于失业风险的最前沿，但这部分群体的就业和失业情况按现有信息统计体系无法掌握。再如，占吸纳就业主流地位的大量小企业或微型企业的雇工情况不在当前常态统计范围之内，成为掌握社会就业全貌及制定相关政策的盲点。二是我国目前基本没有建立失业预警系统。部分地区业已建立的失业预警系统也未真正发挥应有的作用，存在技术、制度和管理层面的不足。危机来临时，难以作出及时判断和启动应对预案。三是农民工没有接受充足的职业培训。在危机中，农民工及其他就业困难群体大量失业或就业稳定性不足，其中很重要的原因是职业技能不足，综合素质不高。

另一方面，社会保障体系障覆盖面低，保障程度不够。突出表现在对城镇灵活就业群体和非就业群体的保障不足，农村人口的医疗保障程度较低，农村养老保险制度尚未真正建立，社保制度难以适应劳动者跨地域流动和身份转换等。在危机冲击下，上述问题更加凸显。

三、从金融危机中找到我国就业工作的新机遇

当前金融危机对我国就业的冲击和挑战是巨大的，而危机中也确实蕴藏着机遇。历史经验告诉我们，就业和社会保障工作具有典型的反危机、反周期的重要作用，做好了就可将危机转化为机遇。

机遇之一：危机的巨大压力有利于强化政府和全社会对就业重要性的认识，有利于就业与经济发展的进一步紧密结合。

一方面，从中央到地方都高度重视就业问题，有利于全社会形成就业优先的共识。

胡锦涛总书记指出，就业是民生之本，这关系到千家万户。温家宝总理指出，就业关系民生，是天大的事，是经济发展的晴雨表。2008年12月召开的中央经济工作会议提出，要实施更加积极的就业政策，全方位促进就业增长，确保就业形势基本稳定。各级政府以此为依据制定和实施了一系列政策措施，克服当前就业危机，稳定和扩大就业。

危机还使全社会充分认识到就业优先的重要意义。就业是收入的基础，是扩大消费的关键，就业问题解决不好，扩大消费就会成为无源之水、无本之木，还会影响社会稳定。因此，保就业不仅是保民生、保稳定的需要，更是保增长的重要途径。充分就业既是和谐社会发展的目标，又是实现目标的手段。不能实现就业增长、人民生活改善，发展经济就失去了根本意义。促进就业也是发展经济的重要手段，经济发展离不开充分就业的有力支撑，只有就业增长，消费需求才能不断增长，社会整体需求才能不断被拉动。

另一方面，在应对危机中，经济政策与就业政策同时出台，有利于就业优先原则的贯彻。

发达国家的经验表明，应对危机的经济政策如果不将解决就业问题作为优先目标，不与就业政策相协调，将导致事倍功半的局面或适得其反的结果。20 世纪 70—80 年代美国遭遇的长期“滞胀”问题以及本次金融危机的爆发，都与宏观政策特别是货币政策只注重消除“通胀”、刺激增长而忽视解决就业问题相关。

我国以往的宏观经济政策中，也往往存在侧重经济增长、偏向调控通胀的倾向，没有将就业放在首要位置。在应对本次危机中，许多宏观经济政策与就业政策同时出台，为就业优先原则的贯彻提供了保证。从宏观层面看，国家积极的财政政策中有许多属于保民生促就业的举措，如举办大型公共工程，提高社保的补贴标准，支持职业培训等。适度宽松的货币政策也直接指向解决企业融资困难、弥补企业资金链短缺的目标。从中观层面看，国家出台的一系列保企业、保岗位的措施部分缓解了企业岗位流失。从微观层面看，国家鼓励自主创业、解决大学生及困难群体就业的一系列政策，对促进新增就业起到积极作用。这些理念和做法对危机中解决好就业问题，危机后把就业放在经济发展优先的位置，实现就业与经济发展更紧密的结合无疑起到了重要作用。

机遇之二：应对危机的需要，为积极就业政策的实施和完善，为统筹城乡就业的推进提供了新的机遇。

第一，当前中央扩大内需、促进经济发展的一系列重大举措，为积极就业政策的实施提供了有力的保障。政府 4 万亿元投资支持了一大批重大项目的实施，将直接创造一大批就业岗位，同时，政府投资的乘数效应通过产业链和消费创造更多就业机会。初步估算，仅中央 4 万亿元投资可增加大约 2 416 万个就业岗位。同时，地方政府数量更大的投资还将创造更多就业岗位。

第二，应对危机的需要为稳定就业政策的推出和积极就业政策体系的完善提供了机遇。为克服危机影响，稳定和扩大就业，国家制定和采取了一系列非常态下应对危机的政策措施，首次启动了国家失业预警机制，不仅完善了积极就业政策体系，也为稳定就业政策的实施和改进提供了宝贵的经验。

第三，应对危机的系列政策的实施为统筹城乡就业工作的推进创造了更好的条件。国家为缓解农民工就业困难所采取的一系列政策，包括加强对返乡农民工的就业指导和就业服务，开展职业技能培训，鼓励和扶持部分返乡农民工自主创业，指导返乡农民工积极参与重大投资项目建设和新农村建设，做好农民工社会保障和公共就业服务，积极引导返乡农民工参加新型农村合作医疗，保障农民工工伤保险权益，帮助农民工做好社会保险关系异地转移与接续，为统筹城乡就业市场、促进劳动力在城乡间的合理流动，既创造了经验，也完善了相关制度，推动了城乡人力资源市场的融合和统筹城乡就业政策的发展。

第四，危机的考验有利于劳动者调整心态，有利于更多劳动者走上灵活就业和自主创业之路。通过危机的洗礼和政府深入细致的引导工作，劳动者的心态更加成熟，求职行为更加理性务实，在就业问题上等、靠、要的心态大为转变，就业观念大为改观。这就为多渠道、多层次解决就业问题提供了良好的社会条件。

伴随着社会保障制度的健全和社保覆盖面的进一步扩大，以及国家财政和金融政策对自主创业的支持，劳动者自主创业的后顾之忧被逐步解除，以创业促就业政策的实施具备了更加良好的环境。加上我国经济的基本面依然较好，可能在这次国际金融危机中率先走出困境，为创业促就业奠定了经济基础。

机遇之三：经济增长模式的转变和新的经济增长点的出现，有利于就业空间的新拓展，也为优化教育结构、促进职业教育发展提供了新的动力。

一方面，内需的扩大和经济增长模式的转变有利于带动更多就业机会。

内需的扩大将有利于保证就业的稳定增长。扩大内需是经济增长方式转变的核心。伴随着国家一系列扩大内需重大战略举措的实施，未来政策进一步到位和效果的进一步显现，我国社会总需求将进一步提升，将有力支撑企业岗位的稳定增长。

结构的调整有利于拓展就业领域。经济增长模式的转变意味着经济增长更加注重质量，依靠投资拉动的粗放型增长将转向以消费推动和效率支撑为特点的发展。伴随着劳动力成本的上升，提高社会劳动生产率成为必然要求，因此，产业结构的调整升级成为经济发展的必然选择。2009 年初国家提出调整振兴十大产业，产业链长、规模大，部分产业如物流等属劳动密集型企业。随着产业结构调整战略的逐步落实，必将有力带动经济和就业增长。

新的经济增长点有利于开拓新的就业空间。在十大产业调整振兴规划的基础上，未来还将培育发展一批新兴产业，可能包括通用航空、新能源、邮政速递物流、新能源汽车、三网融合、服务外包等产业。这些产业除了技术含量高、产业链长外，也包括了能够大量吸纳就业的服务业，可以大量吸纳不同层次劳动者就业，将进一步开拓广阔的就业空间。

绿色经济的发展有利于推动绿色就业的渠道。在金融危机的背景下，以节能环保产品为特色的“绿色经济”面临着前所未有的发展空间，成为各国政府抢占未来发展制高点、推动经济可持续发展的重要新政。我国作为人口、制造业和能耗大国，发展绿色经济具有巨大的市场空间和广阔的前景。中央政府已推出了一系列举措促进绿色经济发展，将支持新能源和节能减排作为当前积极财政政策的重要内容。各地区也纷纷推出发展本地区绿色经济的规划和举措。绿色经济在形成绿色产业后，不仅将创造巨大的经济收益，更重要的是将创造大量的就业岗位，形成绿色就业效应，成为扩大就业的重要渠道，这也是国家积极就业政策关注的重点。

另一方面，职业教育培训体系的完善成为迫切需要，就业市场为职业教育市场的发展提供了机遇。

从宏观层面看，未来调整振兴的支柱产业普遍存在技术含量高的特点，这对从业者的职业素质提出了更高的要求；从微观层面看，劳动力成本上升、产品结构调整、技术进步和国内外市场竞争的加剧，使企业对提高劳动生产率、改善经营管理状况具有更迫切的愿望，从而对劳动者的职业素质提出了更高的要求。同时，就业市场的竞争压力使劳动者对提高自身素质的愿望更强。这在客观上形成了对职业教育和培训更高水平的需求。

然而，当前我国普通中等和高等教育比例偏重，职业教育比例偏低，导致人力资源供给结构失衡，培养模式不适应市场需要。加上正规教育资源与各种形式的职业培训资源还没有有效整合，资源紧缺和资源浪费的现象并存，造成了人力资源市场技能人才的严重短缺。因此，抓住应对危机的各项政策提供的机遇，通过政策引导和制度创新，有效地整合各种社会资源，逐步建立面向全体劳动者的终身职业培训体系，已经成为十分迫切的任务。

机遇之四：对人力资源和社会保障事业的急切呼唤，使其发展获得了新的动力。

一方面，促进就业任务的重要性和紧迫性要求完善公共就业服务体系的功能和作用。公共就业服务体系不仅要提供完善的信息服务，还必须提供良好的职业介绍、维权和培训服务，凸显各级就业和社会保障服务平台的作用。针对当前乡镇、街道和社区基层劳动保障平台建设滞后的问题，迫切需要加强建设，真正发挥劳动保障工作前沿阵地的作用，做到基层平台有机构办事、有人办事、有钱办事。同时，作为应急机制建立的相关信息制度补充和完善了原有统计信息的不足，为加强信息统计工作提供了经验，推动就业和社会保障监控和服务水平的提升。

另一方面，金融危机使政府和全社会对社会保障制度有了新的认识，有利于形成完善社会保障制度的共识。在应对金融危机稳定就业的政策中，采取的“五缓四减三补贴”的社会保险政策，切实减轻了部分困难企业的负担，发挥了社会保险稳定就业岗位的作用。我国对外贸易依存度高的重要原因是内需不旺，而内需不旺源于劳动者对社会保障的信心不足，因此，完善社会保障也是促进消费的重要手段。当前，党中央和国务院从应对金融危机、推进经济社会发展的战略高度制定和实施了一系列完善社会保障体系的政策，包括提高城镇社保覆盖面、继续推进农村医疗保险保障水平、逐步推进农村养老保险试点范围等。而社会保障水平的提高，为缓解就业危机对社会稳定的冲击、统筹城乡就业、多渠道解决就业问题提供了根本保证。

通过上述分析，我们可以看到，在这场危机的重大挑战中，机遇也是客观存在的。然而，要将挑战变为机遇，将机遇变为现实，还需要做很多扎实细致的工作，付出艰辛的努力。

报告之二

应对金融危机就业政策的评估

金融危机在对我国经济产生严重冲击的同时，对就业也造成了前所未有的冲击，为“保增长、保稳定、保民生”，中央政府及时出台了七个有关就业的文件，实施了六大举措，取得了一定的成效。在金融危机影响仍未见底，未来经济走势尚不明朗的情况下，对这些就业新政的执行效果进行初步评估并分析存在的问题，对于坚定政策执行的决心，进一步完善就业政策，尤为重要。

一、应对危机就业政策措施的特点

（一）出手快，力度大。

为应对金融危机对我国就业带来的严重冲击，国务院和有关部门制定并实施了一系列稳定和扩大就业的政策措施，主要包括国务院下发的一个综合性的政策措施文件，国务院办公厅下发的农民工工作、大学生就业和创业带动就业三个文件，还有人力资源和社会保障部等部门联合发布的特别培训计划、就业服务系列活动和减轻企业负担稳定就业的三个文件，构成了应对金融危机的就业新政策。这七个文件从去年 9 月底至今年 2 月初出台，到今年 5—6 月份各省及地级市也全部出台了配套政策。这样，从中央到地方政策出台之快，力度之大，含金量之高，历史少有。

这些政策措施主要涉及六方面的内容和目标：一是通过经济发展拉动就业。实行大规模投资拉动就业计划，结合 4 万亿元投资计划，两年共拉动 2 416 万个就业岗位。二是帮扶企业克服困难，努力稳定就业。实行“五缓四减三补两协商”的援企稳岗计划，2009 年计划为企业减负 2 000 亿元，稳定 2 000 万个就业岗位。三是加大政策扶持力度，鼓励自主创业。实施促进创业带动就业计划，2009 年计划扶持城乡劳动者 150 万人创业，带动 450 万人就业。四是针对重点人群特点，统筹安排就业。把高校毕业生就业摆在当前就业工作的首位，2009 年努力帮助实现 500 万以上毕业生就业；做好农民工就业工作，通过春风行动帮助 800 万农民工转移就业；做好城镇失业人员特别是就业困难人员再就业工作，通过就业援助行动帮助 100 万困难人员实现再就业。五是推出特别职业培训计划，提高劳动者就业能力。2009 年计划组织 1 500 万城乡劳动者参加职业培训。六是加强公共就业服务，改善就业环境。2009 年计划为 2 500 万城乡劳动者提供免费公共就业服务。

（二）组合性强，统筹兼顾，长短结合。

这一系列旨在“稳定就业、扩大就业”的政策措施，都是在已实施 6 年多的积极就业政策，特别是《就业促进法》的基础上，结合金融危机冲击的新形势而制定实施的。有些是在原有政策基础上进行的延伸和扩展，有些是根据新形势发展而新推出的（如稳定就业的政策措施）。政策之间相互衔接，紧密联系，互相支撑，既充分运用了原有的政策和工作基础，又结合新形势形成了应对金融危机的一套政策体系，从而全方位地推动扩大就业和稳定就业工作。这些政策的制定和实施体现了五个结合：

一是实行积极就业政策与宏观经济政策更加紧密地结合。

宏观经济的四大调控指标是经济增长、国际收支平衡、物价稳定和充分就业。就业与宏观经济存在着天然的联系，是经济发展的派生需求，反过来又促进经济增长，两者相辅相成。但经济增长并不自动带来就业最大化，在既定的经济增长速度下，不同的经济增长方式、产业结构等对就业的拉动程度是不同的。针对金融危机使我国就业矛盾更加尖锐突出的特点，国家出台的系列宏观经济政策中，明确了保增长、保稳定、保民生的核心是保就业，把就业作为经济好转的“晴雨表”；明确提出在扩大内需和发展经济中注重促进就业增长，建立政府投资与扩大就业的联动机制。不少地区在安排政府投资和重大项目时，也制定了扩大就业的计划和目标，一些中西部地区注重挖掘本地外向度低、劳动密集型企业的潜力，实现了就业增长。从中央到地方都形成了关注就业，将就业政策与宏观经济政策更加紧密结合的氛围。

二是扩大就业与稳定就业相结合。

2002 年以来，我国结合实践制定实施了积极的就业政策，以扩大和促进就业为首要任务，解决了大量国有企业下岗职工的再就业问题，为国有企业的改革和结构调整奠定了基础。金融危机发生以来，首次出现就业岗位净减，保企业和稳定就业被摆在了很突出的位置。政府明确提出稳定就业的目标和政策措施，实现了稳定就业与扩大就业的并举。稳定就业方面，通过“五减四缓三补两协商”政策来保企业、保岗位，通过特别培训计划稳定企业职工队伍，以降低就业存量的减少，通过社保补贴来稳定灵活就业人员的就业。在政策注入的同时，还鼓励企业承担社会责任，通过轮班工作、在岗培训、协商薪酬等多种方式稳定劳动关系，鼓励企业不减员、不裁员。扩大就业方面，通过政策扶持，广开就业门路，重点解决困难就业群体的就业，以实现就业岗位的增加。

从就业和社会保险的角度率先出台的稳定就业政策不仅稳定了企业的就业，也带动了其他宏观经济政策加强对企业的保护和支持，如出台了财政补贴消费、减税、退税、信贷支持和产业发展等减轻企业负担、促进产业发展的政策，极大地增强了企业走出金融危机的信心。

三是实施短期应急的对策措施与形成长效机制相结合。

短期应急政策主要是针对金融危机对就业的冲击出台的，如对困难群体直接发放一次性生活补贴；允许困难企业缓交社会保险费最长不超过 6 个月；阶段性降低社会保险费率；使用失业保险基金支付困难企业的社保补贴和岗位补贴。这些政策对缓解危机冲击、降低企业成本、帮助困难群体都是直接、快速和有效的。

此外，政府还推出了关系长远发展的就业政策。如特别培训计划虽是为应对金融危机影响而专门实施的，但从长远来看，该计划致力于为劳动者储备技能，提高其就业、再就业和创业能力，促进劳动力资源的有效配置，适应就业市场未来的需求。又如公共服务能力建设，包括机构体系建设和服务能力建设，也是着眼于人力资源和社会保障事业长远发展的需要而提出的，对改善公共就业服务质量、健全公共就业服务体系功能、提高运行效率具有长远意义。

四是政府引导与市场调节相结合。

在应对金融危机的政策中，政府制定的政策继续遵循了“劳动者自主择业、市场引导就业、政府调节就业”的原则，实现政府引导与市场调节的相结合。在强化政府促进就业责任的同时，注重通过发挥市场机制的作用来促进就业。

在解决受影响最大的农民工群体的就业方面，政府既帮助企业稳定农民工就业，同时也鼓励农民工返乡创业，加强返乡农民工的职业技能培训和就业服务。在充分体现政府引导企业稳定农民工就业的同时，鼓励农民工通过市场自主择业，通过创业自主就业。

针对大学生就业面临的困难和迷茫，政府通过政策引导，开拓就业门路，强化就业服务，创造了较好的就业环境，鼓励大学生在市场上通过双向选择实现就业，从而给大学生吃了“定心丸”，稳定了就业局势。

在鼓励企业稳定就业方面，采取的是“五缓四减三补贴”的政策引导，帮助企业稳定就业岗位，而不是采取简单的不允许企业裁员的强制性要求，体现了政策引导与企业市场决策的结合。

五是中央政策资金投入与发挥地方主动性相结合。

本轮应对金融危机的就业新政策与 10 年前解决下岗职工基本生活保障和再就业有所不同。当时中央进行统一部署，地方也要求中央的政策越细越好。而这次各地受金融危机冲击的方式、程度和时间均有较大差别，因而中央在制定相应政策的同时，允许地方在不触动税收等红线的基础上，制定本省的具体政策措施，采取有针对性的办法来解决金融危机的影响，给地方留下了更多空间。

这一做法取得了良好的效果。一方面，中央解决就业问题的要求明确，就业投入大大增加，政策措施含金量大。另一方面，地方积极性、主动性强，政策结合实际，政策效应发挥好。

（三）实现了三大突破。

应该特别指出的是，目前实施的就业新政有三个首次突破：

突破之一：首次提出了稳定就业的政策措施。

我国2002年以来实施的积极就业政策，主要把扩大和促进就业放在经济社会发展的突出位置，取得了很好的效果。金融危机发生以来，部分企业生产经营遇到困难，就业压力明显增大，就业形势日趋严峻，稳定企业现有岗位成为当务之急。政府及时出台一系列稳定就业的政策措施，通过缓缴五项社会保险费、降低四项社会保险费率减轻企业负担，使用失业保险基金支付社会保险补贴和岗位补贴来稳定就业岗位，从而鼓励困难企业尽量不裁员或少裁员，稳定就业局势。这是积极就业政策实施以来，首次提出并实行的稳定就业的政策，填补了积极就业政策的空白，实现了稳定就业与扩大就业的并举。

突破之二：首次从国家层面启动了危机下的失业应急政策措施，为建立长效的失业预警机制提供了很好的经验。

2008年起正式实施的《就业促进法》明确要求县级以上人民政府建立失业预警制度，对可能出现的较大规模的失业，实施预防、调节和控制。失业预警制度有别于常规的就业和失业政策措施，它是在就业出现非常规情况下采取的非常规政策措施。由于法律实施的时间短，各地的失业预警制度还未真正建立，更谈不上启动实施。在应对金融危机冲击中，政府首次从国家层面启动了应对失业的应急政策措施，包括在安排4万亿元政府投资和重大建设项目时考虑拉动就业因素、加大信贷对服务业和中小企业的支持、启动社会保障的费用延期征缴和减免、使用失业保险基金帮助企业减负稳岗、实施特别培训计划、规范企业裁员行为等。这些措施既涉及宏观经济政策，也包含了就业和社会保障政策，为以后解决突发性的大规模失业问题提供了很好的经验，也为建立长效失业应急预案奠定了很好的基础。

突破之三：首次启动了创业促就业，成为应对危机的一个新支撑点。

我国扩大就业有四条基本渠道，一是企业和单位吸纳就业，二是政府开发公益性岗位安置就业，三是劳动者灵活就业，四是自主创业。在当前及今后一个时期我国就业形势严峻，前三条渠道对扩大就业的作用受限的情况下，促进创业带动就业就成为实施积极就业政策的重要举措，是应对国际金融危机、稳定我国就业形势的有效途径。政府通过强化创业服务和创业培训，改善创业环境，在市场准入、场地安排、税费减免、小额担保贷款、免费就业服务和职业培训等方面给予扶持，形成政策扶持、创业培训、创业服务“三位一体”的工作机制，鼓励更多的城乡劳动者通过自主创业实现就业。通过自主创业，劳动者个人不仅靠自找项目、自筹资金、自主经营、自负盈亏、自担风险来实现新的就业，而且带动其他劳动者就业，发挥创业的就业倍增效应。即使今后有一些创业者失败了，但创业精神和政府的扶持还会促使他们再次创业，这也是这次应对金融危机解决就业问题与10年前解决下岗失业人员就业问题的最大区别。

二、对现行就业政策实施的分析评估

(一) 积极作用。

1. 实施更加积极的就业政策稳定了就业局势，就业市场出现了积极变化。

2009年第二季度人力资源市场岗位空缺与求职者比例为0.88，比第一季度提高了0.02；第二季度城镇登记失业率为4.3%，但失业人数比第一季度减少了9万人，出现了趋稳的态势。新增就业也呈现波动中回升的趋势，今年1—6月，全国城镇新增就业569万人，完成全年目标任务900万人的63%。月均新增就业95万人，扭转了去年第四季度快速下滑（月均59万人）的趋势（见图2—1）。

目前总体就业形势比较稳定，主要得益于四方面的因素。首先，积极就业政策的多年实施已有一定的工作基础，仍在继续发挥作用。比如对困难群体实行就业援助早已列入《就业促进法》，地方政府也

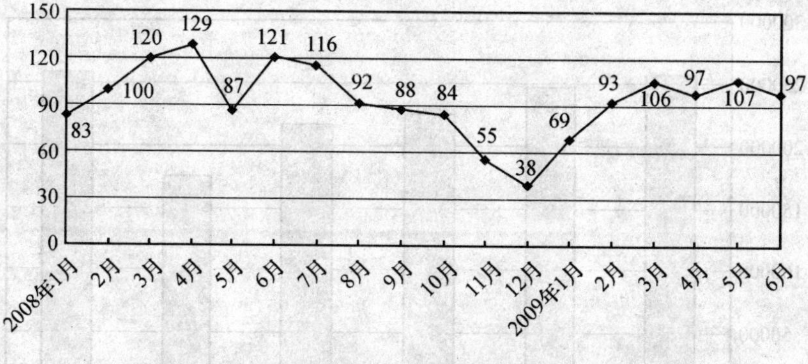

图 2—1　城镇新增就业分月人数（单位：万人）

一直没有放松对困难群体的就业工作，尽管危机对就业的冲击较大，但由于政策的继续实施，这部分群体的就业依然保持快速增长的态势。其次，由于地区经济结构的差异，中西部地区在第一波金融危机冲击中受到的影响较小。在沿海地区就业量受重大损失的同时，中西部地区受到的影响较小，新增就业数高于往年同期，因此新增就业还在延续增长，有利于总体就业局势的稳定。再次，我国国内消费需求保持了增长的势头，弥补了部分外需减少的损失。政府对内需的启动快，进而带动服务业发展和就业增加。今年上半年，社会消费品同比增长 15%，扣除物价实际增长 16.6%，同比加快 3.7 个百分点。最后，就业新政在扩大就业、稳定就业上开始发挥作用。针对金融危机的就业新政，有些地区落实较快，已取得初步成效。政府大规模投资拉动就业也开始见效，并增强了企业和劳动者对未来的信心和期望。

2. 保企业、稳定岗位的政策在部分地区开始发挥效应，带动企业不减员、少裁员。

据人力资源和社会保障部 5 省 15 个失业动态重点监测城市的快速调查，在连续七八个月企业岗位增减相抵总量净减后，已开始出现回稳增加的苗头。监测城市 6 月企业解除或者终止劳动关系人数为 258 349 人（见图 2—2），6 月企业岗位增减相抵净增 1 510 个，增幅 0.23%，岗位总体流失速度放缓（见图 2—3）。

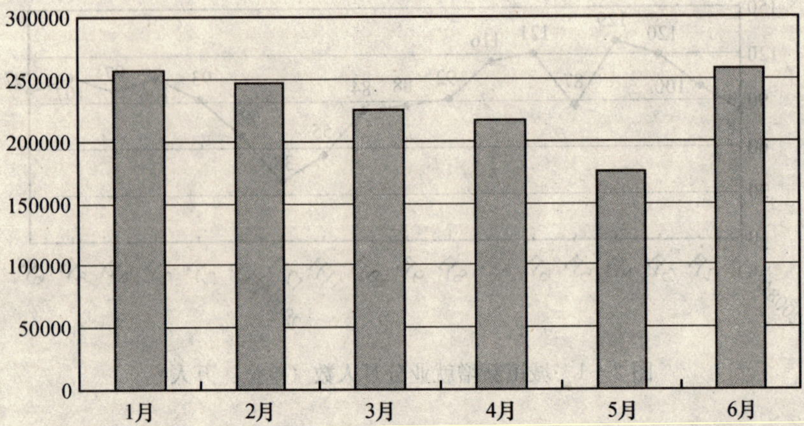

图 2—2　重点监测城市企业解除或者终止劳动关系人数（单位：人）

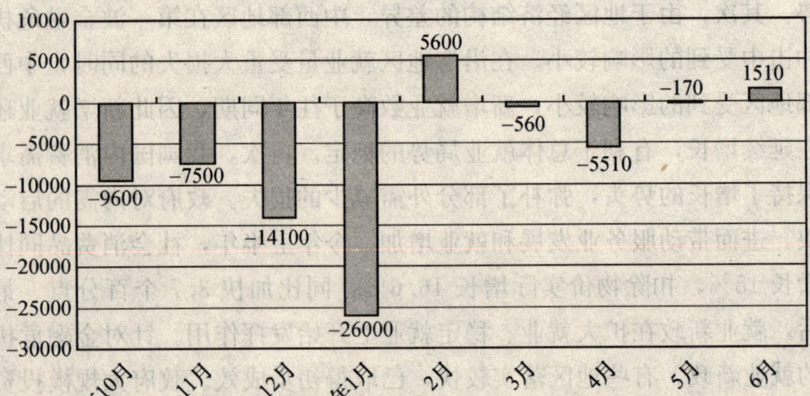

图 2—3　重点监测城市企业岗位流失情况（单位：个）

作为稳定就业政策的“五缓四减三补贴”的社会保险政策，切实减轻了部分困难企业的负担，发挥了稳定就业岗位的作用。截至 2009 年 6 月底，全国通过缓缴、降低费率两项措施，当期直接减轻企业负担 166 亿元；已运用结余的失业保险基金 17.9 亿元补贴支持 6 000 多户困难企业，稳定职工 318 万人。

从已取得的工作进展看，有三方面的原因：第一，宏观经济政策对企业有支持，包括减税和金融支持等，各地出台的一些支持中小企业发展的政策也支持了企业。第二，帮助企业减负稳岗的政策开始发挥作用，困难企业从中得到了优惠，非常欢迎该项政策。第三，政策注入后，强化了一批企业的社会责任，明确提出不裁员或少裁员，这对稳定信心起到了很重要的作用。可以说，政府政策的大力支持，目前更多是帮助企业和劳动者恢复信心，政策的长效作用还需继续加大工作力度。

3. 开展特别职业培训计划和强化公共就业服务，使劳动者素质提高和就业环境改善有了新的进展。

在金融危机中，我国结构性就业矛盾表现得更为突出，劳动者素质与市场需求不匹配问题更加凸显。特别职业培训计划的出台，以及用失业保险支持企业进行职工培训，从短期来看，保证了部分困难企业职工能够留在企业中，并稳定了暂时找不到工作的劳动者情绪；从长远看，提高了劳动者的职业技能素质，改善了劳动力市场供需不匹配状况，适应了未来劳动力需求变化，充分发挥了职业培训稳定就业和解决结构性就业矛盾的作用。2009 年上半年，全国共开展了 1 214 万人次的职业培训，其中困难企业职工培训 121 万人次，农民工培训 537 万人次，城镇失业人员培训 239 万人次，新成长劳动力培训 149 万人次，创业培训 52 万人次。

加强公共就业服务、改善就业环境，能大大减少摩擦性失业，使劳动力市场的供求匹配更有效，对稳定就业、扩大就业起着润滑和促进的作用。建立了城镇失业动态监测的旬报制度，开展了返乡农民工的摸底调查，及时掌握了就业动态。开展了春风行动、民营企业招聘周、高校毕业生的就业服务活动等，为各类群体就业再就业提供了有效的就业服务。其中，2 月份的春风送岗位活动为农民工提供岗位信息 370 万个。5 月份的民营企业招聘周提供有效岗位信息 276 万条，有 105 万求职者与用人单位达成就业意向。

4. 六项举措的综合作用确实使企业和劳动者得到了实惠，增强了信心，激发了活力。

六项政策实施后，各地创造了不同模式和经验，相应的服务设施、培训手段、服务质量有所提高，使劳动者得到了实惠，就业局面有所好转。

一是创业环境得到改善，创业服务有所跟进。截至 2009 年 7 月底，29 个省份出台了创业带动就业的实施办法，82 个城市开展了创业型城市创建活动，探索建立组织领导、政策支持、创业培训、创业服务和工作考核“五个体系”，为创业者提供更好的创业环境。一些地区还通过设立专项基金、开辟创业园区等措施，鼓励农民工返乡创业和高校毕业生创业。农民工创业有了新进展，有的地区把推进返乡农民工就业创业工作摆到与招商引资工作同等重要的位置，规定凡法律、法规未禁止的行业和领域均向各类创业主体开放，将小额担保贷款范围和现有下岗失业人员创业的税收优惠政策延伸到返乡农民工和其他初始创业者。

二是农民工就业形势总体稳定，并没有出现大量农民工滞留城市或在城乡间盲目流动的现象。据国家统计局今年春节期间的调查，约有 1 200 多万人因金融危机暂时失去工作而提前返乡，这是近 10 年来罕见的。较低的文化技能素质、较差的家庭经济条件决定了农民工对危机冲击的承受能力有限。政府及时出台了针对性的政策措施，为农民工继续进城务工打开了通道，为他们就地就近就业、返乡创业提供了相应的扶助支持。春节前后 3 个月，有 7 000 万农民工流动，但没有出现大规模农民工滞留城市或在城乡间盲目流动的现象。目前，农民工就业总体比较稳定，95%的农民工又回到城市并找到工作。主要原因有三：首先，就业新政适合农民工低门槛就业的特征，充分发挥了农民工弹性就业在应对金融危机中的作用，企业可实施弹性的工时、工资制度，为企业未来发展留住人才、提供机会；其次，政府通过政策引导和加强公共服务，支持返乡创业，通畅就业渠道，稳定企业用工等，解决了部分农民工的就业，稳定了人心；最后，危机冲击下农民工对岗位、收入的期望值降低，同时产业梯度转移后，农民工就地就近转移量加大。

三是大学生初次就业率已达68%，总体比较稳定。大学生就业既关系着个人的发展和家庭的期望，也是整个社会“保增长、保民生、保稳定”的重要环节。2009年6月份，大学生就业率已达到68%左右，就业形势基本稳定，这既得益于政府部门对高校毕业生就业工作的加强，及时采取措施，开辟城乡基层、中小企业和非公有制企业、科研项目、自主创业的四条渠道，强化就业服务、就业见习、就业援助三项举措；更重要的是政府对高校毕业生就业工作的重视，把它放在工作首位，增强了大学生对未来的信心，稳定了人心；同时大学生的就业观念开始发生转变，工作期望值也趋向实际。

四是困难群体就业得到较好安置。2009年上半年，全国共帮助79万就业困难人员实现再就业，完成全年目标任务的79%，其中对灵活就业人员的社保补贴稳住了一半的困难群体就业。这些成绩主要得益于解决困难群体就业的政策基础好，《就业促进法》明确规定各级政府要采取税费减免、贷款贴息、社会保险补贴、岗位补贴等办法，通过公益性岗位安置等途径，对就业困难人员实行优先扶持和重点帮助，确保城市有就业需求的家庭至少有一人实现就业。金融危机冲击下这些就业援助政策的延续，尤其是地方政府一直没有放松困难群体的就业工作，使这部分群体的就业数一直在上升，并没有因为危机冲击而有所下滑。此外，政府在加强公共服务、开发公益性岗位等方面的努力也缓解了金融危机对这部分群体的就业冲击。

（二）困难、差距和问题。

当前就业局势好于预期，但绝不能盲目乐观。

一是就业工作仍面临困难的局面。就业新政策出台时间并不长，尽管有些地方已开始实施并收到初步效果，但有些地方还处在制定实施办法过程之中。总体来说，就业工作有新进展，但基础不稳固；旧的问题仍在解决中，新的难题又摆在眼前；政策落实刚上轨道，真正落实见效还要加大力度。要使这套就业政策“组合拳”发挥效应，还存在一些需要解决的问题，如保企稳岗措施还未完全落实到位，现有职业培训能力和组织实施等还难以满足企业岗位和劳动者就业的需要等。我国公共就业服务能力不足的问题在金融危机冲击下显得尤为突出。尽管全国约90%的乡镇建有公共服务机构，但相当大的比例处于“无正式机构、无专职人员、无经费保障、无服务场地”的状态，而村一级基本未覆盖。现有公共服务机构尤其是基层的人员配备、设施保障都明显不足，这些给监测就业变化、提供培训和就业服务都增加了难度。

农民工就业仍面临一系列问题，农民工市场的“不规范”将长期存在，返城已就业的农民工收入普遍下降，而经济形势还存在波动，农民工再次失业、二次返乡的风险随时可能出现；农民工总体就业压力依然很大，除已经返城就业、就地就近就业和创业的，每年下半年农村还有500万～600万新成长劳动力进入市场，将进一步加剧农民工就业市场的供需矛盾。

在当前大学生处于供给高峰，企业需求减少、就业增加总体下降的背景下，我们也应该客观看到大学生就业率存在虚高的情况，有些大学生只是签订了就业协议并未真正找到工作；有些大学生为了拿到“毕业证”而填了“自由职业”，实际上并没有实现就业；部分大学生只是实现灵活就业，工作并不稳定。最主要的是，高校“供给导向”的培养模式越来越满足不了大学生就业的需求，将难以为继，因此，大学教育向“需求导向”的转变势在必行。

二是就业政策与财政、货币、产业政策的实际结合仍有差距。就业新政策是应对金融危机系列政策措施中的一部分，与宏观经济政策紧密结合，才能收到较好的效果。尽管当前的宏观经济政策已经对就业产生了拉动，但总体看，就业政策还没有成为宏观经济政策的优先原则，制定实施的财政、货币和产业政策更关注的是经济增长，对就业的考虑仍显不足。4万亿元投资、十大产业计划的着眼点是拉动经济和本身产业的发展，对拉动就业的作用只能是短期的、有限的，还没有形成以就业为优先的宏观经济政策机制。有些地方政府的经济政策，仍然把GDP和财政收入作为第一考虑因素，可能带来既不能

"保增长"，也不能"保就业"的局面。

三是政策的落实到位和切实见效还需加大力度，加快进度。目前较稳定的就业形势，主要得益于老政策的坚实基础和新政策的及时接续。新政策出台后，落实见效不仅要看就业人数的增加，也要看就业资金的支出状况，即受益群体实际享受政策扶持的情况。一些地区就业人数上升了，但资金有大量结余，说明政策没有落实到位，就业的成果不牢靠，扩大就业和稳定就业的实效要打折扣。个别地区迟迟未出台配套政策文件，甚至不同部门间还存在"掐架"的情况，政策的滞后不仅导致就业局势难以好转，还会使部分困难企业未得到帮扶就已倒闭。一些地区创业环境没有根本改善，创业者仍面临融资难、场地难、办事难等瓶颈；一些地区对中小企业的重视不够，保护不力，资金信贷等政策落实不到位。因此，要求各级政府进一步加大工作力度、加快工作进度，把政策落到实处。

四是当前及未来就业的新增长点尚待开发，与此相适应的政策还有待完善。金融危机发生后，我国对外需和投资过高依赖的经济发展模式难以为继，经济发展模式的调整势在必行，由此会对就业结构产生重大影响，不同产业、行业间将会出现劳动力的转移和人力资源的重新配置，这就要求工作应更加关注培育就业的新增长点，调整完善政策并加大支持力度，注重技能培训。值得注意的是，中小企业是吸纳就业、增加就业的主要载体，但当前的政策对中小企业的扶持仍显不足，落实仍不到位；灵活就业渠道在扩大就业中发挥了重要作用，但他们的社会保障覆盖水平低，就业不稳定，对这部分群体的引导、扶助和保护还很不够。

五是部分政策只注重当前应急而忽略长远、长效，影响了企业和社会的信心。金融危机的影响还未见底，仍将持续较长时间，客观上要求现有应急政策做好长期实施的准备，而期限过短不仅会影响政策的执行效果，更会影响企业和劳动者的预期。一些企业反映，部分稳定就业的政策期限短，难以度过困难周期；就业困难人员普遍忧虑社会保险补贴、岗位补贴政策三年到期后，年龄更大、就业更难。因此，制定稳定就业的政策应该高瞻远瞩，与职业培训、社会保险及其他税收等政策相结合，形成长效机制。

三、建议

（一）以促进和稳定就业为核心，加大宏观经济政策与就业政策的协调。

就业与经济增长是相辅相成的，彼此关联、互为支撑。宏观经济政策应坚持就业优先的原则，将稳定和扩大就业作为各级政府业绩的重要考核指标，才能实现保增长与保就业的目标。当前部分财政、货币及产业政策的制定和落实中已对就业有所考虑，如中央增加对就业资金的投入，加大社会保障制度的建设等。但总体来说，就业优先的原则仍要继续强化。就业部门要积极参与到宏观经济政策的决策中，就业政策的制定和实施也要考虑如何与宏观经济政策协调。针对“十大产业规划”可能带来的新就业机会，应为劳动者提供更多的信息服务和职业培训，增加就业机会。如家电、汽车下乡中，其售后服务将产生大量的家电、汽车安装和维修的就业机会，相关职业培训若能跟上，就业就能随之扩大。对产业规划中的产业调整所带来结构性失业，则应在提供失业保险的同时，加强转岗培训。

（二）形成全社会推动政策落实的合力机制。

首先，明确地方政府在政策落实中应负首要责任。政策落实的关键在地方，具体配套措施和实施细则的制定和操作也在地方，因此，各地应加快相关政策实施细则的制定，进一步推进各项政策措施的贯彻落实，让其切实发挥保民生、促就业的作用。其次，各部门要主动给企业和劳动者送政策上门，而不能坐等。应对危机的政策出台及时，富有针对性，但贯彻落实需要各部门加大宣传力度，提高积极性和能动性，把政策送到企业和群众中去。同时，要进一步加强公共服务体系建设，完善城乡劳动保障基层平台建设，健全公共就业服务信息网络系统，从而给企业和劳动者提高优质、高效的就业服务。再次，通过政策引导，充分发挥企业和劳动者的主动性。深受危机影响的是企业和劳动者，如何走出困境也是他们当前面临的问题，因此，通过政策帮助企业减负，引导企业为稳定和扩大就业作贡献；通过政策给劳动者创造较好的就业环境，调动他们的积极性，从而增强企业和劳动者克服当前困难的信心。最后，就业政策牵涉到方方面面，需要各方参与并监督政策措施的具体实施。要调动工会、工商联、共青团、妇联等社会团体的积极性，共同推动政策的落实，并形成有效的监督机制。

（三）及时跟踪形势变化，对政策适时进行评估并不断调整、充实和完善。

目前就业形势基本稳定，但基础并不稳固，未来经济发展走势和就业形势仍不明朗，因此，应该及时跟踪经济形势和就业形势的变化，针对工作中出现的新问题，会同有关部门研究提出新的应对措施和解决办法。同时，也根据我国地区差异大和受金融危机影响方式、程度和时间不一的情况，允许地方进一步出台有针对性的政策措施。首先，要坚定不移推进就业新政策的贯彻落实，解决落实工作中的细节和操作问题，保证政策落实达到预期效果。其次，不断跟踪就业工作的进展，对政策执行情况进行评估，并建立一套有效的评估体系，对出现的问题要及时研究并提出相应解决办法。最后，根据形势的发展，不断调整、充实和完善现有政策，做好应对进一步冲击的准备。如调整并延长“五缓四减三补贴”政策的期限，延长和完善对灵活就业人员的补贴与扶助政策等。

（四）建立失业预警机制和稳定就业的长效机制。

经济发展具有周期性特点，失业风险也会长期存在，加上突发性事件的冲击，使得建立失业预警机制和稳定就业政策体系成为必须。在应对金融危机对我国经济、就业的冲击中，政府出台了一系列的应急政策措施，既涉及宏观与微观，又统筹兼顾，长短结合，对危机的应变及时、处理得当，为以后解决突发性的就业问题提供了很好的应急经验，也为建立并启动失业预警机制奠定了很好的基础。

在建立稳定就业的长效机制上，应明确以稳定企业、稳定岗位为目标，以切实减轻企业负担、支持企业稳定职工队伍为重点，以帮扶灵活就业人员、困难人员及零就业家庭的就业为基础，在保证社会保险基金正常运转的基础上，充分发挥社会保险对就业的调节作用，形成动态长效的帮扶机制和调节机制。

（五）加强未来新就业增长点的开发。

扩大就业的关键是培育新的就业增长点。首先，服务业的就业容量大，而我国目前服务业发展仍十分落后，在扩大内需中应特别注重服务业的发展。其次，通过推动未来新产业发展和结构调整来拉动就业的增长，当前要关注如通用航空产业、新能源产业、新能源汽车、物流业、三网融合、服务外包等产业的发展，为我国就业开发新的增长点。再次，注重通过“产业价值链”带动小企业和扶持小企业发展，增加就业容量。最后，“绿色经济”被看做全球经济振兴的助搏器，要大力加强“绿色职业”的开发。我国已将节能减排和生态工程作为“扩内需、保增长”的重点之一，4 万亿元投资计划中约有 2 100 亿元投向这一领域，这将极大地刺激传统就业岗位的转化和绿色就业岗位的培育，有利于建筑节能工程师、太阳能安装师、农场主、育林人、生态保护工作者、资源回收商等绿色职业的发展。不同地区应注意结合实际开发当地新的经济社会发展增长点，培育新的就业增长点，加大对新经济增长点的支持，开展相应的职业技能培训和就业服务，以适应新的产业结构优化和就业市场变化的需要。

（六）大力发展职业教育，健全面向全体劳动者的职业培训体系，开展“需求导向型”的职业教育培训。

未来经济结构调整、产业结构调整和技术升级客观上对劳动者的技能素质提出了更高的要求，同时，就业市场的压力也使劳动者对提高自身技能存在自发性需求，这就要求大力发展职业教育和培训。在发展民生经济中，教育被摆在了优先发展的战略地位，九年义务教育正在大力普及，高等教育也得到充分发展。但近几年大学生就业难凸显了高等教育体制与市场需求相脱节的深层次问题，解决的办法是调整高等教育结构，大力发展职业教育。职业教育对提高劳动者技能、有效解决劳动力市场供求结构失衡，尤其是对农村劳动力提供平等的发展机会，都有很大的促进和帮助作用。

要按照十六届六中全会提出的“健全面向全体劳动者的职业技能培训制度，使人人有知识、个个有技能”的目标，进一步强化为所有劳动者职业生涯提供终生职业技能培训，帮助他们不断提高自身的就业创业能力、工作能力和职业转换能力，凭素质技能实现就业和稳定就业。加快职业技能培训工作法制化进程，把职业技能培训纳入国民经济和社会发展规划中，明确各类主体的权利和义务，建立稳定的财政投入机制。加强职业培训的资金监督与管理，效果评估与绩效考核。

与此同时，职业教育培训要注重实效性，与市场需求紧密结合，依据未来产业结构调整和技术升级对劳动者技能素质的要求，实行“需求导向型”的教育和培训。针对当前教育培训资源分散，培训结构与市场需求相脱节等问题，要整合资源，对各类群体开展有针对性的职业培训，并使之与劳动者实现就业及其在企业岗位上的稳定和发展更紧密结合。

报告之三

财政、货币和产业政策与就业政策的协调

2008年底召开的中央经济工作会议，将保持经济平稳较快发展作为2009年经济工作的首要任务，确定了2009年中国经济“保增长、扩内需、调结构”的总基调。把扩大内需作为保增长的根本途径，抓住了关键之关键。而扩大内需、有效刺激消费，须具备三个基本条件：一是提高居民收入，二是完善社会保障，三是稳定货币市场的现金流。这三者中，完善社会保障，重点在于加大政府投入；稳定的现金流，通过适度宽松的货币政策也可实现；最难解决的当属提高居民收入，其根本途径只能通过促进就业来实现。因此，中央经济工作会议明确提出，要实施更加积极的就业政策，全方位促进就业增长，确保就业形势基本稳定。为此，中央经济工作会议上明确要求，要加强财政政策、货币政策、产业政策与就业政策的协调配合。这是从国家战略高度出发的重要政策指向，也是我国应对国际金融危机一揽子政策举措的新特征。

一、当前我国财政、货币、产业和就业政策的新取向

为应对国际金融危机对我国宏观经济和就业的影响，我国政府审时度势，积极调整相关宏观经济政策，为保增长、促就业创造了有利的条件。

（一）财政政策由“稳健”转为“积极”。

财政政策是国家根据一定时期政治经济形势和任务制定的指导财政分配活动和处理各种财政分配关系的基本准则。在市场经济下，财政政策又是国家干预经济、实现国家宏观经济目标的重要工具。根据

财政政策的不同功能，可划分为扩张性、紧缩性和中性三种政策。其中，中性财政政策是指财政的分配活动对社会总需求和总供给保持中立，不对其进行政策性干预。其余两种政策都是通过财政分配活动来影响社会总需求以达到总供给与总需求的平衡。其中，增加支出、减少税收、扩大赤字，可以刺激社会总需求，被称为扩张性财政政策，即国内常说的“积极的财政政策”；反之，增加税收、减少支出、压缩赤字，则会抑制社会总需求，被称为紧缩性财政政策。

2008 年初，美国次贷危机转化为“百年一遇的金融危机”，迅速从虚拟经济向实体经济、从发达国家向新兴经济体和发展中国家蔓延。其对中国经济的影响在下半年开始显现，导致外贸出口减少、经济增速放缓、部分企业生产经营困难等。为此，2008 年中央经济工作会议明确了实施积极的财政政策，实行了 4 年之久的稳健财政政策淡出。

我国之前稳健的财政政策的主要特点是：在总量上，财政收支基本平衡，在结构上则是“有松有紧、有保有控”，实质是协调发展的政策，核心是松紧适度，着力协调，放眼长远。具体执行上注重把握“控制赤字、调整结构、推进改革、增收节支”十六字方针。稳健财政政策中的“调整结构、推进改革”也包含了部分积极的财政政策的内容。

我国当前积极的财政政策在财政收入和财政支出政策中均有充分的体现。在财政收入方面，实行结构性减税，为企业和居民减轻负担。实施了新的《企业所得税法》，将内外资企业所得税税率合并为 25%；提高个人所得税工薪所得减除标准，从每月 800 元提高至每月 2 000 元；暂免征收储蓄存款和证券交易结算资金利息个人所得税；降低住房交易环节税收负担；调高部分产品出口退税率；取消和降低部分产品出口关税；调整汽车消费税政策、全面实施消费型增值税、实施成品油税费改革、取消和停征 100 项行政事业性收费等新的税费减免举措。此外，还出台了允许困难企业阶段性缓缴社会保险费、降低四项社会保险费率等社会保障政策。

在财政支出方面，扩大政府公共投资并增加中低收入群体收入，以此带动和引导投资和消费需求。中央政府4万亿元公共投资主要用于农业基础设施及农村民生工程建设、保障性住房建设、教育和医疗卫生等社会事业建设、地震灾后恢复重建、节能减排和生态建设、自主创新和技术改造及服务业发展，以及包括铁路、公路、机场和港口等在内的基础设施建设。此外，进一步增加对农民的补贴、提高城乡低保补助水平、提高优抚对象等人员抚恤补贴和生活补助标准、对困难群体直接发放一次性生活补贴、对大学生见习的补贴，实行家电和汽车下乡补贴以及旧车换新车补贴政策。增加离退休人员基本养老金，一些地区还发放了各类消费券。2009年中央财政对就业的支出由260亿元增加至420亿元，增加了60%，充分体现了政府对就业工作的高度重视。

总之，我国的财政新政包括扩大投资、结构性减税和扩大民生支出三个方面，既有扩大财政支出的传统举措，也有结构性减税的新动作。不仅局限于发行国债、扩大基础设施投资，还涵盖了保障性住房建设、农村民生工程、社会事业发展以及灾后重建等。就扩大财政支出而言，不仅有增加政府公共投资的项目，也有增加中低收入群体收入，以及实施家电下乡、汽车下乡等方面的安排。就结构性减税来说，不仅涉及到诸如增值税转型、提高出口退税率、内外资企业所得税合并等涉及份额较大税种的减税，也有包括个人所得税、二手房交易税负、股票交易印花税等份额相对较小税种的减税。

（二）货币政策由“从紧”变为“适度宽松”。

货币政策是指中央银行为实现既定的经济目标，运用各种工具调节货币供给和利率，进而影响宏观经济的方针和措施的组合。货币政策由中央银行执行，核心是影响货币供给量。央行主要通过调节货币利息率、商业银行存款准备金率、进行公开市场业务及控制经济中的信贷供应量来控制货币流通量从而影响总需求，以达到总需求与总供给趋于均衡。货币政策可分为扩张性的和紧缩性的两种。其中，扩张性的货币政策是通过扩大货币供给来刺激总需求，即通过增加货币供应量达到扩张经济的作用。这种政策使企业和居民取得信贷更为容易，利率也会降低。因此，当总需求与社会产能相比低迷时，使用扩张性的货币政策最为合适。紧缩性的货币政策是通过缩减货币供给来降低总需求水平，即通过减少货币供应量达到紧缩经济的作用。这种政策使企业和居民取得信贷的成本提高，融资难度增大。因此，在通货膨胀较严重时，采用紧缩性的货币政策较合适。

2008 年中央经济工作会议明确指出，实施适度宽松的货币政策，旨在加大货币政策反周期调节和保障流动性供给的重要作用。一是促进货币信贷供应总量合理增长。积极运用利率、存款准备金率等货币政策工具，保障银行体系流动性，增强银行放贷能力。引导商业银行合理增加信贷投放，发展多种形式的直接融资，引导民间金融健康发展，多渠道增加资金供给。二是坚持区别对待，有保有压。围绕扩大内需的重点领域，积极探索运用担保、贴息等有效方式，支持能够扩大最终消费需求、带动中间需求的项目，支持内部治理结构完善、就业容量大的劳动密集型企业，有效引导结构调整。三是引导和改善市场预期。支持和稳定出口增长，保持人民币汇率基本稳定。

当前我国“适度宽松”的货币政策主要表现为：政策核心由原来的回笼货币，减少货币供给转变为增加货币供应量。2008 年初，为防止经济增长由偏快转为过热、防止价格由结构性上涨演变为明显通货膨胀，央行执行的是从紧的货币政策。年中，随着美国金融危机蔓延和加深，国家宏观调控政策进行了重大调整，央行及时调整了货币政策的方向、重点和力度，按照既要保持经济平稳较快发展、又要控制物价上涨的要求，指导金融机构扩大信贷总量，并与结构优化相结合，向“三农”、中小企业和灾后重建等倾斜。进入 9 月份以后，国际金融危机急剧恶化，对我国经济的冲击明显加大。按照党中央、国务院的统一部署，央行实行了适度宽松的货币政策，综合运用多种工具，及时释放确保经济增长和稳定市场信心的信号，五次下调存贷款基准利率，四次下调存款准备金率，调整二次房贷政策，积极配合国家扩大内需等一系列刺激经济的政策措施，加大金融支持经济发展的力度。

2009 年，央行紧密围绕“保增长、扩内需、调结构”的大局，执行适度宽松的货币政策，加大金融支持经济发展的力度，保证货币信贷总量满足经济发展需要。适时适度开展公开市场操作，保持银行体系流动性总体充裕，稳定市场预期。引导金融机构扩大信贷投放、优化信贷结构，对现行固定资产投资项目资本金比例进行调整，坚持“区别对待、有保有压”，在保证符合条件的中央投资项目所需配套贷款及时落实到位的同时，加强对“三农”、中小企业、就业、灾后重建、扩大消费、自主创新等领域的信贷服务。

（三）产业政策的新取向是制定了十大产业振兴计划。

产业政策是指中央或地方政府制定的，主动干预产业经济活动的各种政策的集合。产业政策是宏观经济政策三角形的第三边，是对财政政策和货币政策的补充，是发展或限制各种产业的有关活动的总概括。

2008 年中央经济工作会议明确指出，要注意准确把握政策导向，按照产业结构优化升级和优胜劣汰的要求，着重缓解和消除发展的瓶颈制约，切实淘汰落后生产能力和加快产品更新换代，增强自主创新能力和产业竞争力。为此，2008 年第四季度末，政府正式提出十大产业振兴规划，2009 年上半年陆续出台的十大产业振兴计划，成为拉动我国经济走出低谷的巨大引擎。

十大产业是国民经济的主要行业，受金融危机冲击较大，吸纳就业能力较强。政策针对的行业包括汽车、钢铁、纺织、装备制造、船舶、电子信息、有色金属、轻工、石化和物流等行业，具有几个方面的特征：一是基本上是国民经济的主要行业，是工业产值的主要贡献力量，也是拉动 GDP 的主要行业。2007 年钢铁、汽车、造船、石化、轻工、纺织、有色金属、装备制造和电子信息行业的工业增加值占全部工业增加值的比重接近 80%，占 GDP 的比重接近 1/3。二是产业链条较长，拉动经济发展作用大、范围广。三是包括了劳动力密集型产业，吸纳就业能力较强。2007 年从业人员 3 600 万人、占规模以上工业企业的46%。四是税收主要贡献力量。上述行业对2007年的税收贡献占到全体的37%。五是受到金融危机冲击较大，出口比重较高。六是在近两年行业产能扩张快，存在低水平重复建设，供给过剩，产品结构不合理，低端耗能和污染严重。

十大产业振兴计划的主线是产业结构调整，首要目标是挖掘新的经济增长点。针对这些产业的共同特征制定的振兴规划，围绕“保增长、促就业”这一根本目标、在财税等多种优惠政策的支持下，加快产业结构调整和淘汰落后产能，是贯穿十大产业振兴规划的主线；而挖掘新的经济增长点、创造新的社会需求，成为十大产业振兴规划瞄准的首要目标。

产业政策的调整思路有一定延续性，并非为防止经济下滑而制定的短期经济政策。部分产业振兴政策在此之前已经被列入“十一五规划”或行业整合计划，因此，很多产业振兴计划仍有一定的延续性，并非全新推出，不能简单视为为防止经济下滑而制定的短期经济政策。产业振兴不仅是为了避免当前经济出现大幅度滑落，也着眼于我国下一轮经济发展的长远目标。

（四）就业政策由“积极”升级为“更加积极”。

就业政策是指国家为促进就业和治理失业采取的政策措施。我国积极的就业政策源于2002年9月，党中央、国务院出台了一整套促进就业和再就业的政策措施，确立了有中国特色的积极就业政策的基本框架。积极就业政策包括五个方面的内容：一是以提高经济增长对就业的拉动能力为取向的宏观经济政策；二是以重点促进下岗失业人员再就业为取向的扶持政策；三是以实现劳动力与就业需求合理匹配为取向的劳动力市场政策；四是以减少失业为取向的宏观调控政策；五是以既能有效地保障下岗失业人员基本生活，又能积极促进再就业为取向的社会保障政策。积极的就业政策实施7年以来，我国就业工作取得了重大成就，为促进我国经济发展、缓解就业压力、维护社会稳定作出了巨大贡献。

当前，为应对国际金融危机对我国就业的严重冲击，党中央、国务院提出了“实施更加积极的就业政策，全方位促进就业增长”的要求。具体而言，更加积极的就业政策主要包括六个方面“促进就业和稳定就业”的政策措施。

一是紧密结合扩大内需，更多拉动就业。结合落实中央扩大内需促进经济发展的重大举措，发挥政府投资和重大项目带动就业的作用。鼓励支持劳动密集型产业特别是中小企业和服务业的发展，更多拉动就业。通过税收优惠、社会保险补贴等政策，鼓励企业更多吸纳就业。

二是帮扶企业克服困难，努力稳定就业。鼓励企业稳定职工队伍，不裁员或少裁员。通过五缓（缓缴养老、失业、医疗、工伤和生育五项社会保险费）、四减（降低除养老保险以外的其他四项社会保险费费率）、三补（社会保险补贴、岗位补贴、职业培训补贴）、两协商（企业与工会或者职工双方平等协商）等措施，减轻企业负担，通过保企业来保岗位，通过稳定劳动关系来稳定就业。

三是加大政策扶持力度，鼓励自主创业。通过组织创业教育和创业培训提高劳动者创业能力。通过实行税费减免、场地安排、小额担保贷款及贴息等政策和提供创业咨询及开业服务，为劳动者自谋职业和自主创业创造良好环境。

四是针对重点人群特点，统筹安排就业。针对高校毕业生、农民工、城镇失业人员特别是就业困难人员等重点人群，统筹安排就业。

五是推行特别职业培训计划，提高就业能力。开展面向全体劳动者的职业技能培训，为困难企业职工提供技能提升培训和转岗转业培训，为农民工提供职业技能培训，为失业人员提供再就业培训，为新成长劳动力提供劳动预备制培训，为退役士兵提供免费职业培训。运用培训补贴政策，扩大培训规模，延长培训时间，提高培训针对性和有效性。

六是加强公共就业服务，改善就业环境。强化公共就业服务，完善服务功能，提高服务质量和效率，及时收集、发布准确有效的岗位信息，针对城乡劳动者求职就业需要，提供免费的职业介绍、职业指导、信息服务、能力测评、政策咨询服务、就业失业登记等各项就业服务。

二、我国财政、货币和产业政策与就业的关系

财政、货币和产业政策与就业之间有着天然的联系。其中，财政和货币政策主要通过各自的政策工具，主要从需求角度影响经济发展，从而影响就业。而产业政策主要是通过不同产业的发展的政策导向，促进目标产业的发展，进而影响该产业的就业，重点是优化产业结构，从供给的角度推动经济发展。财政、货币及产业政策与就业密不可分，互相支撑。不同政策导向下的经济发展和结构升级模式，会产生不同的就业效应，因此，实施以就业优先的财政、货币及产业政策会有效增加就业。反之，对就业扩张的作用就会相对较小，甚至可能会造成就业岗位的流失。

(一) 财政政策对就业的影响。

1. 财政政策是政府促进经济发展、增加就业的直接工具，其在经济衰退时期的作用尤为明显。

财政与货币政策是宏观调控的两大支柱政策，二者通常需要协调配合使用。在经济紧缩或偏冷时期，由于货币政策体现政府的调控意愿和鼓励方向不如财政政策直接，各国都倾向于使用财政政策手段，特别是通过扩大政府支出，来拉动投资和消费的增长，刺激经济的回升，以达到反经济周期的目的。财政支出不仅可通过增加政府投资刺激经济发展，还可通过廉租房补贴、提高社保水平等转移支付手段，直接或间接地提高居民收入水平，从而有效扩大消费、提振经济和增加就业。

国际经验表明，财政政策是促进经济发展的重要工具。美国反周期财政政策的实践，以及国际上众多国家为提升经济增长潜力、促进经济结构调整而采取的一系列财政政策实践证明，财政政策对经济总量增加的作用是直接的，尤其是在经济衰退时期，通过政府大幅增加支出，可以对企业生产、增加社会需求产生直接的刺激。

2. 财政支出不仅直接拉动就业，还可通过乘数效应带动社会投

资以增加就业。

从对就业影响的角度看，财政政策主要通过其乘数效应从两个方面扩大就业总量。一是直接效应。财政支出直接形成产业资本，创造就业岗位。由于不同产业吸纳劳动力的能力不同，财政投资劳动密集型项目或采购劳动密集型产品比技术密集型产品更有利于扩大就业总量。另外，提高城乡低保补助水平、提高优抚对象的生活补助标准，产生的边际支出效应强，能够产生较大的就业效应。二是间接效应。财政支出的增加会因乘数效应使国民收入成倍增加，而经济的增长可以促使就业人数的增长。

由于财政政策在扩张过程中具有明显的优势，各国政府纷纷将财政政策作为应对金融危机的主要政策工具，赋予其应急救援和刺激经济的使命。我国当前积极的财政政策既有效地推动了经济企稳回升，又增加了就业岗位。据测算，4 万亿元投资将能够带动 2 416 万个就业岗位。

3. 税收政策通过不同目标对象产生相应的就业效应，对劳动密集型产业实行的税收优惠，能够产生较强的就业吸纳效应。

一般而言，采用减税政策能够刺激总供给与总需求的增加，从而增加就业量；反之，采用增税政策就会紧缩经济减少就业量。实行减税政策，由于减税的对象不同，也会产生不同的就业效应。如果对劳动密集型的产业实行减税，则会产生较强的就业吸纳效应和扩张效应；反之，如果对资本密集型的产业实行减税，则会产生较强的排挤劳动力效应。

从对个人的减税来看，如果对中低收入人群实行减税，则会产生较强的收入效应与消费效应，进而间接扩大就业量；反之，如果对高收入人群减税，则会产生较弱的收入效应与消费效应，对增加就业量的作用有限。所以，世界通行的政策是富人多缴所得税，政策倾向照顾低收入者，而我国在这方面仍需进一步改革。

4. 当前财政政策对小企业的支持不足，小企业的税负仍然较重，不利于就业岗位的增加。

一方面，当前财政支出政策在促进就业方面存在的主要欠缺是对小企业的支持力度明显不足，帮扶不够。毋庸置疑，当前小企业已经成为推动我国国民经济发展、促进就业的重要力量。但在金融危机的冲击下，我国各地小企业出现了不同程度的困难和问题，迫切需要强化政府扶持。但在当前困境中，政府的财政支出对小企业的支持力度有限，如在政府采购中没有指定购买中小企业产品的配额，对中小企业的各种创业指导、信息服务、市场开拓服务等扶持较弱等。

另一方面，目前小企业在发展过程中十分突出的就是负担过重。尽管当前已针对小规模纳税人降低了增值税税率，并在部分地区提高营业税起征点，但总体而言，小企业的税费负担仍然较重，对小企业发展的支持力度也是相当有限，造成我国当前的企业数量明显低于国际平均水平。我国每千人拥有的企业数量不足10家，而发达国家每千人拥有的企业数量平均为45家左右，发展中国家也在20～30家左右。

（二）货币政策对就业的影响。

1. 要长期实现适度的经济增长和充分就业，必须依靠正确的货币政策来实现币值的稳定和保持适当的货币供应水平。

实践证明，货币政策与就业之间存在着密切的联系，恰当的货币政策是推动经济发展和促进就业的重要保证。第二次世界大战后的五六十年代，为了医治战争创伤，以美国为代表的西方发达国家主要通过扩张性的财政政策，刺激经济增长和提高就业率。而扩张性的财政政策如果没有扩张性的货币政策的有力支持，将难以为继，并且会因推高融资成本而对民间投资产生挤出效应。扩大财政赤字与放松银根增加货币发行是同时并行的。所以，战后西方国家实际上多采取扩张性财政政策和扩张性货币政策双管齐下，在保持经济增长逐步上升的同时，使周期性失业也得到熨平。

稳定的币值和合理的货币供应量是实现充分就业的前提条件。经济理论与实践均表明，通货膨胀对刺激经济增长和扩张就业只能在短期内有效，就长期来讲，如果通货膨胀越来越严重，最终会带来更加严重的失业。因此，要实现持续的经济增长和就业扩大，必须依靠正确的货币政策，保持币值的稳定和货币供应量的适度。

2. 当前我国“适度宽松”的货币政策对提振经济发挥了积极作用，为稳定就业创造了良好的条件。

自适度宽松的货币政策实施以来，金融支持经济发展的力度得到增强。2009 年 6 月末，我国广义货币供应量（M_2）余额为 56.9 万亿元，同比增长 28.5%，增幅比上年末高 10.6 个百分点。金融机构人民币各项贷款余额 37.7 万亿元，同比增长 34.4%，增幅比上年末高 15.7 个百分点。上半年人民币各项贷款增加 7.4 万亿元，同比多增 4.9 万亿元①。贷款的快速增长有利于从总量上稳定经济，为促进经济平稳较快发展，促进和稳定就业创造了良好的条件。

3. 当前货币政策在执行中缺少对小企业的扶持，小企业融资难问题仍然十分突出。

当前适度宽松的货币政策对于整个经济活力的复苏是积极有利的，但对作为我国吸纳就业主力军的小企业的支持力度明显不够，小企业的资金短缺、融资困难、发展乏力等问题尤为突出，这在很大程度上限制了就业容量的扩大。在货币信贷政策方面，我国依然没有专门针对小企业的优惠政策，小企业依然面临融资难的困境。融资成本高和小企业扶持政策落实不到位是小企业面临的主要问题，要突破融资难这一制约小企业生存发展的老大难问题，需要货币政策，特别是融资政策的倾斜、支持和帮助，以克服其发展瓶颈。

（三）产业政策对就业的影响。

1. 产业政策通过直接引导目标产业的发展，影响相关产业的发展和就业。

财政政策和货币政策主要调节的是需求，而产业政策则主要调节的是供给。产业政策在多数情况下都需要财政政策和货币政策的配合

① 来源于中国人民银行网站，“货币信贷迅速增长　银行体系流动性充裕”，http://www.pbc.gov.cn/detail.asp? col=100&id=3299。

才能付诸实施。财政政策和货币政策作为宏观经济政策的主要手段，最终目标是为了保证经济发展、物价稳定、充分就业和国际收支平衡。要实现这四大目标，财政政策和货币政策必须借助一定的中介目标实现总量平衡和结构优化，产业政策恰恰符合这一要求。

在现代经济学中，经济政策被划分为需求管理政策和供给管理政策，无论是财政政策还是货币政策，都以调节需求为中心。而产业政策往往被置于供给政策的核心，它通过促进有关产业的发展，协调经济增长，最终达到供给管理的目的。产业政策工具包括财政税收政策和货币信贷政策。比如，通过税收的增减及税种的选择，调节有关产业、地区的投资和消费的规模与结构；通过财政补贴调整结构失衡，保护特定产业和地区的发展；通过财政补贴、税收优惠和贷款政策倾斜等综合性财政政策手段扶持相关产业、行业和地区的发展。再如，向支柱产业优先提供贷款，对不同产业实行差别利率，为促进中小企业发展提供融资便利等。因此，作为吸纳就业的主要载体的产业及其企业会受到产业政策的直接引导，进而影响到这些产业和企业的发展和就业的增长。

2. 十大产业是国民经济支柱产业，具有较长的产业链，其振兴计划对促进就业有积极的作用。

应该肯定，我国当前的产业政策对于产业结构的调整和升级、推动经济发展发挥了重要作用，特别是新近出台的十大产业振兴计划，有的是国民经济支柱产业，有的是重要战略性产业或民生产业，所针对的行业本身又具有较长的产业链，对拉动经济和增加就业都有举足轻重的作用。尤其是将物流业纳入其中的意义重大，物流业与其他九大产业密切相关，它既是九个产业行业之间联系的重要纽带，也是这些产业与国内外市场相连的重要载体，还是能够大量增加就业的劳动密集型的行业。振兴物流业，不仅是物流业自身发展的需要，也直接关系到九个产业竞争力的提升，更能够形成产业结构调整和振兴的组合拳。

3. 十大产业振兴计划没有具体的就业目标，当前产业政策尚缺乏针对劳动密集型产业的政策，难以满足扩大就业和启动内需的需要。

从促进就业的角度看，虽然十大产业的发展及其带动效应能够增加就业机会，但十大产业振兴计划主要侧重目标产业自身的发展和结构升级，首要目标是挖掘新的经济增长点、创造新的社会需求，缺少具体的就业目标。

应该看到，十大产业振兴计划作为我国产业结构调整的重要举措，其结构调整对我国就业也会造成一定的压力。产业结构的调整和升级往往伴随着结构性失业的产生，产业技术改造和升级对员工的技能要求也明显提高，企业面临较大的人力资源素质提升的压力。

十大产业振兴计划并非以就业为导向，我国目前仍然缺乏专门针对劳动密集型产业和社会服务业等能够大量创造就业机会的产业的发展政策。对我国这样一个人口和劳动力资源众多，处于发展阶段的国家来说，面对当前和今后严峻的就业局势，不论是从短期出发，还是着眼于长期，均需要启动内需消费，迫切需要通过提高就业率以增加劳动者收入来实现此目标。因此，针对劳动密集型产业的政策就显得弥足珍贵。

三、几点思考

在当前“保增长、保民生、保稳定”的大背景下，解决就业问题首当其冲，保就业是实现“三保”的关键。因此，要按照就业优先的原则，以促进和稳定就业为目标，统筹协调财政、货币和产业政策，使四大政策相互协调配合，共同促进社会经济发展。

（一）我国财政政策要在继续发挥公共投资作用的同时，逐步转向侧重于结构性减税和向民生支出倾斜的政策，以更多为促进就业作贡献。

1. 财政政策应要进一步为小企业提供支持，扶持小企业的发展。

财政支出政策应考虑安排一定额度的支出用于购买小企业的产品，增加对小企业的社保补贴和培训补贴等。针对小企业在金融危机中所面临的特殊困难，运用财政和税收政策等手段，改善小企业融资环境，推动小企业技术进步，清理、规范和完善有关税收优惠政策，逐步建立起统一的小企业税收优惠政策，这也是国际社会扶持中小企业发展的一个重要手段。要继续通过税收减免、信贷贴息、教育培训、市场培育等方式支持小企业的壮大和发展，同时鼓励大学生创业和农民工返乡创业。

2. 财政政策应向劳动密集型产业倾斜，以有效增加就业。

较低的资本技术构成需要更多的劳动力相匹配，使等量投入的资金能够发挥更强的吸纳就业效应。较低的资本价值构成使同量投入资金中的更大一部分直接转化为劳动者的工资，增加更多人（尤其是低收入者）的收入，较强的就业吸纳效应与收入效应将合并发挥出较强的消费效应，从而有效提振经济，促进就业。

由于劳动密集型企业的资本技术和价值构成相对较低，政府通过财政支出购买劳动密集型企业的产品和服务，提供社会保险和岗位补贴等方式鼓励劳动密集型产业的发展，通过税收政策给予劳动密集型产业优惠，将能够吸纳相对更多的人就业，增加更多人尤其是低收入者的收入。而低收入人群所具有的较高的恩格尔系数与边际消费倾向的特征，将发挥出拉动有效需求的作用，最终带来就业规模的显著扩大。因此，财政政策对劳动密集型产业的支持将有效增加就业。

3. 财政支出应更多地向民生和就业倾斜，实现社会就业更加充分的目标。

通过调整财政支出结构，增加财政资金投入以及减免税费、贷款贴息等措施，完善就业和再就业的财政支撑体系和城乡统一的就业服务体系，是实现社会就业更加充分的前提条件。

一是加大财政政策对弱势群体的扶持力度。增加财政开发公益性就业岗位的支出，优先安排就业困难人员。加大对就业困难人员的政府补贴力度，延长对安排就业困难人员的城镇各类用人单位的社保补贴和岗位补贴，延长通过社会保险补贴的方式实现灵活就业人员的补贴政策等，将能够大大缓解就业困难群体的就业，维护社会稳定大局。

二是加强对预防失业和稳定就业的支持力度。失业保险制度既要保障失业人员的基本生活，又要充分发挥其预防失业、促进就业尤其是稳定就业的作用。扩大失业保险基金使用范围，及时地帮助困难企业，稳定更多的就业岗位。鼓励东部地区切实帮助企业解决实际困难，发挥失业保险保生活、促就业和预防失业的作用，尽最大努力减少就业岗位流失。

三是增加公共培训的财政支出。全面落实培训补贴政策，大力支持和鼓励企业开展上岗培训和技能提升培训，推进公共实训基地建设等，为我国经济结构调整和经济发展提供高素质的人力资源保证。

四是对困难企业实行税费减免。在继续实行社会保险“五缓四减三补”的基础上，对困难企业实施财政支持、税费减免、出口补贴等措施，帮助企业渡过难关。

五是加大财政对公共就业服务能力建设的投入。包括支持公共就业服务机构建设、就业信息网络建设、统筹城乡就业的乡镇劳动保障服务平台建设等，确保公共就业服务机构、街道（乡镇）社区劳动保障工作机构建设所需的经费安排。同时，根据就业形势的变化和就业促进法的要求，将公共就业服务机构工作人员，包括街道（乡镇）社区劳动保障工作机构的工作经费及人员的工资列入各级财政预算。

4. 在增加财政对就业投入的同时，加强财政对就业经费的管理和创新。

在增加财政支出对就业投入的同时，要加强对财政支出的管理及其绩效的考核，建立和完善相应的评估机制，提高财政支出的使用效率。改革中央财政对各地就业转移支付的管理办法，将“基数法”改为“因素法”，既要考虑到地方使用转移支付资金的绩效，也要考虑到各地经济发展水平、就业失业状况和城市化水平等因素。

就业投入体制也需要创新，应尽快解决当前投入过于分散的问题，尤其是农民工培训资源分散问题。建议由中央政府统一制定培训规划，由省级政府整合各类资源，加强资金的管理，提高使用效率。

（二）使用货币政策工具，改善小企业融资环境，为劳动者创业提供支持，以更好地促进和稳定就业。

1. 货币政策应侧重提高小企业的融资能力，扶持小企业的发展。

一是在信贷预算安排中，对小企业，尤其是对初创企业中的装备制造业、生产性服务业等进行重点扶持。采用适合于小企业金融服务的评价指标和尽职免责制度，建立小企业贷款坏账处理机制，解决现有商业银行对小企业资金扶持政策落实不到位的问题。

二是推进担保体系建设。建议政府运用必要的扶持政策，加快组建中小企业信用担保机构，创造条件重点扶持一批经营业绩好、制度健全、管理规范的担保机构的发展。中小企业信用担保机构可以采取多元化形式，如完全由政府出资组建的融资担保机构，或由政府牵头组织吸收民间资金组建的融资担保机构。此外，还要尽快完善中小企业的信贷担保机制，出台担保机构风险控制和信用担保资金补偿、奖励机制等政策，引导和规范信用担保行业的发展。对财务状况良好、产品有市场、负债率低、产品技术含量高、内部管理严的中小企业，应适当放宽对抵押或担保的要求，以解决中小企业资金短缺和筹资困难的问题，促进中小企业的发展。

三是探索发展符合中小企业信贷的金融机构。进一步鼓励贷款公司的发展；探索建立"中小企业银行"，以适应小企业贷款额度小、次数多，担保资产不足，需要采用信用贷款方式的特点。

四是探索推行"小企业种子基金"的贷款模式。小企业种子基金模式是以政府或政府和企业提供的资金作为种子基金，银行根据种子基金配比授信规模，授信规模内的企业贷款由种子基金担保，同时可追加其他抵押质押、企业保证等担保方式。"小企业种子基金"可与地方政府安排的扶持中小企业发展的专项资金相结合，形成新的融资担保方式，以促进当地中小企业成长。小企业种子基金模式既解决了小企业担保难问题，降低了融资成本，又使银行集约化拓展市场，有效防范风险，是一种实现多赢的业务拓展模式。

2. 通过信贷支持鼓励劳动密集型产业的发展。

我国劳动力资源丰富，劳动力成本相对较低，鉴于当前及今后很长一段时间内我国劳动力资源的基本状况，大力推动劳动密集型产业的发展是创造就业的最佳选择。从货币政策上看，应进一步加大对劳动密集型产业的信贷支持，放低信贷门槛，降低劳动密集型产业的融资成本，帮助劳动密集型产业发展克服资金瓶颈。

3. 大力推进小额担保贷款，促进创业带动就业。

把小额担保贷款作为扶持自谋职业和自主创业人员实现再就业的重要政策措施，充实担保基金，提高担保能力。鼓励有条件的地区积极创新、探索符合当地特点的小额担保贷款管理新模式。如探索金融机构开辟小额担保贷款服务专柜，探索建立新型信贷激励和考核机制，调动信贷人员工作的积极性。经办金融机构在保证小额担保贷款安全的前提下，要简化贷款手续，缩短贷款审批时间，为失业人员提供更便捷、更高效的金融服务。对信用记录好、贷款按期归还、贷款使用效益好的小额担保贷款借款人，银行业金融机构不仅要积极提供信贷支持，还要在贷款利率、贷款额度和期限等方面予以适当优惠。深化农村信用社改革，鼓励和支持发展适合农村需求特点的多种所有制金融组织，积极做好农民工回乡创业的各项金融服务工作。

（三）针对我国部分产业产能过剩的问题，产业政策应更好地发挥其调整经济结构，促进经济持续发展和就业增长的作用。

1. 坚持推进结构升级和扶持就业创业相协调，进一步增强经济竞争优势和就业吸纳能力。

结构升级需要不断改善资本有机构成、提高生产效率，可能导致该行业企业就业岗位相对减少，增加就业压力。针对当前企业停产倒闭增多，失业人员增加的局面，要处理好推进结构升级和扶持就业创业的关系，把提高劳动者素质和适应市场竞争能力作为解决推进结构升级和扶持就业创业的关键环节，通过提升人力资本质量推进产业结构的优化升级，通过扶持就业创业来增加就业机会。

2. 完善产业政策，促进劳动密集型产业的发展。

从产业政策角度看，在制定发展战略和产业政策时，必须充分考虑我国国情，既要注重发展资本技术和知识密集型产业，又要积极支持发展劳动密集型产业，努力营造劳动密集型产业发展的政策环境，大力发展第三产业，构建多元化多层次的产业结构体系，在加快发展方式转变和结构调整中形成新的经济增长点和竞争优势，创造更多就业机会。应制定和完善有利于劳动密集型产业发展的产业政策，通过产业政策鼓励物流、家政等就业潜力巨大产业的发展，以最大限度地增加就业岗位。

3. 将促进小企业发展作为产业政策的重要抓手。

劳动密集产业因其一般技术含量相对较低，比较适合小企业的进入，小企业往往是劳动密集型产业的基石，因此，作为产业政策的抓手，应制定专门针对重点行业中的小企业的产业扶持政策。应该指出的是，我国制定并实施了很多扶持中小企业发展的优惠政策，但现实中，真正有条件得到相关政策支持、享受政策优惠的通常是中型企业，而小企业特别是微型企业，大多被各类制度门槛挡在了门外，很难得到应享受的政策支持。因此，建议尽快建立小企业和微型企业的服务体系，包括培训体系（开展帮助小企业家成长的培训、帮助小企业如何度过经济危机的培训等）、信息服务体系、社保服务体系、信贷支持体系等，以促进吸纳就业数量最多的小企业和微型企业的发展。

（四）就业政策也应主动与财政、货币和产业三大政策衔接，以发挥最大的政策合力。

当前经济形势下，为了更好地发挥财政、货币和产业三大政策对经济发展的推动作用，有效地促进就业，需要三大政策的制定和实施坚持以就业优先为原则，协同配合，稳步推进。同时，就业政策也不能“等、靠、要”，在落实七个政策文件和六大举措过程中，应主动与三大政策相互配套，搞好衔接，实现各项政策多管齐下，发挥最大的政策合力。

在三大政策的具体实施中，有各自的政策效应，经济形势也随之变化，其中蕴藏着各种挑战和机遇。就业政策的制定和完善应及时准确把握形势变化，紧盯新项目、新产业和新的增长点，依托宏观经济政策，主动与财政、货币和产业政策做好衔接，挖掘潜在的就业机会。特别是要注意结合新的经济发展增长点，开发新的就业增长点，最大限度地创造新的更多的就业岗位。要把提高劳动者素质和适应市场竞争能力作为就业政策解决推进结构升级和扶持就业创业矛盾的关键环节，通过提升人力资本质量推进产业结构优化升级，同时解决结构性失业问题，有效化解宏观政策执行对就业可能带来的负面影响。

尤其要强调的是，针对一些地方在应对国际金融危机贯彻中央一揽子计划措施中，出现的重增长、轻就业，重投资项目、轻民生问题解决的倾向，要进一步强化民生为要、就业优先的执政理念，并将能否保持就业稳定和扩大城乡就业、保持城乡居民可支配收入稳定和适度增长作为第一位的考核指标，以此来衡量各地政府应对金融危机的政绩，以促进各级政府将百姓就业这件天大的事作为经济发展的出发点和落脚点。

附报告一

4万亿元投资能够拉动多少就业岗位？

一、我国新增4万亿元投资的投向

美国发生百年不遇的金融危机并引发世界经济危机，失业人数大幅增加，劳动者收入大幅减少，居民购买力下降，从而对我国外贸企业和出口产品产生很大影响，进而影响到我国的经济增长和就业稳定。针对上述情况，中央政府本着出手要快、出拳要重、措施要准、工作要实的原则，出台了十项刺激经济的重磅措施。初步匡算，在2010年底之前将投资约4万亿元。其中中央财政投资约为1.18万亿元，带动其他行业和一些地方的投资约2.82万亿元。

按照国家发改委主任张平的解释，在今明两年中的4万亿元投资中，保障性安居工程是2 800亿元；农村民生工程和农村基础设施大体是3 700亿元；铁路、公路、机场、城乡电网是18 000亿元；医疗卫生、文化教育事业是400亿元；生态环境方面的投资是3 500亿元；自主创新结构调整是1 600亿元；灾后的恢复重建，重灾区是10 000亿元（见表4—1）。

表4—1　　4万亿元投资的投向和行业属性

项目	金额（亿元）	行业属性
保障性安居工程	2 800	建筑业
农村民生工程和农村基础设施	3 700	道路、电力燃气水的生产和供应（比较接近建筑业）
铁路、公路、机场、城乡电网	18 000	铁路、道路、航空和电力供应（比较接近建筑业）

续表

项目	金额（亿元）	行业属性
医疗卫生、文化教育事业	400	教育、卫生、社会保障和社会福利业
生态环境方面的投资	3 500	环境建设（比较接近建筑业）
自主创新结构调整	1 600	研究与试验发展
灾后的恢复重建	10 000	建筑业

总体而言，除自主创新结构调整的 1 600 亿元和医疗卫生、文化教育事业的 400 亿元共计 2 000 亿元外，其余四个方向 95%的投资方向属于建筑业或者接近建筑业的基本建设领域。

二、4 万亿元投资对就业拉动的测算方法

投资对就业的拉动作用，可以用多种方法进行测算，目前遇到的主要问题是数据的可获得性。因为作为行业投资，需要对该行业前几年的投资和就业状况进行分析和建模，以预测投资拉动的就业数量。但国家统计局公布的我国全行业的就业数据只到 2002 年，之后该指标就变为城镇的行业就业数据。若以 2002 年的行业就业数据为建模依据，我国经济结构 7 年的时间差距变化之大，是难以想象的；而以城镇行业就业数据进行测算，显然不能够代表大量农民工进入该行业的就业情况。我们分析并尝试了五种测算方法。

（一）投资带动 GDP 方法。

投资一定能够带动 GDP 的增长，按照张平主任的讲话，这 4 万亿元投资，大体上可以每年拉动经济增长 1 个百分点。也就是说，按照当前就业弹性，大约每年可以增加 80 万个左右的就业岗位，两年合计增加 160 万个就业岗位。

这一测算得到的结果是全国净增加的就业岗位，并不能够说明 4 万亿元投资能够拉动多少就业岗位。

（二）单位固定资产投资拉动就业方法。

该方法是用固定资产投资增量拉动就业增量进行测算，其基本思路是：利用每年就业的增量，除以固定资产投资的增量，得出固定资产投资的就业弹性系数，从而推导出新增固定资产投资对就业的拉动数量。

2003年以来，每亿元固定资产投资对就业的拉动作用保持在297～706人之间，变动较大，均值为474人/亿元。

按照每亿元投资拉动就业474人的弹性系数，4万亿元的投资，就可以拉动大约1 900万个就业岗位。如果按照平均每年2万亿元的投资，则在2009年、2010年每年分别可以增加950万个就业岗位（见表4—2）。

表4—2　　固定资产投资对就业的拉动作用

	就业人员合计（万人）	就业增长量（万人）	固定资产投资总额（亿元）	固定资产投资价格指数	扣除物价后的实际投资额（亿元）	固定资产投资净增长额（亿元）	固定资产投资的就业弹性（人/亿元）
2003年	74 432	692	55 566.6	102.2	54 045.7	10 805.6	640.4
2004年	75 200	768	70 477.4	105.6	64 913.3	10 867.5	706.7
2005年	75 825	625	88 773.6	101.6	80 477.4	15 564.1	401.6
2006年	76 400	575	109 998.2	101.5	98 244.8	17 767.4	323.6
2007年	76 990	590	137 323.9	103.9	118 046.9	19 802.1	297.9
平均值	—	650	92 427.9	—	83 145.6	14 961.4	474.0

资料来源：《中国统计年鉴》2001—2008年。

这一算法的优点是简单明了，对大势的判断也较准，但缺点是没有考虑到投资的行业结构问题，且因为投资拉动的变动较大，数据使用不当会造成较大的误差。

（三）细分行业固定资产投资弹性系数方法。

基本的思路是：找到4万亿元投资中，各细分行业的投资、就业人数，或者其劳动生产率与就业人数进行测算。这些细分行业包括：建筑业，道路、电力燃气水的生产和供应业，铁路、道路、航空和电力供应业，教育、卫生、社会保障和社会福利业，环境建设，研究与试验发展，灾后重建的建筑业。

但目前的统计数据难以支持细分行业的测算，主要是我国统计制度在2002年进行了调整，统计年鉴中细分行业的就业人数只到2002年，之后就只有城镇细分行业的数据了。而1998—2002年正好是下岗职工比较集中的时期，显然不能代表当前该行业投资拉动就业的情况。而2003年以后细分行业的城镇就业的数据，显然也不能够代表总体情况，它排斥了大量进入工业领域农民工的情况。而目前农民工占加工制造业职工总数的近68%、建筑业的80%、服务业的近52%，已成为我国产业大军中的主力。

因此，细分行业固定资产投资弹性系数方法存在主要问题是：数据难以支持。

国家发改委社会发展所有专家采用城镇细分行业的数据计算投资拉动的就业，再用2002年全行业当时城镇就业所占的比重进行推算，得出实际拉动的就业数量。这一方法在两次推算中都易产生误差，一是4万亿元投资拉动就业与城镇就业之关系；二是使用2002年该行业城镇单位就业比重与现实比重的关系，导致结果大相径庭。

（四）投入产出法测算。

投入产出法无疑是一种准确的方法，具有以下特点：一是它把国民经济当做一个有机整体，综合研究各个具体部门之间的数量关系；二是它从生产消耗和分配使用两个方面同时反映产品在部门之间的运动过程，也就是同时反映产品的价值形成过程和使用价值的运动过程；三是它通过直接消耗系数和完全消耗系数，反映在一定技术和生产组织条件下，国民经济各部门的技术经济联系。同时，还可以用来测定和体现社会总产品与中间产品、社会总产品与最终产品之间的数量联系。

社科院人口劳动经济研究所的蔡昉、王德文和张华初就使用国家统计局编制公布的2005年投入产出表进行了测算，利用该年份的投入产出系数和结构变量来做模拟分析。由于统计年鉴中公布的分行数据只到2002年，2003年之后只有按照城镇单位的行业分类就业数据。这样，2005年中国投入产出表所对应的17个行业的就业数据无法直接获得，他们利用人口抽样数据来推算 2005 年分行业的就业数量。

该方法仍然存在两个问题，一是 2005 年的投入产出表是否能够代表或者在多大程度上代表 2008 年实际经济运行结构的问题；二是 2005 年全国 1%人口抽样调查的分行业的就业数据在多大程度能够代表 2008 年行业结构的问题，因为这三年间中国经济的变化可以用日新月异来描述。

（五）劳动生产率方法。

劳动生产率测算方法无疑是能够准确测算拉动就业的，因为劳动生产率本身就包含了单个劳动者所能够创造的产值。通过投资获得的总产值和该行业劳动生产率，就能够测算出拉动的就业。

由于政府投资的公益性，决定了其不可能进行生产性的投资，这 4 万亿元的投资方向，一是民生工程，二是农村、农业、农民的需要，三是基础设施建设，四是医疗卫生、文化教育投资，五是生态环保，六是用于自主创新和结构调整。除自主创新结构调整的 1 600 亿元和医疗卫生、文化教育事业的 400 亿元共计 2 000 亿元外，其余四个方向共计 95%的投资属于建筑业或者接近建筑业的行业。因此，通过建筑业的最新劳动生产率估算其对就业的拉动效果，是最接近事实和可行的办法。

尽管这一方法还存在建筑业是否能够完全代表目前基本建设投资的方向的疑问，但比较其他尝试过的几种方法和现有数据情况，这是最为接近事实的结果，其测算得出的结果与用单位固定资产投资系数方法的结果也比较接近，在可能的情况下考虑到了行业的特点。

三、新增 4 万亿元投资对就业的拉动效果

（一）测算思路。

基本思路是按照建筑业劳动生产率进行测算。已知条件是新增 4 万亿元的投资，以及建筑业的劳动生产率（可以从统计年鉴中获得），就可以估算出 4 万亿元投资可以拉动的就业岗位。

（二）具体测算。

1. 建筑业劳动生产率的增长率为11%。

2003年到2007年建筑业劳动生产率呈增长的态势，其增长率保持在8%～13%左右，平均值为11%，我们以此数据来估算2008—2010年建筑业劳动生产率的增长率。

2. 估算得出我国2009年建筑业总产值劳动生产率为157 280元/人，2010年为174 581元/人（见表4—3）。

表4—3　我国建筑业劳动生产率、利润率和投资价格指数

	总产值劳动生产率（元/人）	固定资产投资价格指数	扣除物价后的总产值劳动生产率（元/人）	总产值劳动生产率增长率（%）
2000年	59 585	—	59 585	—
2001年	67 275	100.4	67 007	12.5
2002年	76 171	100.2	75 716	13.0
2003年	86 666	102.2	84 294	11.3
2004年	101 939	105.6	93 891	11.4
2005年	117 317	101.6	106 353	13.3
2006年	131 800	101.5	117 717	10.7
2007年	148 101	103.9	127 311	8.2
2008年*	151 018	106.9	141 270	11.0
2009年*	157 280	100.3	156 810	11.0
2010年*	174 581	100.3	174 059	11.0

资料来源：《中国统计年鉴》2001—2008年。其中，带“*”的2008—2010年为估计数。

测算建筑业劳动生产率的增长，还要考虑到物价的影响因素。2001年以来，固定资产投资价格指数保持在0.2%～5.6%之间，其中2004年物价变化较大（为5.6%），2008年也是物价增长较快的年份。2008年工业品出厂价格比上年上涨6.9%，可以作为2008年固定资产投资的价格指数。预计2009—2010年固定资产投资的价格指数将不会出现大增长，分别按照0.3%的增长幅度计算，由此估算得出我国2009年建筑业总产值劳动生产率为157 280元/人，2010年为174 581元/人。

3. 4万亿元拉动2 416万个就业岗位。

我国2009年建筑业总产值劳动生产率为157 280元/人，2010年为174 581元/人。以此估算，假设4万亿元投资在2009年和2010年分别为2万亿元，根据形成同样的产值计算，则按照劳动生产率公式初步测算如下：

2009年新增投资增加的就业岗位：

总产值劳动生产率＝建筑业总产值÷从业人员数量

从业人员数量＝建筑业总产值÷总产值劳动生产率

＝2万亿元÷15.7万/人

＝1 273万人

2010年新增投资增加的就业岗位：

从业人员数量＝建筑业总产值÷总产值劳动生产率

＝2万亿元÷17.5万/人

＝1 143万人

若4万亿元投资在2009年和2010年分别为2万亿元，则按照劳动生产率公式测算得出：4万亿元投资在2009年和2010年分别增加1 273万个和1 143万个就业岗位，两年合计拉动2 416万个就业岗位。

（三）需要说明的问题。

两年4万亿元投资新增加的2 416万个就业岗位并不意味着全国就业岗位的同量净增加。

近几年来，我国每年净增加的就业岗位保持在700万～800万个的水平，是新增就业岗位与减少就业岗位综合作用后的结果。一方面，假如2009年、2010年我国建设领域投资保持在2007—2008年投资额度的基础上，我们可以把4万亿元投资看做为新增加的投资，则两年可以新增加2 416万个就业岗位。但如果我国基本建设领域的投资没有达到2007—2008年的投资水平，则4万亿元投资则是最先满足现有就业岗位填补后，才能够出现新增加的就业岗位。从2009年我国投资的情况看，基本建设领域的投资已经达到或者超过了2007—2008年的投资水平。

另一方面，国民经济是一个复杂的系统工程，从投入产出的角度看，中央新增4万亿元投资的前提是社会、企业投资的减少，而社会、企业的投资本身会要求单位资本投入的产出要高，效益要好于政府投资，因而拉动就业的效应一般也好于基本建设投资。所以，即便是4万亿元投资拉动了2 416万个就业岗位，也只是部分弥补了社会、企业投资减少对就业的拉动，总体就业形势依然十分严峻。

附报告二

“中国就业应对国际金融危机的方略”高层研讨会专家观点

2009年7月30日，人力资源和社会保障部召开了“金融危机对我国就业影响和对策高层研讨会”，邀请了专家学者参加，张小建副部长主持会议。现将专家观点按发言顺序整理如下：

胡鞍钢（清华大学中国国情研究中心主任、教授）：

保增长是手段，而保就业才是目标。就业政策应放在宏观政策的核心，宏观政策应配合就业政策而实施。

这次危机与十年前的亚洲金融危机不一样，我们要在全球化、一体化的背景下看待全球金融危机冲击下的就业新政（绿色新政）。2009年全球经济和贸易都出现了严重的负增长，与此同时，全球失业人数大幅上升。据国际劳工组织最新报告估计，全球失业率从2007年的5.7%升至2009年的6.5%～7.4%，全球失业人数将上升至2.10亿～2.39亿人，比2007年增加了2 900万～5 900万人。同时，估计全球一半工作岗位受到严重冲击，相当于失业人员的7倍之多，比2007年增加了约2亿工作贫困人口。

今年4月的伦敦高峰会议，明确了几万亿元全球新政，重要的是为今明两年创造1 800多万个就业岗位。中国今年应该能完成创造900万个新增就业岗位的目标，这是我国扩大内需最成功的重要体现之一，比实现经济增长率8%更具有现实意义。

对金融危机的影响应区别判断，美国是金融危机的发生国，欧日是被危机严重传染的国家，而中国和印度是被危机有限影响的国家，因为两国经济增长虽有所下降，但仍是正增长。

10年前，出口被视为经济变化的“晴雨表”，政府并没有提出就业目标。现在，就业是经济发展的“晴雨表”，应重点突出“就业优先”，通过保增长来实现保就业的目标。保增长是手段，而保就业才是目标。出口退税占GDP比重已超过教育支出和就业支出，不应继续。中央财政政策的核心应该是创造就业，尤其是中小企业的发展。

10年前国企改革提出下岗分流并带来相关就业问题，制造业就业持续了6年的负增长；但这次不一样，就业是“民生之本”，金融危机引发的就业下滑可能仅是2～3年的事。在全球就业岗位受到摧毁的同时，我国创造了大量就业机会，今年上半年已实现60%的就业目标，说明政府的宏观调控能力在加强。

危机对就业带来的一个机遇就是，在政策制度中突显中央政府的意图，围绕就业优先原则制定宏观经济政策。4万亿元投资仅占今明两年全部投资的8.9%左右，因此，对就业的拉动主要是发挥领头羊作用、诱导作用。

创造就业机会最多的行业是服务业，如淘宝网直接创造就业岗位400多万，间接创造就业160多万。但十大产业规划涉及服务业的很少，尤其是十大产业振兴规划中并没有提出就业目标。从“十五”到“十一五”，我们没有实现服务业占GDP比重每5年提高3个百分点的目标，服务业没有得到充分发展。我们走的是资本不断深化的道路，相应带来的就业增加越来越少。2002—2008年，北京就业岗位的增加主要来自于就业密集、知识密集型的第三产业，2007年北京三产就业比重高达71%。北京是大学多、大学毕业生多的地区，需要知识密集型产业来吸纳大学生就业。互联网是高学历人口的“大水库”，其从业人员中研究生学历占4.2%，本科毕业生占47.1%，大专生占44.2%。因此，就业的重点或新增长点不是十大产业，而是服务业，这也是解决高校毕业生就业的重要途径。

就业政策应放在宏观政策的核心，宏观政策应配合就业政策而实施。建议省以下不再统计GDP，只要统计人均居民收入，淡化对干部的GDP考核指标。

苏明（财政部财政科学研究所副所长、研究员）：

解决就业问题需要采取综合措施，在政策、体制、管理等方面进行创新。建议执行期到2009年底的财税政策要根据就业形势而适当延长期限。

1. 进一步完善财政政策，促进中小企业发展，进而促进就业。

中小企业对拉动经济和带动就业都有很重要的作用。近年来，国家财税政策对中小企业有重大调整，2008年1月起的“两税”合并，降低了中资企业税率，统一了内外资成本列支范围，都有利于减轻小企业的税负。虽然增值税的改革是普惠制，但对“小规模纳税人”的界定放宽了，小规模纳税人税率由过去的工业6%、商业4%统一降至3%，这是历史性的突破。此外，去年下半年以来还有大量的减费措施、针对创业者出台的减税措施以及财政为扶持中小企业发展出台的专项资金等。

建议执行期到2009年底的财税政策要根据就业形势而适当延长期限。

要高度重视解决小企业的信贷担保问题。如世界银行节能办用2 500万美元赠款建立担保机制促进节能企业的发展，不仅有带动银行发放贷款的直接效应（5倍），也增强了这些企业在银行的信用和贷款能力（放大效应20倍）。建议：国家和地方建立中小企业担保基金，财政部门要大力支持担保事业的发展，利用上述担保基金以及财政预算内再出一部分资金，带动社会资本的投入，推进中国担保事业的发展；建立有效的担保公司的风险补偿机制、奖励制度以及风险约束机制，进而缓解企业的融资难问题。

2. 适时调整出口退税政策，促进外贸发展和就业。

当前和未来强调拉动内需无疑是对的，但不等于外需不重要，恰恰相反，外需仍然是中国经济及解决就业问题的一个重要渠道。1998年出口退税率为10%，后来不断上升到2004年的15%；从2005年起不断下降。从2008年8月到现在，出口退税政策调整了6次，目前综合出口退税率约为13%。当前的出口贸易仍然负增长，如果出口退税政策不调整，可能出口下滑得更多。2009年下半年，根据形势变化，不排除会针对重点行业和产品进行出口退税政策的调整，也就是要适度提高出口退税率，这对宏观指标的改善是必要的。

3. 在增加就业投入的同时，要加强资金管理和绩效考核。

今年中央财政就业投入达420亿元，今后面临严峻的就业形势，就业投入无疑还会增加。在这一背景下，注重资金管理和绩效考核就显得非常重要。这不仅是公共财政管理的大趋势，对提高就业投入效果，促进就业，也有重要作用。为此，建议在我国不同地区选择一至两个省进行试点，可选择培训补助和小额贷款等作为考核对象，并建立科学的指标体系，注重数据的可采集，相关部门也需安排必要的工作经费。

4. 中央对地方的就业转移支付要更加科学、更加规范。

基本思路是由“基数法”转为“因素法”，既要考虑到地方使用转移支付资金的绩效（地方财政的投入、资金管理、就业效果等），也要考虑到各地经济发展水平、人口总量、就业失业状况和城市化水平等。要建立一种新的奖补机制：地方就业支出绩效好的地方，中央给予一定的奖励；对失业状况严重的地区和经济不发达地区，要给予倾斜和必要的补助。

5. 创新就业投入体制，下决心解决投入分散问题。

尤其是农民工培训资源分配过于分散，从中央到地方，多头投入，多头管理，缺乏整体规划，管理中存在很多很大的漏洞，严重影响了农民工培训资金的使用效果。建议：省本级应整合资源，由一个部门管理；中央本级统一制定规划；引入市场机制，考虑农民工的需求，切实加强资金管理；将农民工培训与农村职业教育发展紧密结合，合理分工。

6. 高度重视流动人口的权益保障，如计划生育、医疗、子女教育、养老等诉求。

中央、地方应共担职责；中央财政要适当给予发达地区转移支付，加之当地的投入，从而共同对流动人口提供“均等化”的公共服务。这不仅有利于推进中国的城镇化，也有利于促进农民工的长期稳定就业。

李强（清华大学人文学院院长、教授）：

精英群体的就业必须引起重视，中国需要提高就业的稳定性。

1. 总体认识。

这次危机对中国影响的总体认识是，国外需求突然下降带来我国的严重生产过剩，同时大部分老百姓购买力不足，因此出口短期内难以恢复，扩大出口比较艰难，扩大内需成为必然。产能过剩的情况下，如果不顾老百姓的购买能力，有可能使经济形势和就业形势进一步恶化，因此，必须首先解决就业，只有就业了，才能保障老百姓的收入和消费能力。

2. 对三个分割的劳动力市场的认识。

我国目前的劳动力市场是由三个分割的劳动力市场构成的，三个市场各自具有很大的特殊性。

一是传统的单位职工劳动力市场，是比较正规的劳动力市场，但下岗压力仍然很大，潜伏着很大的社会矛盾，这部分人对传统制度的依赖性较大，对于政府的期望值较高，所以，必须处理好并稳定这部分人群的就业。

二是农民工市场，是最灵活的市场，也是就业增量的重要来源。危机冲击下大量农民工失业、提前返乡，但新生代农民工已不适应农村的生产和生活，最终还是会返回到城里来。目前，由于企业开工不足，拖欠农民工工资的现象又有所增加，有些企业只发农民工基本生活费，回到了几年前的状况。对农民工来说，首先是保就业，然后才能考虑到收入。因此，必须认识到这个市场“不规范”的长期性。

三是大学生市场。目前大学生就业率有些虚高，有些高校规定只有“有工作”才给发“毕业证”，而且在高校毕业生填答的表格里有一项就业选项叫做“自由职业”，因此，很多大学生为了顺利拿到“毕业证”而填答了“自由职业”，实际上并没有实现就业。这部分精英群体的就业必须引起重视，否则会引发社会的不安定。世界各国的经验都证明，精英群体和高教育群体如果发生失业，会造成很大的社会危害。

3. 就业应更稳定些，这比较适合中国国情。

中国的就业究竟应该是稳定一些好，还是流动性强一些好呢？我认为还应该是稳定一些好。美国属于流动性很强的就业市场，美国有其特殊性，中国学不了。日本就业属于稳定一些的，与中国国情比较相似，就业稳定使得职工更忠于企业，也可以大大促进劳动生产率。

《劳动合同法》中对“无固定期限”的解释还不够，导致单位不愿给职工负责任，进而影响到工作稳定性。如建筑业里就潜伏着许多危机，由于就业不稳定，损害了劳动生产率，工人也没有责任心。应该建立制度保障，稳定就业，从而增强责任心。

4. 强化政府责任。

应提出“创造就业机会”的理念，将“创造就业机会”作为各级政府业绩的重要考核指标，各项政策制度中应体现就业优先原则。在4万亿元投资计划中，着重提到了保“8”的增长目标，但没有明确提出就业目标。

陈全生（国务院参事室参事）：

就业政策在宏观政策中处于核心位置，要发挥民营企业和中小企业的就业吸纳功能。

1. 就业政策在宏观调控政策中处于核心位置，所有宏观政策要围绕就业制定。

在美国，政府把就业放在宏观调控的首位。失业率若高涨，老百姓可通过选票保护自己。在我国，应将就业目标、失业率列入对干部考核的首要指标，而不应首先考核 GDP。

失业包括显性失业、隐性失业（停工停产）、隐藏失业。隐藏失业是指不在统一口径范围内的失业。现行统计口径不包括小型企业，如 60 人以下的商业企业、40 人以下的餐饮业、建筑业的包工队、交通运输企业等均不在统计范围之内。以餐饮业为例，如果 40 人以下的小餐馆不统计，估计 90%的餐饮企业都不统计。统计口径可以隐藏失业人员，但现实社会是不会隐藏失业人员的。

2. 如果民营经济不能吸纳就业，中国将长期面临失业危机。

2009年第一季度民营企业就业人数是往年同期的1/3～1/2，民营企业就业岗位流失较为严重。规模以下小企业占全部小企业的3/4～4/5，这些企业不在统计范围之内，也就不在政府的视野之内，他们的失业状况搞不清楚，制定政策时自然考虑得很少。而实际上，50人以下小企业、销售额500万元以下的小企业是大量的，解决了大量的就业岗位。

必须对小企业进行重新认识和定位，尤其是规模以下的小企业和“微型企业”。就业是民生之本，保就业才能保民生；保就业就是保稳定，稳定是压倒一切的；保就业就是保收入，保收入才能保内需。中小企业是经济发展的基础，是经济复苏的关键，是社会的稳定器。要特别认识到，大量中小企业主是我国中产阶层的主要来源，是社会主义事业的建设者，也是执政党的执政基础力量。

3. 外需和内需要并重，当前和长远要兼顾，国内外市场要统揽。

经济全球化深化发展的趋势不可逆转，我们必须顺应这个大趋势。中国加入WTO，已经开始融入世界，继续全方位地对外开放的趋势也不可逆转。利用本国禀赋资源优势，参与全球经济竞争是世界各国的不二法则，我国必须继续发挥制造业、劳动密集型的优势。我们都希望中国能够从“制造业”一步迈向“创造业”，但现实不允许，将现在2亿多农民工培养成科技知识分子绝非一日之功，将来还有2亿～3亿农民要变成农民工。所以，劳动密集型企业还要继续办，劳动密集型产品还要继续为世界生产，已占有的国际市场不仅不能丢，而且还要继续拓展。

农民工是中国制造业产业大军的主力部队和主要后备军。要将“制造业大国”变成“制造业强国”，就必须把对农民工的培训作为一项战略性任务。中国农民工就业问题的背后是中国职业技术教育有问题，中国大学生就业问题的背后也是中国职业技术教育有问题。深化教育制度改革，必须加强职业技术教育的发展。在俄罗斯，80%的大学是专业性大学，只有20%是综合类大学。过去，对几十万工农干部就可以办大学培养他们；今天，面对5亿多农民和农民工，完全可以考虑办几十所“农民工大学”、上百所“农民工中专”、上千所“农民工技校”，不仅要进行职业技术教育，还要加强基础文化教育。在农民教育问题上，我们有历史欠账。长期以来，农村最破的房子是学校，最低收入的是民办教师。在职业技术教育方面，要专门设计课程，编写专门教材，进行长期培训。那种以为一年免费培训3～5天就可以了的观点是错误的，也是不解决问题的。

4. 当前形势下，大肆宣传和鼓励“大学生创业”有负面作用。

创业，一是需要初始资金、技术，还要有上下游客户资源、政府人脉关系等；二是要有勇气、有魄力，还要有独到的眼光；三是需要有忍辱负重前行的精神，尝遍艰辛，锲而不舍。现在的大学生很多是独生子女，从小就受到各方面的呵护备至，自身的优越感高于自身素质的优越，很难承受白眼、刁难、委屈、艰辛等挫折的考验。特别是经济繁荣时期，创业的成功率只有5%～8%；经济危机的情况下，创业更是难上加难，成功率极低。创业不成功，受到伤害最大的还不是大学生本人，而是其父母、家人，爸爸妈妈不仅要鼓励孩子振作起来，不要心灰意冷，还要继续拿出钱来保其生活。因此，对大学生，应采取“先上岗，后下海”的方针，可以把对大学生创业的优惠政策，略加修改转给接收大学生的企业，首先让其就业上岗。等他们积累了一定的经验、资金、技术，有了一定的资历阅历后，再去创业也不迟；那时，经济衰退已过去，成功的希望会更大。

蔡昉（中国社科院人口与劳动经济研究所所长、研究员）：

政府宏观调控的四大目标不可能全部满足，有时各目标之间还有矛盾，要突出就业目标的优先地位。

我个人认为，目前的就业工作虽然没有1998年那么困难，但也暴露出很多严峻的问题。由于民生问题导致了许多社会不安定因素，背后的原因都与就业不无关系。因此，就业在社会经济政策中应处于核心位置，应该更加关注和强调就业对稳定的作用。财政、货币和产业政策制定的出发点是扩大内需，无疑是从扩大就业目标出发的，但是，由于没有明确提出就业这个目标，到了地方实施中，可能会选择GDP最大化的方案，而不是就业最大化的方案。

中央安排的4万亿元投资，因其投资结构不同，同样的投资可拉动就业岗位大不相同。按照固定资产投资的常态投放的话，可拉动非农产业就业4 764万人。按照国家发展改革委的安排，可以创造5 434万个岗位。但是，如果根据最大化就业原则，则可以创造就业岗位8 320万个。

目前执行的地区发展战略，即西部开发、东北振兴和中部崛起战略，也没有遵循就业最大化原则。例如，2003年后，中西部工业发展、劳动生产率提高均快于沿海地区，资本密集程度的提高也快于沿海地区，但同期人口流动的格局并未发生大的变化，说明中西部主要是政府投资，靠重化工业发展推动的，而小企业和劳动密集型产业发展有限，GDP得到了创造，但没有创造足够的就业。

金融政策也没有充分体现就业优先的原则。信贷政策过于偏向大型企业，忽视了对中小企业的扶助，不利于就业的增加。央行的政策执行中，有“通货膨胀目标制”的倾向，就业目标的地位就被淡化了。例如，2007年和2008年上半年，一些学者不赞成“结构性价格上涨”的判断，一味建议总量从紧的货币政策，对就业是有伤害的。

建议各项宏观政策之间加强协调，围绕就业政策开展。

1. 就业与经济增长、就业与社保之间是相辅相成的。就业不仅是增长的结构，还是增长的源泉，特别是在金融危机时期，扩大就业才能稳定收入，才能创造消费内需，推动经济增长和发展方式转变。此外，社保能增加老百姓的消费支出。

2. 保增长、保民生要以就业为出发点，体现就业优先的原则。一般而言，政府宏观调控的四大目标不可能全部满足，有时各目标之间还有矛盾。因此，要突出就业目标的优先地位。人力资源部门要参与宏观经济政策的决策、论证，对各政策提出自己的意见，宏观政策目标中要直接阐述就业目标。

3. 积极财政政策的定位很对，但目前对扩张性财政政策的理解还有偏差。扩张性财政政策应该多支少收，而目前财政支出刚多了一些时，就出现了多收的倾向。这样会伤害经济复苏的民间积极性，很容易产生对社会投资的挤出效应。

4. 就业在稳定民心、稳定社会中处于最中心位置。市场经济国家的经验表明，就业不是经济问题，而是政治问题。1991—1992 年的无就业经济复苏就直接导致了老布什的总统连任失败。此外，各类群体性事件，都与就业不充分、社保不到位、收入下降等因素有直接或间接关系。

王小鲁（中国改革基金会国民经济研究所副所长、研究员）：

当前就业目标应当优先于增长目标，宁要较低增长率情况下实实在在的就业增长，不要高增长低就业。需要着重强调两点：一是当前就业目标应当优先于增长目标。并非有增长就有就业。二是“规模以下”小企业加上个体户是就业的主要承担者，在工业中也占了一半就业；但长期以来根本不在各级政府的视野和关心范围之内。统计只公布“规模以上工业企业”的情况，其中的小企业数据只是真正小企业中最大的那一小部分。“规模以下”小企业不纳入正常统计范围，它们的经营状况怎样谁也不知道，完全是自生自灭。各级政府如果不能把关注焦点从大企业转向小企业，就业问题很难真正解决。

除此之外，还有若干因素对就业形势有非常重要的影响。下面是我的几点看法：

1. 全球金融危机对中国就业的影响将是长期的。

中国过去带动增长和就业的主要因素有两个，一是城市化；二是出口超高速增长。但今年出口增长率从正 20%掉到负 20%，两个带动因素少了一个。全球金融危机还未见底，而且不可能一两年内恢复，很可能需要 5～10 年时间。特别是美国要从超消费调整到正常消费和储蓄，意味着今后若干年美国消费市场是停滞或收缩的。而我们过去对美净出口占了净出口总额的多一半。欧、日的情况也不乐观。这意味着我国出口产业不可能像过去那样高增长。

2. 扩大内需是长期任务。

上述情况要求我们把经济调整到以内需拉动为主的轨道上来，主要依赖城市化和国内消费需求的增长带动。这不应该是权宜之计。目前我国城市化水平为45%，到发达国家的70%～80%还有二三十年的路要走，潜力很大。但过去十年中，居民消费占GDP的比重由45%掉到35%，城市化率的年增长速度也有所放缓，这是危险的信号。体制和政策方面的原因，说明我国经济存在结构失衡，需要加快调整。

3. 扩大内需靠投资还是靠消费？

短期内政府投资和放松信贷都可以拉动经济，信贷带动的也是投资。但投资越多，越要靠消费增长来吸收产能，否则就会导致更加严重的产能过剩、增长乏力。即便是基础设施投资，也起不到调整消费和储蓄结构失衡的作用。在消费不足、储蓄过度的情况下，投资只会有短期的拉动效应。一旦扩大内需的投资结束了，经济就有可能再次掉下来。现在的4万亿元扩大内需计划中投资占了一大半，十大产业振兴计划也是投资，而且事实上不可能不导致扩大产能。现在应当调整政策重点，从投资转移到调整结构、培育国内消费的正常增长上来。

4. 启动消费增长靠什么？

消费不足的主要原因是收入分配差距过大、分配结构不合理、社会保障和公共服务缺失。国有企业不分红，资源产业不交资源税，导致了企业储蓄上升。公共资金管理不当加剧了收入分配差距扩大。社会保障缺失使老百姓不敢消费。医疗、教育、廉租房等公共服务不足，价格居高不下，超过了中低收入居民的承受能力，这些都导致了强制储蓄。

5. 政策建议。

第一，我们现在的社保体系不但没有对城镇居民全覆盖，更由于地区分割，不利于农民工等流动人口的保障。建议加快推进基本社会保险的全国统筹和联网，尽快实现流动人口社保的异地接续。较发达地区可以搞附加保险。

第二，扩大教育是长期回报率非常高的社会投资，同时有助于改善收入分配结构，减少居民储蓄压力，提高居民消费。建议进一步扩大和改善中等职业教育和农民工培训，尽快基本普及12年义务教育，不要等到2020年。这也有利于在近几年推迟新增就业，减小金融危机影响下的就业压力。

第三，现在1.4亿农民工大部分把家留在农村，无法在城市安家，主要是住不起房，孩子上不起学，这不利于城市化和社会和谐稳定。建议将廉租房政策扩大到覆盖全体城市低收入居民和进城的农民工，让他们在城市能够安家，他们才能安下心来，也有利于启动消费。经济适用房、限价房实际上只补贴了少部分中等以上收入居民，造成分配不公平，建议将这部分资源全部转移到廉租房建设和维护上来。

第四，改革财税体制，将垄断行业和资源性行业的超额收入收上来，用于社会保障和公共服务。中国不能搞过度福利化。但最低限度的社会福利和保障是必须的，人人都应当享有。长期把大量人口排除在社会福利体系之外不仅不公平，也是危险的。社会福利搞起来了，就保证了城市化和消费增长，也就保障了就业机会的增长。

张燕生（发改委对外经济研究所所长、研究员）：

出口下降可能是长期的，要充分估计危机对就业的下一轮冲击。

首先，要充分估计危机对就业的下一轮冲击。目前已经基本成功抵御危机冲击的中小企业约占20%，已经倒闭的约占20%，其余60%的中小企业能否挺过下一阶段冲击成为关键，尤其是中小企业面临国外订单减少、资金缺乏、创业难等生存危机，下一步就业形势不容乐观。

其次，当前，美、日、欧经济减速可能是中长期的，在美国潜在经济增长率由过去3%～3.5%下降为2%的情况下，出口下降可能是长期的，如果继续采取出口规模扩张的扩大出口措施，贸易摩擦势必加剧。

最后，加工贸易方式在未来10～15年后是否会继续留在中国，是一个大问题。目前印度的人均收入不到我国一半，而年轻劳动力人数多出我国一倍，如果国际资本加大对孟买到德里工业带的基础设施投资，加工贸易生产体系的外移速度就可能加快。去年，日本对印度的投资额超过了对华投资。国际资本的新流向决定了就业机会转移。

建议：

1. “十二五”规划中，充分就业、节能减排、自主创新是三大重点和核心，应研究制定专项规划和约束性指标。

2. 目前的国际形势与20世纪六七十年代的“滞胀”类似，美、日、欧为防范通缩而扩大流动性，导致资产价格飙升。下一步可借鉴美国当时的对策，采取大幅减税、减少经济管制等政策，促进技术创新带动就业。

3. 下一步的扩大就业，关键在质不在量。人力资本投资必须重视职业培训和教育，从体制上解决教育与实践脱节、劳动力供给与需求脱节、中国教育与国际规范脱节等问题。

4. 现代产业体系要大力发展生产性、消费性、公益性服务业，尤其民营企业的发展，包括通过政府扩大服务外包来创造新的就业机会。现在的突出矛盾在于，现有体制严重不适应服务业发展的需要，政府公共服务严重不适应社会经济发展的需要，经济发展方式严重不适应就业创造的需要。因此，根本出路依然是深化改革。

5. 在外需严重萎缩、贸易保护主义猖獗的形势下，出口退税政策的效应值得研究。连续7次调高出口退税率，确实存在国外客户竞相杀价，长单变短单等问题，企业反映得到的实惠不多。如果这笔钱用来建立中小企业的担保基金，政策性贸易融资和出口信用保险，对出口和就业的支撑会好于出口退税。

田小宝（中国劳动保障科学研究院院长、研究员）：

这次集中出台的政策的及时性、系统性和可操作性是毋庸置疑的，应加强政策的宣传。

1. 进一步分析研究国际金融危机对我国就业影响的路径、对象、形式和程度。

金融风暴源自美国，在席卷全球的过程中，稍晚影响中国。与其他国家受影响不同的是，这次危机并未首先冲击中国的金融体系，而是直接影响我国外向型实体经济，表现为沿海地区外贸企业订单骤减，被迫停工或裁员，对就业造成瞬间强烈冲击。其影响逐步向其他产业和内地扩散，但影响力也逐步减弱。受影响最大的就业人群是流动就业的农民工。这次危机蔓延到中国以来，表现出对不同产业不同程度的影响，在国内出现了明显的东方不亮西方亮现象，产业间、区域间受影响方式和程度的不同，也反映在经济增长和就业增长上。对这种状况作进一步分析，有助于正确判断形势，把握未来经济发展走向，有针对性地采取措施，应对危机对就业造成的冲击，保持就业大局稳定。建议增加对行业、区域、人群影响的分析。

2. 深化对应对危机的相关政策的认识和评估。

面对危机，我国反应是迅速的，出台的相关政策措施是有力的。虽然政策实施的效果有待进一步观察，但这次集中出台的政策的及时性、系统性和可操作性是毋庸置疑的。为了应对金融危机对就业的冲击，党和政府迅速制定了系统配套的组合政策及相关措施，把就业、社保、劳动关系、收入分配、职业培训以及财政、税收、金融等政策资源做了系统集成，形成合力，在保企业、保就业方面产生了明显的综合效应。对这些政策措施，绝不能仅理解为应对危机的急救章，而应当看做是积极的就业政策的升华，是落实就业促进法的重要举措和创新实践。这套更加积极的就业政策不仅是极具中国特色的创新成果，而且在国际上也处于领先地位。其重要的现实意义和长远的历史作用应当给予充分认识和科学评估。对就业在我国经济社会发展中实际已经占有的优先地位给予充分肯定，并作出有说服力的论证。

3. 加强舆论宣传，坚持正确导向。

更加积极的就业政策已经通过各种媒体做了宣传，但总感觉还很不够。建议在研究进一步贯彻落实措施时，要加大宣传力度，让广大劳动群众和各类用人单位知道更加积极的就业政策是什么，有什么具体规定，把好政策用好。最近在调研中听到一些企业的同志反映，对已经出台的组合政策还不那么清楚。有的民营企业还有一些埋怨，说“国家让国有企业赚钱，让民营企业就业”。对小额贷款支持中小企业创业的政策，各方面认识和行动也不尽一致。老百姓对政策的了解和理解程度差异就更大了。我们在制定政策时是下了工夫的，在推行政策时是下了力气的，但在普及和宣传政策上，还是缺少有效的方法和手段。这方面还要细琢磨、细思量。